GULLIVER

5533

Die Welt der Griechen

vorgestellt von **Arnulf Zitelmann**

EIN **GULLIVER** VON **BELTZ & GELBERG**

Bildquellen:
12: De Agostini Picture Library/gettyimages;
17,196: Bridgeman Art Library/gettyimages; 21: Silvia Del Vecchio/gettyimages;
28: akg-images; 39: picture-alliance/Roy Westlake/Spectrum;
43: mauritius images/imagebroker/Marc Schmerbeck;
58, 70, 173: picture-alliance/akg-images; 79: Alberto Incrocci/gettyimages;
91: Euro Informationen, Berlin 2010; 101: picture-alliance/ZB;
117, 205: picture-alliance/dpa; 128: akg-images/John Hios;
144: picture-alliance/Sven Simon; 152: George Grigoriou/gettyimages;
188/189: Bruno Pérousse/akg-images; 215: Amy Eckert/gettyimages

www.gulliver-welten.de
Gulliver 5533
© 2010 für diese Lizenzausgabe Beltz & Gelberg
in der Verlagsgruppe Beltz · Weinheim Basel
Alle Rechte für diese Ausgabe vorbehalten
© 2008 Campus Verlag GmbH, Frankfurt am Main/New York
Neue Rechtschreibung
Markenkonzept: Groothuis, Lohfert, Consorten, Hamburg
Einbandgestaltung: Cornelia Niere mit Roland Werner, München
unter Verwendung der Motive von akg-images/Nimatallah (Wagenrennen),
akg-images/Erich Lessing (antike Münzen, Inschrift),
Roland Werner (Euro Münzen), akg-images/John Hios (Platon Statue),
Bridgeman Art Library/gettyimages (Aristoteles und Platon) und
George Grigoriou/gettyimages (Akropolis)
Gesamtherstellung: Beltz Druckpartner, Hemsbach
Printed in Germany
ISBN 978-3-407-75533-9
1 2 3 4 5   14 13 12 11 10

Inhalt

Die Vorväter Griechenlands
Kreta, Mykene und die dunklen Jahre

Lange bevor die Akropolis gebaut wurde, lange vor Sokrates und Aristoteles und lange bevor es Städte wie Athen und Sparta gab, erblühte auf der langgestreckten Insel Kreta im östlichen Mittelmeer die früheste Hochkultur Europas. Die Minoer hatten noch nie etwas von einem »Griechenland« gehört, sprachen kein Griechisch und gebrauchten eine bis heute unbekannte Schrift. Und doch sind sie irgendwie Verwandte, man könnte sagen, kulturelle Vorläufer der Griechen.

Die früheste griechische Hochkultur war die sogenannte »mykenische Kultur«. Sie hat viel von der kretischen Kultur übernommen. Heute ist der Ort Mikine eine kleine Bahnstation südlich der Landenge des Peloponnes. Doch in archaischer Zeit war Mykene ein bedeutendes Kulturzentrum, mit einer ausgedehnten Palastanlage, in der die ersten Könige Griechenlands residierten. Beide Kulturen zerfielen mit der Zeit und gingen unter. Aus ihren Ruinen jedoch sollte ein Reich hervorgehen, das jahrhundertelang den Mittelmeerraum prägte und beherrschte: Griechenland.

Wie Kreta zu den Griechen kam

Eine gewaltige Explosion erschütterte die Inselwelt der griechischen Ägäis in vorgeschichtlicher Zeit. Der Santorin-Vulkan nördlich von Kreta öffnete sich, riss die Insel entzwei und schleuderte vulkanisches Material über das Ägäische Meer. 40 bis 60 Kubikkilometer. Die Katastrophe von Santorin bezeichnen Wissenschaftler als eine der größten Vulkan-Explosionen in den zurückliegenden 5 000 Jahren.

Vulkanisches Material regnete auf die Städte von Santorin, begrub sie unter meterhohen Ascheschichten. Archäologen gruben eine der Städte, Akrotiri, im vorigen Jahrhundert aus. Und sie staunten. Überwältigt von den Resten einer großzügigen Stadtanlage, wie sie bis dahin niemand in der griechischen Inselwelt erwartet hatte.

Der Ausbruch ereignete sich um 1600 vor unserer Zeit. Akrotiri aber besaß bereits wassergespülte Toilettenanlagen, man wohnte komfortabel in bis zu drei Stockwerken hohen Häusern, die freigelegten Vorratsräume bargen gewaltige Gefäße für die Einlagerung von Getreide, Oliven und Wein. Gepflasterte Straßen führten durch die Stadt. Die Straßen säumten Werkstätten: Trauben- und Ölpressen, Mühlen, Töpfereien und metallverarbeitende Betriebe. Und unter dem Straßenpflaster legten die Ausgräber ein ausgeklügeltes Kanalsystem frei.

Akrotiri öffnet ein Zeitfenster. In eine überraschend moderne Vergangenheit.

Auf sterbliche Überreste der Bewohner von Akrotiri ist man bisher nicht gestoßen. Offenbar hatten die Familien ihre Stadt noch rechtzeitig vor dem großen Ausbruch verlassen können. Unter Mitnahme ihrer wertvollsten Besitztümer, wie Schmuck und Waffen.

Doch sie hinterließen ihre Wandbilder, auf Putz gemalte Fresken. Sie geben uns Einblicke in das Leben der versunkenen Stadt. Blaue Äffchen turnen über die Wände, zwei Jungen messen sich im Faustkampf, Frauen sammeln gelbe Safranblüten zum Färben kostbarer Gewänder, stark geschminkte, festliche Damen der feinen Gesellschaft, Flusslandschaften mit Jagdszenen, Lilien, zwischen denen anmutige Schwalben segeln, ziehen an den Augen des Betrachters vorbei.

Schriftliche Hinterlassenschaften der Inselbewohner sind bislang nicht aufgetaucht. Umso wertvoller sind die Fresken von Akrotiri. Sie vermitteln uns einen anschaulichen Eindruck der farbenfrohen Inselkultur in der griechischen Ägäis.

Fast möchte man meinen, dass griechische Künstler diese Fresken malten, so typisch griechisch mutet uns die Lebenswelt der Inselstadt an, so sehr erinnern sie an Szenen aus den Epen Homers. Dieser große griechische Dichter schuf mit seinen Erzählungen *Ilias* und *Odyssee* nicht nur die ältesten erhaltenen Werke unserer Literatur, sie sind auch die einzigen überlieferten Zeugnisse aus den frühen Jahrhunderten der griechischen Geschichte.

Doch als die Fresken von Akrotiri entstanden, gab es noch kein Griechenland. Santorin lag im Einflussbereich der kretischen Kultur. Und die Kreter der Frühzeit stammten vermutlich aus einer der Regionen des Nahen Ostens, wo die junge Menschheit zuerst gelernt hatte zu siedeln, Landbau zu betreiben.

Die Paläste Kretas waren überreich mit Fresken ausgestattet, wie sie auch die Bewohner von Akrotiri liebten. Auf Kreta begegnen wir ebenfalls Blumen, Vögeln, spielenden Delfinen. Und sportlichen Wettkämpfern, Männern und Frauen der Hofgesellschaft, oft in Lebensgröße dargestellt, schlanken, anmutigen Gestalten mit sehr engen Taillen. Die Damen tragen bodenlange Zierkleider, knapp ausgeschnittene Mieder, die ihre Brüste frei lassen. Frauen wie Männer legen großen Wert auf ihre Haarpracht. Sie lassen ihr dunkles Haar lang wachsen, legen es in füllige, bis über die Ohren hängende Locken.

Eines der Palastgemälde zeigt Akrobaten, junge Männer und auch Mädchen, die einen Stier bei den Hörnern fassen, sich purzelbaumschlagend über dessen Rücken schwingen und nach dem Sprung von einem anderen Akrobaten auffangen lassen. Vermutlich sind es Tänzer, die einen rituellen Tempeltanz für den auf Kreta verehrten Gottes-Stier aufführen.

Die kretische Freskenkunst ist auf der Welt ohne Gegenbeispiel. In ihrer Blütezeit strahlte ihr naturalistischer Stil über das ganze östliche Mittelmeer aus. Bis nach Ägypten, bis in den Vorderen Orient.

Ihre Paläste errichteten die kretischen Herrscher dort, wo der Blick weit übers Meer oder über die offene Landschaft strich. Ihre Erbauer waren empfänglich für die Schönheit der Natur, was sich auch in ihren Fresken äußert.

Der Palast von Knossos, nahe der nördlichen Küste, umschloss einen Innenhof von 54 mal 27 Metern, und sein Gesamtkomplex bedeckte ein Areal von 13 000 Quadratmetern. Ein Labyrinth von Hallen, Gängen, Zimmerfluchten, Vorratsräumen und mehreren kleinen Innenhöfen, dazwischen eine Kapelle, die Quartiere des Herrschers und seiner Gemahlin, die über ein eigenes Badezimmer verfügte, alles über zwei Stockwerke mit ansteigenden und fallenden Treppen verbunden, durchzogen von einem ausgeklügelten Wasserableitungssystem, das den Palast gegen plötzliche Regenstürze absicherte. Ein unkundiger Besucher fand allein kaum aus diesem Labyrinth heraus.

So entstand wohl die Sage vom Labyrinth des Minotauros, dem gewaltigen Stiergott, dessen Abbild, der Herrscher von Knossos, inmitten eines von verwirrenden Irrwegen durchkreuzten Palastes residierte.

Merkwürdig, dass auf Kreta alle monumentalen Festungsbauten fehlen. Steile Mauern, Wehrtürme, massive Torbefestigungen. Solche Bauten prägen das Bild der umliegenden Kulturen, sei es in Ägypten oder im Zweistromland, auf Kreta sieht man sie nirgends.

Altertumswissenschaftler rätseln, warum das so ist. Fühlten sich die Kreter auf ihrer Insel so sicher, dass sie glaubten, auf mauerbewehrte Paläste und Städte verzichten zu können? Bis heute gibt es keine sichere Antwort auf diese Frage. Zumindest aber musste Kreta keine überseeischen Feinde fürchten. Ägypten war keine Seemacht. Allein schon die Holzarmut im Niltal verhinderte den Ausbau einer hochseetauglichen Kriegsflotte. Und die phönizischen Städte an der Küste des heutigen Libanon schufen erst nach dem Niedergang der kretischen Palastkultur ihre Handels- und Kriegsmarine. Also lag Kreta wie eine natürliche Festung mitten im Meer, sicher vor auswärtigen Feinden.

Die Siedlungsgeschichte Kretas reicht zurück bis in die Steinzeit. Auf zerbrechlichen und einfachen Fahrzeugen hatten Menschen immer wieder im Lauf der Jahrtausende die Insel erreicht, hatten dort in den Ebenen und auf den Hügeln gesiedelt.

Die kretische Palastkultur jedoch geht auf eine Einwanderungswelle zurück, die erst am Ende der Steinzeit, im Übergang zur Bronzezeit, die Insel in Beschlag nahm. Ungefähr um das Jahr 3 000 vor unserer Zeit. Sie waren wahrscheinlich schon mit seetüchtigen Schiffen übers Meer gekommen. Womöglich brachten die Neuankömmlinge auch die ersten Haustiere mit auf die Insel und führten die Landwirtschaft in Kreta ein. Die Eroberer legten Siedlungen an, betrieben Ackerbau und Viehzucht. Doch sie blieben dem Meer treu, das sie hierhergetragen hatte. Die Neukreter schufen die erste maritime Macht des Mittelmeeres. Die Wissenschaft nennt sie die »Minoer« nach ihrem sagenhaften König Minos. Dass es diesen König Minos wirklich gab, ist eher unwahrscheinlich. Die ägyptischen Hieroglyphen nannten die kretischen Handelsleute die »Keftiu«. Wie sie sich selbst bezeichneten, wissen wir nicht, denn die Minoer hinterließen uns kein literarisches Vermächtnis. Wohl hatten sie schreiben gelernt. Doch ihre Schriftzeichen konnte bislang niemand entziffern. Es scheint auch, dass sie ihre Fertigkeit zu schreiben nur benutzten, um Inventarlisten von Verbrauchsgütern anzufertigen. Und so kennen wir keinen einzigen Menschen der minoischen Zeit mit Namen, der jener versunkenen Kultur ein persönliches Gesicht geben könnte.

Das Ende der kretischen Kultur kam um das Jahr 1400. Die bunten Paläste brannten aus. Nie wieder in den nachfolgenden Jahrtausenden brachte Kreta seine Stimme in das Konzert der großen Kulturen ein. Altertumsforscher suchen zu verstehen, was den Höhenflug der minoischen Kultur so plötzlich beendete. Doch ihr Niedergang bleibt ein Rätsel.

Eine griechische Sage erinnert mit Daidalos und Ikaros an zwei Kreter. Daidalos, dessen Name »der kunstfertige Mann« bedeutet, soll für König

Minos das ausweglose Labyrinth entworfen und erbaut haben. Die Legenden schildern ihn als technisches Universalgenie. Er erfand so praktische Gebrauchsgegenstände wie Säge und Axt, Bohrer, Holzleim und das Bleilot, die antike Wasserwaage, war zudem ein begabter Bildhauer. Für sich und seinen Sohn Ikaros soll er Flügel aus Wachs und echten Federn angefertigt haben. Ikaros flog von Kreta aus der Sonne entgegen, kam ihrer Glut zu nahe und stürzte ins Meer.

Enthält Ikaros' Geschichte eine ferne Erinnerung an jene rätselhafte Katastrophe, die den Höhenflug der minoischen Kultur so jäh beendete? Es wäre gut möglich. Doch das minoische leichtbeschwingte Kreta, das unsere Augen gefangen nimmt, bleibt stumm. Auch die Griechen wussten nur wenig von der kretischen Palastzeit, deren Blüte fast tausend Jahre vor ihnen auf der Insel im Süden stattgefunden hatte. Herodot, einer ihrer frühesten Geschichtsschreiber (um 700), stellte jedoch zumindest fest, dass »ganz Kreta vor Zeiten von Nicht-Griechen bewohnt« war. Die Inventarlisten der Palastverwaltung belegen, dass die Minoer kein Griechisch sprachen, denn ihr Vokabular lässt sich bis heute keiner der uns bekannten Sprachen zuordnen.

Dennoch erscheint uns die Kultur der Minoer so typisch griechisch, weil die Griechen in vielfacher Hinsicht Kretas Kultur beerbten. Griechische Stämme kamen nach und nach vom Festland herüber und ließen sich auf der Insel nieder. Auf dem Festland machten sich etwa zu der Zeit, als Kretas Stern zu sinken begann, griechische Städte bereit, das minoische Erbe anzutreten. Besonders Mykene im nördlichen Peloponnes.

Mykene. Die prächtigen ersten Griechen

Noch Pausanias, der als Geograf und Schriftsteller das antike Griechenland bereiste, beschreibt in seinem Reiseführer aus dem 2. Jahrhundert unserer Zeit Mykenes Mauern und vor allem das Löwentor. »Über ihm stehen zwei Löwen und diese Mauern sollen das Werk von Kyklopen sein. In den Trümmern von Mykenai befinden sich die unterirdischen Räume des Königs Atreus und seiner Söhne, in denen sich ihre Schätze befanden.« Ein Jahrtausend vor Pausanias nennt Homer Mykene die »weitgebaute«, die »golderfüllte« Stadt.

Solche und ähnliche Hinweise brachten im 19. Jahrhundert den deut-

schen Kaufmann Heinrich Schliemann auf die Spur der verschollenen Kultur. Der Bewunderer Griechenlands reiste 1874 nach Mykene, warb Arbeitskräfte an und begann mit Grabungen. Die Fachwelt belächelte Schliemann. Für die Gelehrten war Homer ein Märchenerzähler, dessen Schilderungen einer frühen griechischen Gesellschaft und eines »golderfüllten« Mykenes ein Produkt dichterischer Phantasie. Doch Schliemann ließ sich nicht beirren. Seine Helfer gruben sich durch den Schutt der Jahrtausende und dann »stieß etwa 6 Meter tief die Hacke auf den Grund. Auf dem Grunde aber lagen in fünf Gräbern an 15 Leichen, angetan mit einem überreichen, man darf sagen fabelhaften Goldschmucke«, heißt es in Schliemanns Erinnerungen. »Dass dies die Gräber einer Herrscherfamilie waren, daran konnte der Glanz ihrer Ausstattung keinen Augenblick einen Zweifel lassen.«

Die kostbaren Grabbeigaben stammten von überall her. Blauer Lapislazuli und Elfenbein aus dem Nahen Osten, Silber aus Kleinasien, Trinkgefäße aus

Straußeneiern hatten aus Ägypten und Äthiopien übers Meer den Weg nach Griechenland gefunden. Tausende von Bernsteinperlen aus Nordeuropa, Glasschmuck aus Kreta und vieles mehr hatten die Mykener ihren Herrschern auf dem Weg ins Jenseits mitgegeben: Trinkgefäße aus Edelmetall, eine kostbare, aus Bergkristall geschnittene Opferschale, Ketten mit kunstvollen Anhängern, Diademe und Kronen, dünn gehämmertes Goldblech in Gestalt von Schmetterlingen, Sternen, Tintenfischen, Blättern und Blüten, Armreifen aus massivem Gold, Gürtelschnallen – die Menschen in den Gräbern waren buchstäblich in Gold gekleidet. »Goldene Masken, welche die Züge der Verstorbenen nachbildeten, lagen über dem Antlitz der Männer, goldene Platten, reich mit Spiralen verziert, deckten die Brust. Aber damit, dass sie den Leichen das stolzeste Prachtgewand anlegten, ließen es die Hinterbliebenen nicht genug sein. Man gab dem König auch mit, was er dort drüben zum künftigen Leben nötig hatte: Kostbare Salben und Öl enthielten die irdenen, bronzenen, silbernen Krüge, silberne und goldene Becher, sein goldumsponnenes Szepter, seine kunstvoll mit Gold und Silber eingelegten Schwerter an goldenen Wehrgehängen geleiteten den Herrscher ins Grab.« Und in der Auffüllung über den Grabschächten lagen die Leichen geopferter Menschen und Tiere, um die Geister der Toten zu versöhnen.

Die Schreibtischgelehrten konnten sich auf Schliemanns Funde keinen Vers machen. Sie mutmaßten, der goldene Überfluss stamme aus den Perserkriegen, also aus der Zeit um 500, als die Perser in Griechenland eindrangen. Ein zeitgenössischer Historiker urteilte: »Höchst lächerlich war die Verlegenheit der heutigen Gelehrsamkeit, als diese wirklichen Reste von Menschen aus mythischer Zeit zum Vorschein kamen.« Man konnte sich einfach nicht vorstellen, dass bereits lange vor dem klassischen Griechenland eine hoch entwickelte, märchenhaft reiche griechische Kultur existiert haben könnte. Schliemann dagegen war überzeugt, die Gräber jener Könige, von denen einst Homer erzählte, wiedergefunden zu haben. Und der Griechenland-Enthusiast kam der Wahrheit tatsächlich sehr nahe.

Die Blütezeit der mykenischen Kultur datiert man heute auf die Zeit zwischen 1600 und 1200 und sie umfasste ganz Griechenland. Mykenische Zentren befanden sich auch in Tiryns, südlich von Mykene, in Pylos, im südwestlichen Peloponnes, in Theben, einer Stadt in Mittelgriechenland, und auf dem Burgfelsen von Athen, seiner Akropolis.

Schliemann hatte Homers Epen als Geschichtsbuch der Griechen wieder zu Ehren gebracht.

Den letzten Beweis, dass die Mykener die Griechen waren, über die Homer schreibt, lieferte die Entschlüsselung der mykenischen Schrift. Sie lehnt sich an die noch unentzifferte kretische Schrift an. Diese nennt man das »Linear A«. In der Linearschrift bezeichnen Strichzeichen, senkrechte, waagerechte, schräg geritzte »Linien«, die Laute oder Silben eines Schriftkörpers. Die mykenische Schrift nennt man »Linear B«. Beide, die kretische wie die mykenische Schrift, sind auf kleinen hartgebrannten Tontäfelchen erhalten. Britische Sprachforscher entschlüsselten 1952 die Linearschrift B. Die bis dahin rätselhaften Zeichen erwiesen sich als Aufzeichnungen in griechischer Sprache.

Mit etwas Phantasie erkennen wir in dem mykenischen Wortschatz Vokabeln, die auch uns vertraut sind. *Mate-re* und *pa-te* sind »Mutter« und »Vater«, *ne-wa* bedeutet »neu«, *do-se* die »Dose« oder »Gabe«, *min-ta* die »Minze«, *wa-ka* der »Wagen«. *Te-ke* ist die »Theke«, *da-mo,* das »Dorf«, ist in unserem Wort »Demokratie« enthalten, *a-ne-mo,* der »Wind«, finden wir in unserer »Anemone«, dem Windröschen, wieder. Auch mehrere uns geläufige Personennamen gehen auf mykenische Namensgebungen zurück. Zum Beispiel Alexandra, Daidalon oder Hektor. Dazu Länder- und Ortsnamen wie Knossos, Kreta, Korinth, Phönizien, Zypern. Schließlich sind die meisten griechischen Götternamen bereits in der Linearschrift B vorhanden. An ihrer Spitze der des »erderschütternden« Poseidon.

Neben dem Chinesischen ist das Griechische die einzige Sprache, die ununterbrochen seit Jahrtausenden bis heute gesprochen wird. Die griechische Sprache ist ein Zweig der indoeuropäischen Sprachfamilie, der die meisten westlichen Sprachen angehören. Ihr Ausgangspunkt ist das ur-indo-europäische Spracherbe. Die Mehrzahl der Sprachforscher siedeln die indoeuropäischen Völkerschaften um das 5. bis 3. Jahrtausend in den südrussischen Steppen an.

Indoeuropäer kamen auf ihren Wanderungen bis nach Indien, bis in den Iran, nach Kleinasien und Westeuropa. Sie bewegten sich als Vieh-Nomaden von einem Aufenthalt zum anderen. Nicht weil sie Länder erobern wollten, sondern um jeweils den nächsten Weideplatz für ihre Kühe, Ziegen und Schafe zu finden.

Die griechische Sprachgruppe erreichte um das Jahr 2000 den südlichen Ausläufer der Balkan-Halbinsel, das heutige Griechenland. So sieht es die Mehrzahl der Historiker.

Andere verlegen die Ankunft der archaischen Indoeuropäer schon in das

Jahr 7000 vor unserer Zeit. In Griechenland hätten sich die Einwanderer mit den eingeborenen Jägervölkern genetisch vermischt. Und daraus seien die griechisch sprechenden Mykener hervorgegangen.

Unbestritten stellt die mykenische Kultur einen Einschnitt in der Siedlungsgeschichte Griechenlands dar. Einen Neubeginn. Die Mykener waren die erste Kriegerkultur auf griechischem Boden. In einer Grablegung fanden sich beispielsweise 90 Schwerter. Hieb- und Stichwaffen waren, anders als bei den Kretern, die liebsten Prunkstücke mykenischer Herrscher. Ihre Wandmalereien, die allerdings wenig gut erhalten sind, preisen den mörderischen Kampf und die Tierhatz. So realistisch wie die späteren homerischen Epen. Auch die Erstürmung von Siedlungen, Wagenkämpfe und Wagenrennen werden ständig auf Vasen und Grabstelen dargestellt. Ein unwiderleglicher Beweis, in welch hohen Ehren das Kriegshandwerk bei den Mykenern, den ersten Griechen, stand.

Die indoeuropäischen Steppenvölker erfanden das Rad ein zweites Mal. Aus den runden Vollholzscheiben entwickelten sie das leichte Speichenrad. Das erforderte viel Geschick bei der Holzverarbeitung, eine technische Spitzenleistung. Und sie nahmen das Pferd in ihren Dienst, das man bislang nur als Fleischlieferant kannte. Pferd und Wagen vergrößerten den Aktionsradius der Steppenvölker. Aus nomadisierenden Viehtreibern wurden Wagen-Nomaden.

Die Minoer Kretas, deren Kultur zu dieser Zeit ihren Höhepunkt bereits überschritten hatte, suchten den Interessenausgleich mit den benachbarten griechischen Neuankömmlingen. Griechische Handwerker arbeiteten auf Kreta und die kretischen Handwerker waren den Mykenern hochwillkommen. Von ihnen lernten die Griechen die Kunst des Schiffbaus. Auch sonst war man auf Zusammenarbeit angewiesen. Seit die Mykener sich im späteren Athen mit einer Befestigungsanlage auf der Akropolis festgesetzt hatten, befanden sich die erzreichen Laureion-Berge, südlich der Stadt, in deren Hand. Seit Jahrhunderten wurden dort Silber, Kupfer und Blei gefördert. Und darauf war Kreta angewiesen, denn die Insel war arm an Metallvorkommen.

Umgekehrt besaßen die athenischen Mykener keinerlei Kenntnisse in den komplizierten Bergbautechniken. Also arrangierte man sich.

Kurzum, ich stelle mir vor, dass beide Kulturen voneinander profitierten. Wenn auch jede ihre Eigenart bewahrte. Die mykenischen Palastanlagen sind gewiss mit Hilfe kretischer Architekten entstanden. Doch die Paläste von Pylos oder Mykene sind keine Kopien der kretischen Anlagen. Auch die mykenischen Fresken sind zwar inspiriert von der kretischen Wandmalerei. Sie setzen jedoch formal und inhaltlich verschiedene Akzente.

Eventuell haben die Mykener von Kreta den Straßenbau gelernt. Doch sie passten die Straßen ihren Wagen an. Den schnellen zweiräderigen Speichenwagen. Straßen der mykenischen Zeit sind in der Nachbarschaft der Städte von Mykene und Pylos aufgefunden worden, auch in Mittel- und Nordgriechenland. Einige weisen eine Durchschnittsbreite von drei Metern auf, Brücken und Entwässerungssysteme machten sie selbst zu Regenzeiten passierbar. Der mykenische Adel liebte es offenbar, mit Wagen übers Land zu fahren. Ein Fresko aus Tiryns, südlich von Mykene, zeigt sogar zwei Damen auf einer Spazierfahrt durch die Landschaft. Die herrschaftlichen Frauen stehen, purpurrote Zügel in den Händen, in einem karminroten Wagenkorb, die Vierspeichenräder sind gelb bemalt.

Ob die Mykener schon Wagenrennen veranstaltet hatten? Diese haben Griechenlands Geschichte bis tief in die christlich-byzantinische Zeit begleitet. Auf mykenischen Vasenbildern glaubt man Hinweise auf Wagenrennen zu finden. Und auf ein spontan angesetztes Rennen sollen ursprünglich die späteren Olympischen Spiele (seit 776) zurückzuführen sein.

Zwei Jahrhunderte länger währte die mykenische Kultur. Ihre Herrscher kontrollierten jetzt das östliche Mittelmeer. Noch Homer wusste davon. In seiner *Ilias* stellt Mykene das größte Schiffskontingent, als die griechischen Städte vereint nach Troja aufbrechen.

Zwischen 1984 und 1994 unserer Zeit bargen Unterwasser-Archäologen ein antikes Schiffswrack vor der südwestlichen türkischen Küste. Vor dem Kap Uluburun. Ungefähr um das Jahr 1300 v. Chr. war das Schiff dort mitsamt seiner Ladung versunken. Vielleicht bei einem Unwetter. Das 15 Meter lange Frachtschiff hatte sich in 50 Meter Tiefe auf den Meeresboden gesenkt. In riskanten und langwierigen Manövern bargen die Archäologen seine 20 Tonnen schwere Ladung. Die Funde gewähren einen einzigartigen Einblick in den Handelsverkehr der Ägäis zu mykenischer Zeit.

Das Uluburun-Schiff hatte Waren aus aller Welt geladen. Aus dem Zweistromland, dem Iran, aus Zypern, Ägypten und Mykene. 10 Tonnen seiner Fracht machten Kupferbarren aus, 40 Zinn-Barren wurden geborgen. Beide Metalle wurden zur Bronzeherstellung benötigt, dem Leitmetall jener Zeit, die noch keinen Eisengebrauch kannte. An weiteren Rohmaterialien hatte das Schiff afrikanisches Ebenholz, Elefanten- und Nilpferdzähne an Bord ge-

Wagenrennen gehörten bis tief in die griechisch-byzantinische Zeit zum Alltag der Griechen. Abbildung eines Wagenrennens auf einer griechischen Vase aus dem 5. Jh. v. Chr.

nommen, 3 Tonnen farbiges Rohglas, 150 Krüge mit Grundsubstanzen zur Salben- und Parfumherstellung. Außerdem enthielt die Fracht eine Menge luxuriöser Fertigwaren. Rasiermesser, elegante mykenische Keramik, goldene Anhänger, Armbänder, Tausende bunte Perlen aus Glas, Bernstein, Achat, Karneol, dazu verschiedene Kosmetika. Und natürlich tauchten auch Werkzeuge alle Art auf. Bronzene Bohrer, Meißel, Äxte, eine Säge, Harpunen und außerdem ein kleines Waffenarsenal, Speer- und Pfeilspitzen, Schwerter, steinerne Keulenköpfe.

Zu den kulturhistorisch interessantesten Artefakten gehören zwei hölzerne Klapp-Schreibtafeln. Ihre Wachsbeschichtung, die Schriftzeichen waren abgetragen. Schade, die Aufzeichnungen hätten eventuell über die Herkunft und den Bestimmungsort des Uluburun-Schiffs Auskunft geben können. So ist man auf Vermutungen angewiesen.

War es ein phönizisches oder ein zyprisches oder ein ägyptisches Schiff, das vor der türkischen Küste havarierte? Oder war es vielleicht sogar ein mykenisches Handelsschiff? Mit an Bord haben sich offenbar zwei mykenische Würdenträger befunden. So deuten die Archäologen zwei Löwen-Siegel, die sie als mykenisch identifizierten.

»In elf Jahren absolvierten wir 22 413 Tauchgänge und verbrachten insgesamt 6 613 Arbeitsstunden mit Bergungsarbeiten am Wrack«, schreibt Cemal M. Pulak, einer der Mitarbeiter des Projekts. Eine Vielzahl der Funde präsentiert heute das Museum von Bodrun in einer eigens dem Uluburun-Schiff gewidmeten Dauer-Ausstellung. Bodrun liegt in unmittelbarer Nähe des Fundortes. Das »Unterwasser-Museum« ist ein 5-Sterne-Museum, im Wettbewerb der europäischen Museen erhielt es 1995 das Prädikat »Besonders Lobenswert«.

Ein Prunkstück der Präsentation ist ein goldenes Skarabäus-Siegel von Nofretete, deren Gemahl, Pharao Echnaton, von 1352 bis 1336 Ägypten regierte. Ihre weltbekannte Büste befindet sich im »Alten Museum« von Berlin und zieht jährlich Tausende Besucher an. Manche legen Blumen vor Nofretete nieder, eine Huldigung an die Schöne über den Abgrund von 3 000 Jahren hinweg.

Nofretete war eventuell noch unter den Lebenden, als das Uluburun-Schiff zur letzten Fahrt seine Segel setzte. Und die Frage ist, wie so ein kostbares Siegel an Bord gelangte. Das ist bis heute ebenso wenig geklärt wie die mit zwei Siegeln bezeugte mykenische Präsenz auf dem Segler.

Doch der Unterwasserfund unterstreicht die Bedeutung Mykenes in der Spätbronzezeit. Schliemann und seine Nachfolger hatten die älteste griechische Kultur wieder ans Licht gebracht. Sie gaben Mykene den gebührenden Platz in der Weltgeschichte zurück.

Lichtlose Jahrhunderte

Um das Jahr 1200 fanden die mykenischen Städte ein plötzliches Ende. Doch nicht allein in Griechenland, rings um das östliche Mittelmeer gingen Städte in Flammen auf. Die Atlantis-Sage, die uns der griechische Philosoph Platon überliefert hat, spielt vielleicht auf jene großräumige Katastrophe an.

Danach überzogen die »Atlanter« damals »ganz Europa und Asien« mit Krieg. Sie unterwarfen sich die Völker »in Libyen bis Ägypten« und die Bewohner »Europas bis Tyrrhenien«, dem Etruskerland. Nur die Athener, »auf sich allein angewiesen«, hielten den »übermütigen«, aggressiven Atlantern stand. So erzählt Platon unter Berufung auf Solon. Dieser war ein entfernter Verwandter Platons und soll im 6. Jahrhundert die Atlantis-Sage aus Ägypten nach Athen gebracht haben.

Sind Platons Atlanter jene »Seevölker«, die ägyptische Inschriften erwähnen? Die »nördlichen Völker« taten sich zusammen, heißt es dort, und »sie legten ihre Hand auf den ganzen Erdkreis, siegesgewiss, voll Unternehmungslust«. Pharao Ramses III. rühmt sich, die Seevölker endlich bezwungen zu haben, die bis in das fruchtbare Nildelta mit seinen berühmten Städten eingedrungen waren. Den Sieg des Pharao verherrlicht sein Totentempel in Medinet Habu am Mittellauf des Nils. Ein Relief zeigt feindliche Kämpfer mit Federkronen und Hörnerhelmen, die gerade in einen Nilarm eindringen wollen. Glaubt man der ägyptischen Inschrift, hatten die Seevölker im Nildelta eine entscheidende Niederlage hinnehmen müssen. Nachdem sie zuvor ringsum die Länder ausgeraubt und gebrandschatzt hatten.

Dass die Mykener von den »Seevölkern« überrannt wurden, ist nur eine Vermutung. Aber es gibt keine alternative Erklärung. Die mykenische Kultur endet tatsächlich in einem Schwarzen Loch, so viel ist sicher. Und so sieht es auch die griechische Sage.

Agamemnon, König der Mykener, kehrt aus dem Trojanischen Krieg in seine Heimat zurück und findet dort ein schmähliches Ende. Odysseus muss endlose Prüfungen bestehen, bis seine Frau Penelope ihren Mann zurückhat: »Da versagten ihr das Herz und die Knie, weinend ging sie grad auf ihn zu und schlug ihre Arme fest um den Hals des Odysseus«, erzählt Homer. Odysseus hatte Glück, er hatte in der Göttin Athene eine Helferin in allen Nöten. Den meisten trojanischen Helden jedoch war keine glückliche Heimkehr beschieden.

Mit dem Trojanischen Krieg beginnen die »Dunklen Jahrhunderte«, die zwischen Mykene und der griechischen Klassik liegen. Den Begriff »Greek Dark Ages« haben Archäologen geprägt. Die Wortprägung hebt darauf ab, dass nach dem Untergang von Mykene die Bodenfunde in Griechenland nichts mehr zu bieten haben, was das Herz eines Archäologen höher schlagen ließe. Sie vermissen schön dekorierte Keramik, prunkvolle Grabbeigaben, nirgends treten neue Großbauten an die Stelle der eingeäscherten Paläste. Sogar bronzene Gebrauchsgegenstände werden Raritäten. Und nirgends stießen Archäologen in nachmykenischer Zeit auf schriftliche Hinterlassenschaften. Die Schreiber waren mit den Dunklen Jahrhunderten arbeitslos geworden. Schließlich gab es nichts mehr zu verwalten und zu inventarisieren. Und gleichzeitig verloren die Künstler ihre Fertigkeiten, weil es keine fürstlichen Gönner mehr gab, die ihnen Aufträge erteilten.

Griechenland ist ein küstenreiches Land. Man rechnet 15 000 Kilometer Küstenlänge für ganz Griechenland, seine Inseln mit einbegriffen, und davon entfallen etwa 4 000 Kilometer aufs Festland. Das Meer ist von jedem Ort aus in einem Fußmarsch von ein, zwei Tagen zu erreichen. So war Griechenland vielleicht besonders den Seeräubern ausgeliefert. Ein spürbarer Rückgang der mykenischen wie der vorgriechischen Bevölkerung muss die Folge gewesen sein.

Die »Pelasger«, so nennen griechische Geschichtsschreiber die vorgriechische Bevölkerung, wohnten schon seit der Steinzeit auf dem Festland und den griechischen Inseln. Als Jäger und Sammler durchstreiften sie die Lande, wurden schließlich sesshaft und bearbeiteten den Boden mit der Hacke. Den mykenischen Zuwanderern, die sich zu ihren Herren aufwarfen, mussten die Pelasger sicher Frondienste leisten. Neben dem Getreideanbau kultivierten die Urbewohner auch den Ölbaum und die Weinrebe. So berichtet es Herodot. »Welche Sprache die Pelasger hatten, kann ich nicht genau sagen«, schreibt er weiter. »Wenn man nach den heutigen Pelasgern urteilen darf, haben sie eine nichtgriechische Sprache gesprochen.«

Die einheimische Bevölkerung Attikas und Athens rechnet Herodot ebenfalls zu den Pelasgern: »Mit dem Übergang zu den Griechen haben sie dann ihre Sprache gewechselt.« Die Ur-Athener waren also keine Griechen. Sie wurden Griechen, indem sie lernten, Griechisch zu sprechen. Gewiss schon in mykenischer Zeit. Die Mykener waren an den Erzvorkommen des südlichen Attikas interessiert, an Kupfer, Silber und Blei, und so mag es zu engeren Kontakten zwischen ihnen und den Pelasgern Athens gekommen sein.

Griechen definieren sich nicht über »griechisches Blut«, sondern über ihre Sprache. Grieche ist, wer Griechisch spricht. Und genetisch gesehen sind die Griechen ein Zusammenschluss verschiedener Völkerschaften. Die »Barbaren«, von denen sich die Griechen später so gern unterschieden und abhoben, waren für sie nicht die dem Blut nach, weil nicht verwandten, Fremden, sondern Menschen mit einem anderen, ungriechischen kulturellen Hintergrund.

Nach der Entvölkerung durch den Seevölkersturm sickerten vom Balkan her noch andere Griechisch sprechende Völkerschaften ins Land ein. Antike Historiker heben unter ihnen besonders die sogenannten »Dorer« hervor. »Die Dorer nahmen zusammen mit den Nachkommen von Herakles den Peloponnes in Besitz«, bemerkte der Historiker Thukydides. Die Dorer galten als die Vorfahren der Spartaner. Möglicherweise weil sie erst so spät ins Land gekommen waren, hören sie am liebsten »Heldensagen und solche Geschichten, die sich in fernen Zeiten zutrugen«. Und die Dorer statteten sich mit einer ruhmreichen Vergangenheit aus, die auf Herakles, den ruhmreichsten Sagenhelden Griechenlands, zurückgriff. Wer weiß, vielleicht ein Werbetrick. Wenn schon die Athener sich rühmen konnten, »autochthon«, also einheimisch, dem griechischen Boden entsprossen zu sein, hatten die Spartaner keinen geringeren Ahnherrn vorzuweisen als Herakles. Den keulenschwingenden, mit einem Löwenfell bekleideten Heroen. Ihn verehrte ganz Griechenland.

An der Schwelle zum 10. Jahrhundert v. Chr. nehmen Archäologen erste Zeichen einer wirtschaftlichen Erholung der Region wahr. Die Zahl der Siedlungen wächst, Gräber sind reicher ausgestattet. Mehr Nahrung wird produziert. Eine besser ernährte Bevölkerung wächst und eine wachsende Bevölkerung produziert wiederum mehr Nahrung. Eisen kommt in Gebrauch. Es ist überall zu finden, ein demokratisches Metall. Eisen macht durchschnittlich fünf Prozent der Erdkruste aus.

Griechenland verfügt mit seinen Inseln über 15 000 Kilometer Küste. Blick auf das Meer von Santorin aus, im Vordergrund Kirche mit blauer Kuppel in Oia.

Dass Eisen in allen Kulturen erst so spät in Gebrauch kam, liegt daran, dass es schwieriger zu verhütten ist als Kupfer. Seine Verhüttung, das heißt die Ausschmelzung des Metalls aus dem Erz, verlangt einen präzisen Feuerungsprozess. Das Feuer muss mit einem starken Luftstrom gespeist werden, in einem Eisenerzofen, in dessen Inneren glühende Holzkohle das eisenhaltige Gestein völlig umgibt. Nach der Ausschmelze taugt das Eisen auch noch nicht viel. Es ist porös und muss intensiv gehämmert werden, damit sich die Metallpartikel zu einem konsistenten Werkstück vereinen. Seit dem Jahr 1500 vor unserer Zeit beherrschen die Schmiedemeister Kleinasiens diese schwierige Technik. Erst ein halbes Jahrtausend später findet man sie in Griechenland. Gewiss durch wandernde, hoch zu entlohnende Eisenschmiede aus dem Osten.

Dass man solche Spezialisten jetzt in Griechenland anwerben kann, ist ein weiterer Hinweis auf eine Verbesserung der wirtschaftlichen Situation. In Lefandi, auf der langgestreckten, großen Insel Euboia, nördlich von Attika, wurden unter anderen kostbaren Grabbeigaben einer adeligen Frau eiserne Gewandnadeln sowie eine Eisenklinge an einem Elfenbeingriff gefunden.

Eiserne Gebrauchsgegenstände lassen sich in der frühen Eisenzeit kaum mit Gold aufwiegen. Nicht weil es an Eisenvorkommen fehlte, sondern weil Eisenschmiede Seltenheitswert besaßen.

Das Vorkommen von Eisenerzeugnissen in einem griechischen Grab zeigt, wie man jetzt in Griechenland dabei ist, Anschluss an die östlichen Hochkulturen zu gewinnen.

Auch die anderen Grabbeigaben aus Lefandi offenbaren, dass sich wieder eine adelige Oberschicht installiert hatte. Goldene Haarspiralen, Ohrringe, ein Anhänger mit einem fein granulierten Kreis- und Sternenmuster, eine Halskette mit Fayence-Perlen, zwei Brustscheiben mit spiralförmigem Design fanden sich bei der Leiche. Ganz gewiss war die Unbekannte eine hochstehende Dame.

Adelstitel, wie sie im späteren christlichen Europa durch König oder Kaiser verliehen wurden, gab es in Griechenland nicht. Zum Aristokraten wurde man vielmehr auf Grund von erworbener und ererbter Tüchtigkeit.

Die Devise des griechischen Adels heißt: »Immer der Erste sein und unter allen der Beste.« Der Erste als Vorkämpfer in der Schlachtordnung, der Beste im sportlichen Wettkampf. Das will trainiert sein. Also hat der Adelige auch adelige Eltern, die sich um seine Ausbildung kümmern. Und adelig ist, wer seinen Stammbaum zurück bis zu einem der homerischen Helden verfolgen kann. Griechische Adelige können ihre Abstammung möglicherweise sogar an einem der Götter oder Heroen festmachen. Mythischer Glanz fällt auf die Aristokraten.

Diese soziale Elite nannte sich die »Schönen und Guten« *(kaloi kagathoi)* und ihre Herrschaft eine »Aristokratie« (»Führung durch die Besten«). Im späteren Athen hießen sie auch die »Eupatriden« (»hochwohlgeborene Nachkommen edler Eltern«). Die griechischen Eliten rekrutierten sich aus den Adelshäusern der Mykener, andere hatten es in den »Dark Ages« durch Seeräuberei zu Ruhm und Reichtum gebracht, wieder andere, indem sie priesterliche Ämter für sich monopolisierten.

In den »Dark Ages« hatte es wohl keine reisenden Sänger und Poeten mehr gegeben. Denn sie lebten von der Gunst der Fürsten und deren Sitze waren verwaist. Gewiss schon in mykenischer Zeit hatten Poeten die Helden besungen, den Gastgeber und dessen ruhmreiche Ahnen und wurden dafür reichlich belohnt. »Denn bei allen Menschen auf Erden genießen die Sänger Ehre und Ehrfurcht, lehrt doch die göttliche Muse die Sänger den hohen Gesang, und lieb ist der Muse die Kunst der Poeten«, sagt Homer.

Als Entstehungszeit seiner Epen setzt man das Jahr 700 an. Das Ende der Dunklen Jahrhunderte. Der Dichter Homer greift allerdings auf eine umfangreiche Epenproduktion zurück, die lange schon vor ihm entstand. Irgendwann in den »Dark Ages« bildeten sich neue Siedlungen, Leben kehrte zurück in die Städte, die Gesellschaft fächerte sich auf. Künstler und Handwerker fanden bei neuen Herrschaften wieder ins Brot.

Griechenland am Ende der Dunklen Jahrhunderte ist eine Kultur noch ganz ohne Schrift. Noch immer sind es, neben den Mythen, allein die Bodenfunde, die zu uns sprechen, besonders die Überbleibsel der Keramikindustrie. Tiefer liegende Bodenschichten haben sie massenweise konserviert. Das ist nicht verwunderlich. Denn erstens überdauert hartgebrannte Keramik Jahrtausende. Zum anderen war die Keramikindustrie eine der Schlüsselindustrien der Antike. Sie stillte den unerschöpflichen Bedarf an Gegenständen des täglichen Haushalts. Tausende und Abertausende von Töpferscheiben drehten sich, um keramische Gebrauchsgüter zu produzieren. Teller und Tassen, Kannen und Krüge, Schalen und Schüsseln, dazu Vorratsbehälter für Milch und Molkereiprodukte, für Öl und Oliven, Bier und Wein. Man benötigte sie im Haushalt ebenso wie in der Palast- und Tempelwirtschaft. In riesigen Stückzahlen. Den Töpfer konnte keine antike Wirtschaft entbehren.

Irgendwann gingen die Töpferwaren zu Bruch und landeten beispielsweise als Füllmaterial auf Wegen und Straßen. Heute kommen sie bei Ausgrabungen wieder zum Vorschein. Und unter den Händen von Restauratoren entsteht aus dem keramischen Abfall wieder das eine oder andere Gefäß, das wir in den Museumsvitrinen bewundern können.

In der Mitte und gegen Ende der »Dark Ages« übernehmen griechische Töpfer die Dekoration und das Design ihrer Ware zunehmend von östlichen Vorbildern. Sie schmücken Trinkgefäße und Schalen mit Fabeltieren, mit Sphinxen und Greifen, mit stilisierten Lotosblüten und Palmblättern, die der östlichen Keramikproduktion nachempfunden sind. Auch Siegel, kleine Bronzereliefs lassen orientalische Einflüsse erkennen und ebenso erinnern die szenischen Darstellungen der Vasenmaler stark an östliches Design. Die Geschichtswissenschaft spricht geradezu von einer »Orientalischen Revolution«, die während der Dunklen Jahrhunderte in Griechenland stattfand. Es war dieser Kulturtransfer, der den Anstoß zu den späteren Hochleistungen gab.

Daneben hatte Griechenland jedoch noch einen weiteren Vorteil: Gegenüber anderen Kulturen ist es durch seine geografische Situation begünstigt.

Zuerst und vor allem ist Griechenland eine maritime Kultur. Seine Küsten bieten überreichlich Ankerplätze und natürliche Hafenbuchten. Die alten Hochkulturen Mesopotamiens und Ägyptens sind Stadt-Land-Fluss-Kulturen. Ihre räumliche Weitläufigkeit erschwert den schnellen Informationsaustausch. Darin ist das maritime Griechenland den Altkulturen überlegen. Von Segeln und Rudern bewegte Schiffe sind schneller und haben einen weiteren Aktionsradius als Menschen- oder Pferdefüße. Zweitens bietet das zerklüftete, kleinräumige griechische Festland zwar ein fast unüberwindliches Hindernis zur Etablierung großflächiger, zentral gelenkter Staaten, dafür finden sich viele Nischen für eigenständige Stadt- und Kleinstaaten. Das begünstigt eine differenzierte Entwicklung regionaler Kulturkerne, die miteinander konkurrieren. Ganz anders verhält es sich bei den riesigen Flächenstaaten des Ostens. Und ganz anders liegen auch die Verhältnisse in Ägyptens langgezogener Flussoase. Hier konnten und mussten sich zentralisierende Herrschaftsstrukturen herausbilden, sonst wären solche Großräume gar nicht regierbar gewesen.

Passte es einem Griechen nicht in seiner Heimatstadt, konnte er notfalls ausweichen. In eine der anderen vielhundert selbstregierten Stadtgemeinden. Oder er konnte mit Gleichgesinnten irgendwo in der Ferne ein neues

Gemeinwesen gründen. Ein Ägypter jedoch oder ein Bewohner des Zwei-stromlands war ein Gefangener seines zentral regierten Landes. Wohl oder übel musste er sich damit abfinden, »in einem Staat von Untertanen und Unterdrückern zu leben«, wie der Philosoph Aristoteles es ausdrückt.

Unter diesen Voraussetzungen lässt sich für die folgenden Jahrhunderte in der Tat Großes von Griechenland erwarten.

Geburt des »klassischen« Griechenlands

Die Vordenker der griechischen Wissensexplosion

Nach den Verheerungen, die die eingefallenen Seevölker im griechischen Raum hinterlassen hatten, waren die Menschen zunächst gezwungen, sich ums nackte Überleben zu kümmern, so stellte es sich Aristoteles einige Jahrhunderte später vor. Als es ihnen dann wieder besser ging, gönnten sie sich die Annehmlichkeiten des Lebens. Sie erfanden Künste, um ihr Leben zu verschönern, lernten wieder Feste zu feiern und zu musizieren. Zuletzt, nachdem ihre dringendsten Bedürfnisse gestillt waren, wandten sie sich der freien Wissenschaft, der Philosophie, zu.

Aristoteles hatte Recht. Genau nach diesem Schema verlief der ökonomische und kulturelle Wiederaufstieg Griechenlands.

Ein Beispiel dafür ist die alte Handelsstadt Milet. Sie liegt an der Westküste Kleinasiens und zählte, zusammen mit der vorgelagerten Inselkette, zu Großgriechenland. Schon die Minoer unterhielten in Milet wegen seiner guten Naturhäfen eine wichtige Handelsniederlassung. »Milet wurde zuerst von den Kretern jenseits des Meeres gegründet und von einem Bruder des Minos besiedelt«, weiß ein antiker Geograf zu berichten. Kretische Schrifttäfelchen, die man in Milet fand, bestätigen das. Die minoische Handelsniederlassung stieg zu einem wichtigen Umschlagsplatz auf, der das metallarme Kreta mit den reichen Metallvorkommen Kleinasiens verband.

Nach dem Erlöschen der minoischen Kultur wurden die Mykener in Milet ansässig. Zahlreiche mykenische Keramikfunde belegen das. War das bei Uluburun havarierte Frachtschiff unterwegs nach Milet? Das ist anzunehmen. Die Stadt war mittlerweile ein pulsierendes griechisches Handelszentrum. Spätere Texte bezeichnen Milet als »Hauptstadt« der Ägäis. Sie konnte sich offenbar zunächst des Ansturms der Seevölker erwehren, versank dann aber, wie so viele Städte des östlichen Mittelmeeres, um 1100 in Schutt und Asche.

Die Keramikfunde der Folgezeit ähneln denen Athens. Dazu passt die mythische Überlieferung, nach der Neleus, der Sohn eines Athenerkönigs,

Milet wieder neu gegründet haben soll. Der Vorfahre von Neleus war ein Mann namens Ion. Nach ihm nennen sich die Athener und die Griechen der kleinasiatischen Küste die »Ionier«.

Homer erfindet die griechische Nation

Griechenland ist eine Erfindung Homers. Anders gesagt, ohne Homer hätte es kein »griechisches Wunder« gegeben.

Die fast zeitgleichen Etrusker Italiens sind im Treibsand der Geschichte verschwunden. Obwohl auch sie sich in einer vorteilhaften geografischen Situation befanden. Und Etrurien war noch dazu, anders als Griechenland, reich mit Bodenschätzen gesegnet. Auch verdanken die Etrusker, genau wie die Griechen, viel dem Einfluss der östlichen Hochkulturen. Doch die Etrusker traten von der Bühne der Weltgeschichte ab. Kaum dass den späteren Jahrhunderten noch eine Erinnerung an sie blieb. Erst die Archäologen unserer Zeit entdeckten wieder ihr glänzendes Erbe.

Das hätte auch den Griechen passieren können. Wenn da nicht Homer gewesen wäre. Hätten nicht seine Epen die kulturelle Einheit Griechenlands erschaffen und dauerhaft befestigt. Griechenland ist tatsächlich eine Erfindung Homers.

Seine Werke, die beiden Ependichtungen der *Ilias* und der *Odyssee,* entstanden um 700, am Ende der Dunklen Jahrhunderte. Von da an tritt die Geschichte Griechenlands langsam in helleres Licht. Der Dichter lebte an der Grenze zweier Zeitalter. Während sein Werk schon im hellen Licht der Geschichte steht, bleibt seine Person für uns völlig im Dunkeln.

Natürlich umranken sein Leben mannigfaltige Legenden. Einer genaueren Prüfung aber halten sie alle nicht stand. Im 19. Jahrhundert unserer Zeit hat man sogar heftig darüber gestritten, ob man das homerische Werk überhaupt einem Einzelverfasser zuordnen dürfe. Vermutlich, so dachte man, hatten viele Hände das Werk zusammengefügt. Heute, nach zwei Jahrhunderten Homer-Forschung, ist man sich einig, dass Homer seine Dichtung mit uralten, verstreuten Epenstoffen angereichert hat.

Ein ganz normaler Vorgang, schließlich bringt kein Poet seine Verse aus dem Nichts hervor. Den Kampf um Troja, die tragische Heimkehr der Helden, hatten vor ihm schon viele Wanderpoeten an Fürstenhöfen besungen. Homer greift auf seine Vorgänger zurück.

Doch sein Epos über den Trojanischen Krieg setzt neue Akzente. Es stilisiert die Brand- und Raubzüge des Seevölkersturms zu einem gesamtgriechischen Rachefeldzug. Sämtliche Völkerschaften Griechenlands lässt er vor Troja aufmarschieren, macht die Belagerung der Stadt zu einem vaterländischen Krieg, in dem es die Ehre aller Griechen zu verteidigen und zu behaupten gilt.

Paris, ein trojanischer Prinz, hat die schöne Griechenfrau Helena entführt, das löst den Krieg aus. Die Fürsten der Griechen, »alle mit Szeptern geschmückt«, versammeln

Homer – der Dichter der Odyssee – legte das geistige Fundament der Griechen. Römische Kopie einer Marmorbüste, nach hellenistischem Original um 150 v. Chr.

sich zum Kampf, ihnen folgen ihre Völker, »gleichwie Schwärme von Bienen in dichtem Gewimmel sich nahen« – so schildert Homer den Aufmarsch der Griechen, die der gemeinsame Rachefeldzug zum ersten Mal als Nation vereint.

Doch so war es ganz sicher nicht. Einen vereinten Kampf aller Griechen gegen die Stadt am Hellespont in der heutigen Türkei hat es nie gegeben. Jedenfalls nicht in dieser Größenordnung, wie Homer das Unternehmen schildert, mit einer Armada von 12 000 Schiffen und einer Streitmacht von 150 000 Kriegern aus 164 Städten der Griechen. Troja als griechisches Nationalliga-Unternehmen fand nur im Kopf des Dichters statt.

Dennoch, die *Ilias* wurde zum Nationalepos aller Griechen, so wie die Mosesbücher der Israeliten die jüdische Nation begründeten. Anders aber als die Mosesbücher kommt Homers Dichtung in einem strahlenden poetischen Gewand daher. Das bewies den Griechen die göttliche Inspiration des Dichters und bekräftigte die Glaubwürdigkeit seiner Verse. An der Tatsache des Trojanischen Krieges haben die Griechen niemals gezweifelt.

Der Kampf um Troja blieb für sie auf immer das Gründungsdatum ihrer gemeinsamen Geschichte.

Eine Hörbuch-Wiedergabe der *Ilias* dauert 17, die der *Odyssee* 15 Stunden. Dabei tauchen die Hörer in eine wahre Bilderflut. Achilleus und sein Gefolge stürzen sich in den Kampf »wie Wölfe, gierig nach Fleisch und erfüllt von unverwüstlichen Kräften, die einen Hirsch mit starkem Geweih in den Bergen zerreißen und verschlingen, dass allen vom Blute sich röten die Kiefern, dann im Rudel zur dunkelfließenden Quelle getrieben, schlecken mit dünnen Zungen sie dort von des schwarzen Gewässers oberem Rand und speien das Blut des Mordes, und furchtlos bleibt ihr Herz in der Brust, geschwollen sind allen die Bäuche«. Ein Bild folgt dem anderen. Steinschläge hört man zu Tale donnern, Quellen rauschen, Erdbeben lassen die Erde bersten, Krieger fallen »wie Blätter«, Blut, »rot wie Mohn«, entquillt den Wunden, wie ein »Waldbrand« gleißen die Waffen des heranrückenden Heeres. Homers Epen sind übervoll von solchen Bildern. Vereinzelt finden sich auch friedliche Landschaftsbilder. In seiner *Odyssee* beschreibt Homer eine Nymphengrotte mit den Versen: »Rund um die Grotte hin wuchs ein sprießendes Waldstück, Erlen und Pappeln, Zypressen verbreiteten köstliche Düfte, Vögel mit langen Schwingen erbauten sich dort ihre Nester: Eule und Habicht, Krähen des Meeres mit länglichen Zungen. Strotzend von Trauben umrankte dort die geräumige Grotte jung und veredelt der Weinstock. Schließlich flossen auch Quellen, vier an der Zahl, mit blinkendem Wasser daneben. Rundum blühten die Wiesen in Polstern von Dolden und Veilchen.« Doch solche beschaulichen Bildzitate sind selten. Im Paradiesgärtlein wohnen nicht Menschen, hier ist eine der unsterblichen Nymphen zu Hause.

In Homers Epen finde ich zwar nirgends eine Szene, die Lust an Grausamkeiten verriete. Doch Homers Krieger gehen mitleidlos zur Sache, jedes Mal, wenn er einen der zahllosen Zweikämpfe beschreibt. Eigentümlichkeiten seiner Sprache weisen darauf hin, dass Homer in Ionien zu Hause war. Möglicherweise sogar in der Nähe von Troja, das er in seiner *Ilias* besingt.

Das, was wir heute vorzugsweise Griechenland nennen, das griechische Festland also, stand in Homers Zeiten kulturell noch weit hinter den Ioniern Kleinasiens zurück. Der Dichter der Griechen hat vielleicht das griechische Festland nie betreten.

Wie dem auch sei, der Sänger kannte sein Publikum. Wusste, was seine adeligen Gönner von ihm erwarteten: Das ehrende Gedenken der Taten ihrer Heldenahnen. Jeder der griechischen Adeligen führte, selbst noch in klassischer Zeit, seine Vorfahrenlinie auf einen der Kriegshelden vor Troja zurück. Es wäre ja eine Schmach, nicht mit von der Partie gewesen zu sein! Hatten doch, wie es Homer darstellt, alle Fürsten Griechenlands, mitsamt ihrem Gefolge, 150 000 Krieger, die Schiffe bestiegen, um die Ehre der Griechen vor Troja wiederherzustellen.

Der Kampf um Troja war eine Ehrensache, von Anfang bis Ende. Die *Ilias* schildert 51 Tage des zehnjährigen Ringens. Gerade mal sieben von mehr als 500 Wochen. Ein genialer Kunstgriff, und in der Beschränkung zeigt sich der Meister.

Mit ihren 16 000 Versen ist die *Ilias* ein wahrhaft voluminöses Wortpaket. Sie und die *Odyssee* waren ein Spiegel der ganzen Welt.

Da es strikt verboten war, den beiden Epen auch nur einen einzigen Vers hinzuzufügen, ist die Dichtung Homers fast im Originalzustand erhalten geblieben. Und weil beide bald nach ihrer Entstehung schriftlich vorlagen, konnten die griechischen Homer-Experten den Text genau kontrollieren. Wir wissen, dass sie das mit eifernder Sorgfalt taten. Der Meister hatte sich weise beschränkt und niemand sollte ihm später dareinpfuschen.

Man hat dieses Verbot respektiert. Obwohl Homer viele Stoffe, die im Zusammenhang mit dem Trojanischen Krieg in der Öffentlichkeit zirkulierten, nicht in sein Werk aufgenommen hat. Zum Beispiel findet sich die berühmte Episode von dem »Trojanischen Pferd« nicht bei Homer. Der Dichter übergeht auch den Aufbruch der Schiffsarmada nach Troja: die Geschichte von Agamemnon, der seine Tochter Iphigenie den Göttern opfert, damit die Himmel den Schiffen günstige Winde schicken. Und die *Ilias* macht von Anfang an klar, dass Zeus den Untergang von Troja unabwendbar beschlossen hat. Homer allerdings schildert das Kriegsende nicht. Auch der Tod des strahlenden Achilleus ist eine ausgemachte Sache, doch das Ende des Vorkämpfers aller Griechen ging nicht in die *Ilias* ein. Das alles sind erstaunliche Beschränkungen, die sich der Dichter auferlegte. Und darin beweist sich sein Genie. Hätte es Homer nicht als Person gegeben, hätte stattdessen ein anonymer Redaktionsstab die Texte zusammengefügt, würden die Redakteure kaum der Versuchung widerstanden haben, den Stoff ständig weiter aufzufüllen. Das geschah nicht.

Homer legte das geistige Fundament der Griechen. Sie wussten das. Philopator, ägyptischer König in der Nachfolge Alexanders des Großen, errichtete dem Dichter ein Heiligtum, das »Homereion«. In der Mitte des Tempels thronte Homer, umgeben in einem Halbkreis von den Statuen der sechs Städte, die darauf Anspruch erhoben, der Geburtsort des Dichters zu sein. Strabon, ein renommierter antiker Geograf, schreibt um die Zeitenwende: »Homer überragt alle Menschen des Altertums wie der Gegenwart. Nicht allein wegen seiner unübertrefflichen Dichtkunst, sondern auch wegen seiner umfassenden Kenntnisse auf allen Lebensgebieten.« Für einen antiken Homer-Kommentator sind alle Leser Homers »Priester und Tempelwächter seiner göttlichen Worte«. Homer ist der »göttliche« Homer.

Das Lob trägt der Tatsache Rechnung, dass es für sein Genie keine Erklärung gibt, die Homers Wirkung gerecht würde. Hippokrates, der Mediziner, Sokrates, der Stadtphilosoph, Alexander, der Eroberer, tragen große Namen. Doch keiner hätte sich mit Homer messen wollen. Im Gegenteil, sie alle beriefen sich auf ihn, waren sein Kinder. Homers Kinder wurden alle Griechen.

Milet: Licht aus dem Osten

Hoch zu Ross, in Ochsenkarren und zu Fuß waren die Griechen einst ins Land gekommen. An seinen buchten- und hafenreichen Küsten wurde aus ihnen ein Seefahrervolk. Sie durchkreuzten das östliche wie das westliche Mittelmeer, segelten durch die Meerenge der Dardanellen, schwärmten aus ins Schwarze Meer. An allen Küsten nahmen sie Land, gründeten Handelsniederlassungen und Städte und warfen sich, dank ihrer technischen und militärischen Überlegenheit, zu Herren der einheimischen Völker auf.

Die Erde ist riesig, lesen wir bei Platon, wir bewohnen nur ihren kleinsten Teil: »Wir sitzen wie Ameisen oder Frösche um einen Teich«, den wir das Meer nennen. Währen der Dunklen Jahrhunderte war der Horizont noch eng gewesen. Er umschloss gerade mal Haus und Hof, Berg und Tal, die nächsten Nachbarsiedlungen, unten am Meer die Buchten und ein paar Städte in der Ferne. Jetzt, im 7. und 6. Jahrhundert vor unserer Zeitrechnung, weitet sich der Blick. Bis zu den Sternen.

Schauen wir uns den Froschteich Mittelmeer zur Zeit der Griechen an, so sehen wir tatsächlich, wie sich ringsherum die Wissenskolonien bilden. Zunächst in Milet, einer Stadt an der Westküste Kleinasiens, auf dem Gebiet der heutigen Türkei, die zahlreiche große Söhne hervorbrachte.

Thales von Milet steht am Anfang der griechischen Wissenschaftsgeschichte. Über Thales erzählte man sich in der Antike folgende Anekdote:

»Er hatte sich der Wissenschaft und der Erforschung der Gestirnswelt verschrieben und wurde so für die Griechen der Begründer der Himmelskunde. Er behauptete, sich dort oben völlig auszukennen und fiel, als er zum Himmel aufschaute, in ein Brunnenloch. Eine Magd mit Namen Thraitta lachte den Thales aus und sagte: Den Himmel willst du studieren und kannst nicht mal deine Füße dirigieren! Weiter wird überliefert, dass sich Thales als Erster mit Naturstudien befasste. Er behauptet, Ursprung und Ende aller Dinge sei das Wasser. Denn erstens kämen alle Berge aus dem Wasser hervor, indem es sich verfestige, und die Berge würden auch wieder zu Wasser, indem sie sich wieder verflüssigten.«

Anaximenes. Er mutmaßte, die Erde sei eine Scheibe, die in einem unendlichen Raume schwebe. Leukippos stellte sich eine Vielzahl von Welten vor. »Er sagte, das All sei unbeschränkt.« Leukippos prägte den Begriff des »Atoms« (das bedeutet »das Unteilbare«) und formulierte als Erster das Kausalgesetz: »Alles entsteht in begründeter Weise und aus Notwendigkeit.«

Ein weiterer Mileter, Anaximander, »zeichnete als Erster den Umriss von Land und Meer und verfertigte einen Himmelsglobus«. Hippodamus, ein Stadtplaner, baute Städte mit schnurgeraden Straßen und rechtwinkligen Kreuzungen. Und Hekataios entwarf eine Weltkarte, reiste vieltausend Kilometer und verfasste die erste Weltgeschichte.

Nördlich von Milet liegt die bedeutende Stadt Ephesos. Dort war Herakleitos daheim. Er vertritt eine radikal dynamische Weltsicht. Nietzsche nennt Herakleitos einen »königlichen und prachtvollen Einsiedler des Geistes«. Die Welt, sagt der Philosoph aus Ephesos, ist ein Spielplatz der Götter, jenseits von Gut und Böse. Die Götter würfeln.

Nahe bei Ephesos liegt Kolophon, die Geburtsstadt von Xenophanes, ein Dichter und Philosoph und der erste Homer-Kritiker. Xenophanes soll das sagenhafte Alter von hundert Jahren erreicht haben, habe jedoch so ärmlich gelebt, dass er seine Kinder mit eigenen Händen hätte verscharren müssen.

Zu Xenophanes Zeit hatten die Griechen ihr Siedlungsgebiet bereits bis nach Unteritalien ausgedehnt. Dort lehrte der Philosoph Parmenides von Elea, einer der bedeutendsten Vorsokratiker. Er beschrieb die Welt als virtuelle Realität, in der unsere körperlichen Sinnesorgane uns über das wahre Sein des Seienden täuschen.

Gleichfalls in Italien lehrte Pythagoras. Er war aus der Ägäis nach Kroton emigriert, weil er nicht unter einem Tyrannen leben mochte. Nach Pythagoras lässt sich alles in der Welt auf mathematische Formeln zurückführen.

In Kroton wirkte auch der Arzt und Chirurg Alkmaion. Er sezierte Tierkörper, beschrieb den Sehnerv (ohne Lupe und Mikroskop zur Verfügung zu haben) und erkannte das Gehirn als den Sitz des Denkens.

Im benachbarten Sizilien wirkte Empedokles. Er legte Sümpfe trocken, bekämpfte die Malaria. Fleisch aß er nicht, denn Empedokles glaubte an die unsterbliche Seele, die von Körper zu Körper wandere.

Welch eine Wissensexplosion rund um Platons Froschteich! Leider ist von all den genannten Denkern kein einziges Werk vollständig erhalten. Doch Auszüge aus ihren Texten, Zitate aus ihren Werken begegnen uns häufig in den Schriften späterer Autoren und dadurch können wir uns ein recht gutes Bild jener genialen Welterklärer machen. Sokrates und Platon, Athens Baumeister, die den Parthenon erschufen, die griechischen Bühnenautoren, die großen Bildhauer der Klassik waren zu den Zeiten jener Vordenker alle noch nicht geboren, Sparta, Athen und Theben mussten noch ein Jahrhundert warten, bis das Licht der Geschichte auf sie fiel.

»Nichts entsteht aus Zufall«, betonte Leukippos, *ouden chrema maten ginetai,* oder anders gesagt: Der Erfolg hat viele Väter. Das gilt auch für die Kulturrevolution Griechenlands.

Dass sie an der Schnittstelle zwischen Ost und West begann, an der Griechenküste Kleinasiens, kam nicht von ungefähr. Eine Naturforschung griechischen Zuschnitts hat es zwar in den orientalischen Kulturen nie gegeben. Doch auch sie philosophierten, und zwar in der Sprache der Mythen. Schon die ältesten Mythen des Zweistromlands und Ägyptens versuchen die Welt für den Menschen durchsichtig zu machen. Sie unternehmen in ihren Mythen immer neue Anläufe, den Dingen auf den Grund zu gehen. Ihre Götter waren von überdimensionaler Größe, und in deren Allmacht fand man die Erklärung, warum überhaupt etwas ist und nicht vielmehr nichts.

Verglichen mit den omnipotenten Hochgöttern des Ostens waren die Götter der Griechen Zwerge. Denen man es gar nicht erst zutraute, die Welt von ihren Anfängen an hervorgebracht zu haben. Pindar, ein Dichter des 4. Jahrhunderts, sieht in den Göttern eigentlich nur Supermenschen. Er schreibt: »Verschieden sind Götter und Menschen, doch es atmen durch eine Mutter die beiden.« Und Platon sagt im selben Jahrhundert: »Den Urheber und Vater von allem herauszufinden ist schwierig.« Also versuchten Griechenlands Naturforscher ohne Hilfe der Mythen den Dingen auf den Grund zu gehen. Die Prinzipien, die Gesetze des Werdens durch eigenes

Nachdenken zu ergründen. »Ich beriet mich mit mir selbst«, sagte Herakleitos.

Dynamische Urkräfte waren für die griechischen Forscher Ursache der Weltentstehung. Das Wasser, die Luft, das Feuer oder einfach das Unbegrenzte. Das Dasein der Götter bezweifelte keiner der Forscher. Die Götter waren für sie, wie schon bei Homer, die heiligen Ordnungskräfte der Welt. Zeus hatte die Welt zwar nicht erschaffen (kein Grieche behauptete das), doch er, der »Vater der Götter und Menschen«, hatte das urtümliche Chaos gebändigt. Zeus hatte die Welt erst für Menschen bewohnbar gemacht. Anders gesagt, verdanken die Götter ihre Entstehung den Urkräften des Anfangs. Und als Erstgeburten des Anfangs waren sie höchst präsent, endlos den Menschen überlegen.

Für Thales ist das Wasser Anfang und Ende aller Dinge, doch zugleich ist für ihn »alles voller Götter« und das ist kein Widerspruch. Die Leistung der Griechen ist, dass sie sich trauten, selbst ihre Götter noch intellektuell zu hinterfragen. Das hatte vor ihnen noch kein anderer gewagt. Und ihr Eifer wurde belohnt. Die ersten griechischen Naturforscher legten das Fundament zu einer wissenschaftlichen Welterklärung. Nutznießer sind wir alle, die ganze heutige Weltbevölkerung.

Die griechischen Vordenker forschten, lehrten nicht isoliert voneinander. Denn sie schrieben auf, was sie dachten, machten ihre Gedanken dadurch für andere zugänglich. Über ihre Schriften tauschten sie sich aus, kritisierten einander, griffen auf Theorien ihrer Vorgänger zurück, führten deren Gedanken weiter. Eine »scientific community« entstand, eine Wissenschaftsgemeinde, ohne die wissenschaftlicher Fortschritt überhaupt nicht denkbar ist.

Phönizisch: Das erste Alpha-Bet

Die Erfindung des Alphabets machte wissenschaftlichen Austausch überhaupt erst möglich, sein Potenzial überwand die Grenzen von Raum und Zeit.

Schriftkulturen hat es bereits Jahrtausende vor den Griechen gegeben. Im Zweistromland, in Ägypten und China. Irgendwann entdeckte jede Kultur, dass es geboten war, Sachverhalte und Dinge aufzuzeichnen. Auch das frühgriechische Mykene legte Inventarverzeichnisse seiner Verbrauchs- und

Handelsgüter an. Nicht in einer Schrift, die aus Einzelbuchstaben bestand, sondern aus vielen Silbenzeichen. Während der »Dark Ages« gab es kaum noch etwas zu verwalten, zu zählen und zu registrieren, man lebte von der Hand in den Mund. So geriet die erste griechische Schrift, das »Linear B«, in Vergessenheit. Als es dann in Griechenland, zuerst an der griechischen Küste Kleinasiens, aufwärtsging und der Handel zunahm, wurde eine ordentliche Buchführung wieder unentbehrlich. Vor allen Dingen im Überseehandel, wenn es um Schiffsladungen von Handelswaren ging. Hier musste registriert, kontrolliert und abgerechnet werden. Ohne schriftliche Aufzeichnungen war das nicht möglich.

Die Handelsstädte der Phönizier, an der heutigen libanesischen Küste, hatten ihre Schrift über die Dunklen Jahrhunderte hinüberretten können. Und zwar deswegen, weil die Phönizier schon Jahrhunderte vor dem Seevölkersturm eine ganz eigene, radikal vereinfachte Schrifttechnik entwickelt hatten. Sie schrieben nicht, wie in Ägypten oder dem Zweistromland, in Silbenzeichen. Die Phönizier benutzten Einzelbuchstaben, um ein Wort aufzuzeichnen.

Das war eine geistige Revolution sondergleichen. Wir kennen nicht den Erfinder der Alphabetschrift, schade, denn es muss ein Einstein gewesen sein. Der auf die Idee kam, mit rund 20 Zeichen festzuhalten, was es alles auf der Welt gab. Und was im Kopf der Menschen vor sich ging.

Vor mir, an meinem Schreibpult, liegt das Replikat eines altphönizischen Alphabetsteins, 5 Zentimeter lang, 1,5 Zentimeter breit. Das erste Alphabet. Ich nehme das Steinchen zwischen die Finger und betrachte es, wie schon so oft. Und sage mir, die ganze Menschheitsgeschichte wäre anders gelaufen, hätte nicht ein semitischer Einstein die Alphabetisierung der Schrift erfunden. Die das Schreiben so ungemein erleichterte, demokratisierte. Ein ägyptischer, babylonischer oder chinesischer Schreiber brauchte Jahre, vielleicht ein volles Jahrzehnt, bis er die vieltausend Silbenzeichen seiner Schrift im Kopf hatte. Der phönizische Händler benötigte allenfalls ein paar Wochen, um zu lernen, wie man eine detaillierte Warenliste anlegt oder wie man in Alphabetschrift einen Brief aufsetzt.

Über Handelsverbindungen gelangte die neue Schreibtechnik zum Ende der Dunklen Jahrhunderte auch nach Griechenland. An die semitische Herkunft unseres Alphabets erinnert sein Name: *Alpha* leitet sich ab von *Aleph,* im Semitischen »Stier«, weil der Buchstabe ursprünglich einem Stierkopf nachempfunden war. *Beta,* im Semitischen »Haus«, weil die Form des

Buchstabenzeichens einem Haus glich. *Alpha-Bet* heißt also übersetzt »Stierhaus«.

Von Herodot erfahren wir, dass man ehedem in Griechenland von den »phönizischen Strichen« sprach, wenn man das Alphabet meinte. Weiter bemerkt er: »Die mit Kadmos nach Griechenland eingewanderten Phönizier haben viele Wissenschaften und Kunstfertigkeiten zu den Griechen gebracht, dazu gehört auch die Schrift.« Moderne Historiker pflichten ihm bei. Auf welchen Wegen auch immer es geschehen sein mag, es waren Phönizier, die zuallererst die Griechen zu einem Schriftvolk gemacht hatten.

Allerdings, semitische Schriften sind Konsonantenschriften. Das heißt, nur die Konsonanten werden notiert. Im Kopf fügte man beim Lesen die Vokale hinzu. Das funktioniert recht gut, zumal semitische Sprachen reich an Konsonanten sind. Auf unsere Sprache übertragen, würde man beispielsweise die Buchstabenfolge *brg* ergänzen zu »Berg« oder »Burg«. Was von beiden gemeint ist, ergibt sich aus dem Zusammenhang. Stößt der Leser jedoch auf eine Buchstabenfolge wie *brgzbrn,* so hat er ein Problem, wenn er nicht zufällig schon einmal von »Bergzabern«, einer Stadt an der Deutschen Weinstraße, gehört hat. Eigentlich kann man in der Konsonantenschrift nur die Worte lesen, die man vorher bereits kennt. Vor diesem Problem standen damals die Griechen mit den semitischen Buchstaben. Denn die griechische Sprache ist überreich an Vokalen. Lässt man diese weg, wird ein Text beinah unlesbar.

Irgendwann nach dem 9. Jahrhundert kamen die Griechen auf die Lösung. Sie setzten Vokalzeichen zwischen die Konsonanten. Und das westliche Alphabet war erfunden. Ein simpler Trick, möchte man meinen. In Wirklichkeit war die Erfindung von Vokalzeichen ein genialer Einfall. Schließlich findet man ja nur, wenn man schon weiß, wonach man sucht. Die Griechen schrieben die Erfindung der Vokalisierung des Alphabets einem ihrer Kulturheroen zu, dem legendären Palamedes, der auch Brettspiel und Würfel, Maße und Gewichte in Griechenland eingeführt haben soll.

Mit Hilfe der neuen Vokalzeichen wurde Schreiben nun kinderleicht. Fast. Mit Sicherheit aber viel leichter, wenn man die griechische Alphabettechnik mit den erheblich aufwändigeren Verfahren anderer Kulturkreise vergleicht, Hörreize in Sehreize umzuwandeln. Schreib- und Lesefertigkeit blieb in Kulturen außerhalb Griechenlands den geschulten Eliten vorbehalten. Den Schreibschulen der Paläste oder der Tempel. In griechischen Landen wurde die Schreib- und Lesefähigkeit zum allgemeinen Bildungsgut.

Schrift ist ein externer Gedächtnisspeicher. Je einfacher der Speichervorgang ist, je leichter Speicherinhalte abgerufen werden können, umso mehr profitiert davon das Wissen. Das vokalisierte Alphabet erfüllte beide Voraussetzungen optimal. Darum kam es bald nach den »Dark Ages« im ionischen Griechenland zu einer regelrechten Wissensexplosion.

Die Erfindung der vereinfachten Buchstabenschrift und die Erfindung des Münzgeldes geschahen fast gleichzeitig und in der gleichen Region, dem westlichen Kleinasien. Die neue Schreibtechnik förderte das Wissen, das Münzgeld, als handliches Tauschmittel, beschleunigte den Warenverkehr.

»Die Lyder sind die ersten Menschen, von denen wir wissen, dass sie Münzen aus Gold und Silber geprägt haben«, notiert Herodot. Das Königreich Lydien grenzte an den griechischen Küstenstreifen Kleinasiens. Es verfügte über leicht abbaubare Vorkommen an Edelmetallen. Möglicherweise kam ein lydischer König darauf, seine angeworbenen Soldaten mit Edelmetall-Stücken zu besolden, die alle von gleichem Gewicht und mit dem Königssiegel zertifiziert waren. Das war praktikabler, als die Soldaten mit Verbrauchsgütern zu entlohnen. »Also verständigte man sich auf ein Tauschgut, das selbst nützlich und im täglichen Umgang leicht zu handhaben war, wie Eisen oder Silber. Anfangs maß man sie einfach nach Größe und Gewicht, schließlich drückte man dem Metall ein Zeichen auf, um sich das Abmessen zu ersparen. Denn das Prägezeichen verbürgte das richtige Gewicht«, schildert Aristoteles den Übergang vom Tauschhandel zur Geldwirtschaft.

Einmal in der Welt, fand die Idee, Waren gegen Münzen zu tauschen, schnell Einlass in den Handelsverkehr. Jede Stadt schlug ihre eigenen Münzen, Hunderte von verschiedenen Währungen existierten nebeneinander. Und weil man Metall auch beliebig teilen kann, kam schließlich auch Kleingeld in Umlauf. Mit ihm entstanden Märkte in den Städten. Statt mit Naturalien wurden Arbeiter nun mit Geld entlohnt, Steuern und Abgaben mussten in harter Währung entrichtet werden, Wechselstuben wurden nötig. Und irgendwann begann man, Geld gegen Zinsen zu entleihen. »Der Reichtum, der aus jener Erwerbstätigkeit fließt, kennt kein Maß und Ziel«, schreibt Aristoteles. Den Geldverkauf gegen Zinsen besah er mit kritischen Augen. Und der Tragödiendichter Sophokles moniert: »Unter allem, was die Menschen treiben, ist nichts so schlimm wie der Handel mit Geld. Geld zerstört Städte, treibt Familien von Haus und Hof, das Geld verdirbt das Gefühl für Rechtschaffenheit unter den Menschen.« Die Klage ist alt, sehr alt.

Und so berechtigt wie blind. Wir bedürfen der kulturellen, staatlichen und monetären Institutionen, um miteinander auszukommen. Doch von unseren selbstgeschaffenen Zwängen dürfen wir uns wiederum nicht derart vereinnahmen lassen, dass wir darüber unsere Freiheit verlieren.

In Olympia Erster sein

In die Zeit der Alphabetisierung und Merkantilisierung Griechenlands fällt auch die Einrichtung der Olympischen Festspiele. Gleich an mehreren Orten wurden athletische Festspiele ausgetragen. In Ionien, bei Milet, ein anderes an der Landenge des Peloponnes, auch in der Orakelstadt Delphi und eben in Olympia. Olympia aber galt als der renommierteste Festspielort. Schon allein wegen seiner altehrwürdigen Tradition. Bodenfunde weisen darauf hin, dass bereits in mykenischer Zeit, also schon vor 1200, in Olympia athletische Spiele veranstaltet wurden. Der Mythos führt sie auf den legendären Helden Pelops zurück, der auch der ganzen Halbinsel ihren Namen gab.

Während der Dunklen Jahrhunderte erloschen die Spiele. Herakles selbst soll sie dann wieder ins Leben gerufen haben.

Der olympische Weihebezirk liegt im Hügelland der Eleer, einem sonst eher unbedeutenden griechischen Volksstamm im äußersten Westen des Peloponnes.

Nach dem westlichen Kalendersystem fand die erste Olympiade im Jahr 776/775 statt, wobei das griechische Neujahr auf die Sommersonnenwende fiel. Am ersten Vollmond des neuen Jahres, lautete die Regel, wurden die Olympischen Spiele ausgetragen. Der nächste Festtermin folgte im Abstand von vier Jahren. Die Periode dazwischen bezeichnete man als »Olympiade«. Da man in Griechenland das Mond- mit dem Sonnenjahr kombinierte, blieb der olympische Festtermin relativ stabil. Die Spiele fielen immer in die letzten Junitage oder die ersten Juliwochen.

Welche Bedeutung man den Spielen zumaß, verdeutlicht die Praxis der griechischen Geschichtsschreiber, die erste Olympiade als Ausgangspunkt der kalendarischen Zeitrechnung festzusetzen.

Olympia ist eine Stadt in einer küstennahen Region der westlichen peloponnesischen Halbinsel. Die als sportliche Wettkämpfe ausgetragenen Festspiele wurden zu Ehren des olympischen Zeus veranstaltet. Unter seinen, den Augen des Gottes, galt es für die Wettkämpfer, sich zu bewähren, die

776 v. Chr. fanden die ersten Olympischen Spiele statt. Die Ruinen des antiken Stadions von Olympia befinden sich auf dem Peloponnes.

Kräfte bis zum Äußersten anzuspannen, um sich selbst und die Mitbewerber zu übertreffen. Angefeuert von Homers Mahnung, »immer der Erste zu sein und unter allen der Beste«. Eine Devise, die in dem heutigen lateinischen Motto der Olympischen Spiele nachklingt: *citius, altius, fortius,* »schneller, höher, stärker«.

Unbestritten sind die Olympischen Spiele hochreligiöse Inszenierungen. Ununterbrochen brannten während der Spiele im Festgelände die Altäre. Die wichtigste Opferstätte besaß Zeus. Die Schenkel von hundert Stieren rauchten zum Himmel auf. Ihre Asche blieb auf dem Altar. Zur Zeit des Reiseschriftstellers Pausanias (im 2. Jahrhundert unserer Zeit) maß der Zeusaltar 40 Meter im Umfang und 10 Meter in der Höhe. Seine Gattin Hera und die anderen Bewohner des Olymps wurden nicht weniger mit Gaben bedacht. Kurzum, die Olympischen Spiele waren religiöse Hochereignisse wie heutzutage die österlichen Pilgertreffen auf dem Petersplatz in Rom oder wie eine Wallfahrt nach Mekka.

Möglicherweise entstanden die Spiele aus Totenfeiern. Die erste literarische Beschreibung einer solchen Leichenfeier ist bei Homer zu finden. Der Dichter schildert in 500 Versen, wie Achilleus seinen im Kampf verlorenen Zeltfreund Patrokles mit athletischen Wettkämpfen ehren lässt. Wagenrennen, Boxen, Ringen, Laufen, Diskuswerfen, Bogenschießen und Speerwurf werden dabei als Disziplinen genannt.

Das Reglement der Spiele in Olympia sah keine Preise für den Zweit- oder Drittplazierten vor. Einer allein machte das Rennen. Er wurde mit einem Kranz aus Ölbaumzweigen belohnt. Seine Heimatstadt überschüttete ihn dann aber mit einer Flut von Ehrengaben. In so exorbitantem Maß, dass ihr

Geldwert Löcher in die Staatskasse riss. Athen beschränkte darum im 6. Jahrhundert das Preisgeld auf 500 Drachmen. Das war noch immer üppig. Der Tageslohn eines Facharbeiters betrug beispielsweise 1 Drachme und davon konnte eine vierköpfige Familie gut leben. Außerdem erhielt der Olympionike einen freien Mittagstisch im Rathaus der Stadt, wo er für den Rest seines Lebens zusammen mit den Honoratioren speisen durfte. Es wird erzählt, dass eine Stadt zu Ehren ihres Olympioniken sogar einen Teil des Mauernkranzes einriss, um den verdienten Sportler in allen Ehren einzuholen.

Wollen wir dem Dichter Pindar glauben, dann erwarteten den Verlierer dagegen Hohn und Spott bei seiner Heimkehr: »Kein fröhlicher Empfang wird den Besiegten zuteil, ihr Elternhaus empfängt sie nicht mit fröhlichem Jubel, sie müssen die Öffentlichkeit meiden und die schadenfrohen Augen fliehen, denn ihre Siegeshoffnung erfüllte sich nicht.« Pindar mag übertreiben. Doch sagt auch das Sprichwort: »Geld verloren, nichts verloren; Mut verloren, viel verloren; Ehre verloren, alles verloren.«

Man zählt 293 Olympische Spiele in Folge. Kein einziges Mal sollen die Spiele ausgesetzt worden sein. Eine erstaunliche Tatsache, denn während dieser zwölf Jahrhunderte befanden sich die griechischen Städte in fast ununterbrochenem Kriegszustand miteinander. Doch während des Olympischen Jahres galt der »Heilige Friede«, die »Ekecheiria«, das Handeinhalten. Das sicherte den Athleten mit ihren Betreuern, den Künstlern und den Schaulustigen eine ungefährdete Teilnahme. Eins der seltenen, viel zu seltenen Beispiele griechischer Friedenspolitik, dem Dauer beschieden war.

Die antiken Schriften verraten wenig über die Organisation der Spiele. Doch der logistische Aufwand muss beträchtlich gewesen sein. Der Termin musste lange vorher berechnet und festgelegt werden, Boten mit den Einladungen an die griechischen Städte waren zu entsenden. Die Olympischen Botschafter reisten kreuz und quer durch die ägäische Inselwelt, sie mussten termingerecht den Städten der Griechenküste Kleinasiens und des Festlands die Einladung überbringen.

Das den Spielen vorangehende zehnmonatige Trainingslager der Athleten war bereitzustellen, ehe die ersten Athleten mit ihren Teams dort eintrafen. Und zum Fest wurden Tausende, vielleicht Zehntausende von Besuchern erwartet. Wurde für sie eine Zeltstadt errichtet? Wenn, dann mit allem Zubehör, einschließlich der Toilettenanlagen. Essensvorräte waren für den Besucheransturm bereitzuhalten, noch wichtiger, Wasservorräte. Hunderte von Opfertieren sollten herbeigeschafft werden, zusätzliche Opferpriester mussten eventuell hinzugezogen werden. Ordnungshüter waren zu schulen, Schiedsrichter auszulosen.

Waren die Besucher abgezogen, folgte das große Reinemachen. In den Jahren zwischen den Spielen wurden die Baulichkeiten restauriert. Neue Kult- und Nutzbauten wuchsen in die Höhe. Und dann trafen aus den Siegerstädten bronzene oder marmorne Ehrendenkmale für die Olympioniken der letzten Festspiele ein. Wenn sie nicht an Ort und Stelle in den Werkstätten von Olympia hergestellt wurden. Die Siegerstatuen mussten ihre Aufstellung in dem Wald von den bereits vorhandenen Statuen finden, ein heikles Problem! Schließlich durfte sich keine Stadt benachteiligt fühlen.

Alle freien Männer Groß-Griechenlands, von Sizilien bis ans Schwarze Meer, waren als Besucher der Festspiele zugelassen. Auch die unverheirateten, also minderjährigen Frauen. Warum wurden die verheirateten Frauen ausgesperrt? Und das unter Todesstrafe?

Weil die Athleten (außer den Rennfahrern) nackt zu den Wettkämpfen antraten? Dann aber hätte es näher gelegen, die minderjährigen Frauen fernzuhalten.

Weinschalen des 6. Jahrhunderts vor unserer Zeitrechnung sind mit Bildern nackter Wettkämpfer verziert. Auch männliche Götter und Heroen werden darauf nackt dargestellt. Man prostete sich damit bei Trinkgelagen zu, von denen ebenfalls Frauen ausgeschlossen waren. Die athletische Nacktheit hat für die Griechen eine rituelle Bedeutung. Alexander der Große begann seinen legendären Asienfeldzug damit, dass er und seine Freunde das Grab des Achilleus bei Troja nackt umrundeten. Die nackten Heroen der Weinschalen bilden die Nacktheit der männlichen Götter ab. Sie sind so stark und übermächtig, dass sie keiner Kleidung bedürfen. Die Nacktheit von Apollon, Hermes, Poseidon und Zeus ist der bildhafte Ausweis ihrer sieghaften Unsterblichkeit. Die nackten Athleten von Olympia haben teil daran.

Erzwungene Nacktheit hingegen löst Gefühle von Scham und Schock, von Furcht und Angst aus, signalisiert Hilflosigkeit und Erniedrigung. Die Nacktheit der griechischen Athleten ist also die triumphale Zurschaustellung ihres Siegeswillens, der sie den Göttern zur Seite stellt. Kurzum, die Olympischen Spiele sind letztlich männliche Mysterienspiele, zu denen darum die Frauen keinen Zutritt haben dürfen. Wie umgekehrt die weiblichen Mysterienspiele Griechenlands Männern den Zutritt verwehrten.

Natürlich träumten Mütter davon, ihr Sohn werde in die Arena einziehen und »unsterblichen Ruhm« erkämpfen. Unauslöschlichen, himmelhohen Ruhm, wie ihn Homer hundertfach besingt. Achilleus, vor die Wahl gestellt, sich für ein langes, ruhiges Leben zu entscheiden oder für den ruhmreichen Tod in der Blüte des Lebens, wählt den Ruhm, den frühen Tod. Und nicht einmal Thetis, seine göttliche Mutter, versucht ihn zurückzuhalten.

Pausanias erzählt von einer Mutter, der während ihrer Schwangerschaft träumte, sie trage »einen bekränzten Knaben im Leib«. Sie lässt den Jungen später trainieren und er gewinnt tatsächlich die olympische Junioren-Meisterschaft im Wettlauf. Eine andere Mutter mischte sich, als Mann verkleidet, unter die Zuschauer, um ihren Sohn beim Wettkampf zu sehen. Er siegte und vor lauter Begeisterung sprang die Frau über die Absperrung, blieb mit dem Gewand hängen und entblößte sich dabei. Die Richter beließen es bei einer Verwarnung. Weil die Mutter einer bekannten Athletenfamilie entstammte, ihr Mann und ihr Vater waren beide Olympioniken. Die Frau hatte Glück. Eigentlich verlangte das olympische Reglement, verheiratete Frauen, welche die heiligen Männerspiele entweihten, seien von einer nahegelegenen Felsklippe hinabzustürzen.

»Das ganze Hellas« komme in Olympia zusammen, schreibt Pausanias. »Die einen, weil sie den Ruhm und die Ehre eines Siegerkranzes erstreben, andere, um Geschäfte zu tätigen, die Dritten, um als Zuschauer dabei zu sein.« Abseits vom Festgelände hatten Händler ihre Verkaufsstände aufgeschlagen, Prostituierte beiderlei Geschlechts hofften auf Kunden, Andenkenhändler drängten den Pilgern Devotionalien auf, Wasserverkäufer bahnten sich mit ihren Eseln Wege durch die Menge, Marionettenspieler unterhielten das Publikum. So bunt ging es in Olympia zu.

Natürlich traf sich auch die politische Prominenz aus »ganz Hellas« in diesen Tagen zu informellen Gesprächen. Vermittelt von Priestern und den Veranstaltern der Spiele. Verträge wurden auf den Weg gebracht, Intrigen eingefädelt. Für die Hochwohlgeborenen, den Adel, für die gewählten Vertreter der Stadtstaaten, für Militärs und Strategen war Olympia ein Muss. Auch geschulte Redner, Schriftsteller, professionelle Erzieher und Intellektuelle aller Art benutzten die Spiele, um für sich zu werben.

Sich einen Namen zu machen, ist für die Griechen Religion. Theophrastos, der Nachfolger von Aristoteles, lächelt über Leute, die sich bei Lebzeiten schon prunkvolle Grabmäler errichten lassen, um ihren Namen zu verewigen. Doch keiner möchte umsonst gelebt haben. »Der Mensch ist in seinem Leben wie Gras, er blüht wie eine Blume auf dem Felde. Doch wenn der Wind darübergeht, so ist sie nicht mehr da, und ihre Stätte kennet sie nicht mehr«, dichtet der hebräische Psalmsänger. Das wussten die Griechen so gut wie jedes andere Volk. Sie aber setzten dem Tod ihren Namen entgegen, der bleiben würde, wenn sie selbst im lichtlosen Hades verschwanden.

Sich einen Namen zu machen, wurde zum Protest gegen den Tod, die einzig mögliche Gegenwehr gegen das Gebär- und Schlachthaus der Natur. Zu eigenwillig, zu groß, um klein beizugeben, setzten die Griechen auf das Überleben ihres Namens. Sie machten daraus einen regelrechten Kult.

Aus keiner der gleichzeitigen Weltkulturen jener Zeit sind uns so viele Einzelnamen bekannt wie aus dem antiken Griechentum. Es erschuf eine Kultur zahlloser bekennender Individualisten. In der griechischen Literatur begegnen uns Tausende und Abertausende Porträts von Einzelpersonen. Jeder einzelne von ihnen, sie alle haben es erreicht, dem flüchtigen Hauch des Mundes, der zuerst ihren Namen formte, Dauer zu verleihen. Noch heute kennen wir die Namen von mehr als 400 der antiken Olympioniken.

Der Christenkaiser Theodosius schaffte schließlich im Jahr 393 unserer Zeit per Dekret die Olympischen Spiele ab. Ihr religiöser Anspruch vertrug sich nicht mit der neuen Religion. Eine Zeitlang hat man zwar in Olympia, wie archäologische Funde zeigen, weiterhin Wettkämpfe ausgetragen, doch im 6. Jahrhundert verschüttete ein Erdbeben die antiken Stätten. Und das war das definitive Ende der sakralen Festlandschaft.

2008 fanden die XXIX. Olympischen Spiele der Neuzeit in Peking statt. Das Olympiastadion wird umgangssprachlich auch »Vogelnest« genannt.

Recht und Gesetz in griechischen Städten

Sparta und Athen wollen beide Macht

Die lange Erfolgsgeschichte der Olympischen Spiele zeigt, dass sich die Griechen darauf verstanden, auch das Chaos zu bändigen. Sie wollten frei sein, unbedingt, unwiderruflich, doch man wollte auch nicht in chaotischen Verhältnissen leben. So wie die menschenfresserischen, die »wilden und frechen« Kyklopen es tun, denen Odysseus auf seinen Irrfahrten begegnet: »Die pflanzen nicht und säen nicht, bestellen nicht ihr Land. Sie kennen kein Recht und keine Volksversammlung. Bei ihnen verfährt jeder mit seinen Leuten nach Gutdünken und keiner schert sich um seinen Nachbarn«, erzählt Odysseus. So stellte man sich gemeinhin die zivilisationsfernen Völker vor.

Doch wie die Kyklopen, frei nach eigenem Gutdünken, haben die Menschen nie gelebt. Sie hielten sich immer schon an gesellschaftliche Spielregeln. Schon im Interesse ihrer Gene. Die gaben als einfachste Spielregel vor: Mein Leben schulde ich dem Nachwuchs, die Hände schulde ich der Großfamilie, den Beistand des Mundes der Sippe, allein dem Blutsfremden schulde ich nichts. Das war eine praktikable Regel, solange Menschen noch als Jäger und Sammler verstreut in kleinen oder größeren Familienverbänden nomadisierend lebten.

Doch als man begann, in Städten zu wohnen, zuerst im Zweistromland und in Ägypten, genügte die genetische Faustregel nicht mehr. Denn neben den eigenen Leuten lebten in den Städten jetzt auch blutsfremde Leute. Einzelne Tagelöhner, verschiedene Handwerker, viele Händler und angemietete Soldaten. Und auf solche zugereisten Fremden waren die Städte angewiesen, wollten sie wachsen und gedeihen. Also musste den Fremden Rechtssicherheit zugestanden werden. So entwickelte sich in den Stadtkulturen ein Bürgerrecht. Das allen Bewohnern, miteinander verwandt oder nicht, gemeinsame Grundrechte garantierte. In letzter Instanz gilt jetzt nicht mehr das Sippenrecht. Ihm übergeordnet ist das Stadtrecht.

Die frühesten Beispiele für die neue Rechtskonstruktion finden sich in den städtischen Siedlungen des Zweistromlandes. Sie legten ihre kommunalen Rechtssammlungen seit dem Jahr 2000 vor unserer Zeit schriftlich nieder.

So weit war man in Griechenland zu dieser Zeit noch lange nicht. Doch es ist anzunehmen, dass es später dann, also in mykenischer Zeit, schon ein Stadtrecht gegeben hat. In den folgenden Dunklen Jahrhunderten kehrte man gewiss zum Sippenrecht zurück. Streitfälle werden zwischen verschiedenen Parteien durch direkte Verhandlungen der Beteiligten gelöst worden sein. Das aber konnte nicht mehr genügen, sobald die Griechen wieder begannen, städtisches Zusammenleben zu organisieren. Jetzt mussten öffentliche Rechtsverfahren entwickelt werden, die alle Kontrahenten anerkannten.

Athen: Solon legt Politik in viele Hände

Die älteste Darstellung eines Rechtsverfahrens auf griechischem Boden findet sich bei Homer. Der Dichter beschreibt, wie der göttliche Schmied Hephaistos für Achilleus einen Schild anfertigt, den er mit der Darstellung des Weltgebäudes schmückt. Unter anderem ist auf dem Schild des Helden eine Stadt abgebildet.

Dort finden sich deren Bewohner auf dem Zentralplatz ihrer Stadt, der »Agora«, zusammen, um einen Rechtsstreit zu entscheiden. Homer beschreibt den Vorgang mit den folgenden Worten: »Es stand auf dem Platz gedrängt versammelt das Volk. Denn zwei Männer stritten sich wegen des Blutgelds als Sühne für einen erschlagenen Mann. Öffentlich erklärte der eine, er wolle Blutgeld bezahlen, der andere aber wies Blutgeld als Sühneleistung zurück. Jetzt wollten beide ihren Streit durch die Entscheidung der Richter beenden. Bald diesen, bald jenen begünstigend, nahm die Menge an dem Rechtsfall durch Zurufe teil. Die Herolde der Stadt sorgten derweil für Ordnung. Im inneren Kreis saßen die Ältesten auf steinernen Bänken. Sie erhoben sich einer nach dem anderen, um alsdann jeder der Reihe nach den Fall öffentlich zu beurteilen. Zwei Geldgewichte lagen inmitten des inneren Kreises. Sie waren für den einen der Ältesten bestimmt, der das Recht am gerechtesten spräche.« Gegenstand des Streites ist ein Totschlag. Ein Mann scheint bei einer Schlägerei ums Leben gekommen zu sein und ein Verwandter des Opfers fordert dafür vor den Richtern Genugtuung von dem Beschuldigten.

Die Praxis eines Bußgeldverfahrens als Entschädigung für einen Totschlag kennen die meisten Kulturen. Schon die Rechtsordnung des Königs Hammurabi, die dieser im Zweistromland ein Jahrtausend vor Homer erließ, entscheidet im Fall eines Totschlags wie folgt: »Wenn ein Mann im Streit einen anderen verwundet, soll er beschwören, dass er es unabsichtlich getan hat, und der Täter muss die Arztkosten tragen. Wenn das Opfer stirbt, soll der Täter seine Absichtslosigkeit beschwören, und falls das Opfer ein Freigeborener ist, soll der Beschuldigte den Totschlag mit einem halben Gewicht Silber sühnen.«

In dem Fall, den Homer darstellt, weist der Kläger das Bußgeldangebot zurück. Offenbar fordert er stattdessen den Tod des Beschuldigten. Beide Kontrahenten tragen ihre unterschiedlichen Standpunkte den Ältesten vor. Diese sollen auf Blutgeld oder auf Blutrache befinden.

Homer versetzt uns auf die Agora, den öffentlichen Versammlungsplatz einer griechischen Stadt. Dort befinden sich, kreisförmig angeordnet, die Sitze der Ältesten. Beamtete Richter kennt Homer nicht. Die Bewohner vertrauen ihre Rechtssprechung Männern an, die sich wegen ihres Alters in den Rechtsbräuchen auskennen. Jeder von ihnen wird in seinem Plädoyer auf ähnlich gelagerte Rechtsfälle der Vergangenheit hinweisen und auf Grund der überlieferten Rechtssprechung sein Urteil abgeben. Die Ältesten werden dabei eventuell zu unterschiedlichen Beurteilungen kommen, die entweder dem Kläger oder dem Beklagten Recht geben.

Die Ältesten der Stadt tragen demnach in aller Öffentlichkeit unter sich einen Wettstreit um die Rechtsfindung aus. Ein Rechtsbeistand für den Kläger oder den Angeklagten erübrigt sich darum. Das Volk entscheidet schließlich durch Zuruf, wessen Einlassung am meisten überzeugt. Sicher trägt der den Sieg davon, der sich in dem mündlich überlieferten Recht am besten auskennt. Ihm wird auch das Geld zufallen, das beide Kontrahenten zu Beginn des Verfahrens inmitten des Kreises der Ältesten deponiert haben. Die Prozesskosten sollen Kläger abschrecken, das Ältestengericht wegen irgendwelcher Bagatellsachen in Anspruch zu nehmen.

In Homers Schilderung des Falls sind im Jahr 700 v. Chr. bereits alle Elemente des späteren griechischen Rechtsverfahrens vorhanden. Ein Gerichtshof, der in Athen sogenannte »Areopag«, zweitens die Beteiligung der Öffentlichkeit an dem Verfahren, drittens das Recht der Kontrahenten, ihren Rechtsstreit öffentlich vorzutragen. Der einzige, doch gewichtige Unterschied zum juristischen Prozedere der kommenden klassischen Zeit ist, dass die Gesetze zu Homers Lebzeiten noch nicht in schriftlicher Form vorliegen. In der globalen Rechtsgeschichte schlägt die griechische Rechtsfindung einen Sonderweg ein. In Mesopotamien ist es der König, der vorschreibt, was zu tun und zu lassen ist. In Israel ist Gott der Gesetzgeber, der in den 613 Geboten der Tora das Zusammenleben regelt. Einen so souveränen Gott, wie ihn die Juden verehrten, einen so übermächtigen König wie Hammurabi, kannten die Griechen nicht. Folglich mussten sie die Gesetze, nach denen sie leben wollten, selbst finden und erfinden.

In den meisten der vielhundert griechischen Stadtstaaten hat es hin und wieder einen König, einen »Basileus« gegeben. Doch waren das alles Zwerg-Könige, wie sie uns zu Dutzenden in der Geschichte Europas begegnen, bis in Grimms Märchen, wo es genügt, ein Schloss sein Eigen zu nennen, um ein König zu sein. Die griechischen Klein-Könige herrschten nie selbstherrlich. Sondern stets im Verein mit einem Adelsrat. Aus ihm gingen auch die Könige in der Regel hervor. Als Erster unter Gleichen hatte der König das überlieferte Recht zu schützen, durchzusetzen und der König figurierte als letzte Berufungsinstanz, als Schlichter in schwierigen Rechtsfällen. Die eigentliche Gesetzgebung gehörte nicht zu seinen Aufgaben.

Der Unterschied zwischen der griechischen und der orientalischen Rechtstradition ist so einfach wie fundamental: Im Osten werden Gesetze von einer Zentralinstanz erlassen, im späteren Griechenland kommen Gesetze durch ein Gesetzgebungsverfahren zustande. Also durch Beratung und Abstimmung. Durch die freiwillige Selbstbeschränkung menschlicher Willkür.

Als Erster auf griechischem Boden führte Solon in Athen ein geregeltes Gesetzgebungsverfahren ein. Er wirkte um das Jahr 600, also rund hundert Jahre nach Homer. Ihre Herkunft führte seine Familie auf den letzten König von Athen zurück. Auf Kodros, den »Ruhmreichen«. Dessen Statue in Delphi Pausanias noch im 2. Jahrhundert unserer Zeit beschreibt.

Von so weitläufiger, edler Herkunft, gehörte Solon zu den Hochwohlgeborenen. Und ausgerechnet er, ein Mann des Hochadels, hat in seiner Gesetzgebung die Vorrechte des Athener Adels beschnitten. Damit wurde Solon zu einem Wegbereiter der demokratischen Verfassung seiner Stadt.

Solons biografische Daten sind nur lückenhaft erhalten. Sein Vater, einer der Hochwohlgeborenen, soll nicht übermäßig begütert gewesen sein. Von Solons Kindheit und Jugend wissen wir gar nichts. Später begegnen wir ihm als seereisendem Händler. Vermutlich ist er auf seinen Handelsreisen weit in der Welt herumgekommen. In der Ägäis, in Kleinasien, an den Küsten des Schwarzen Meeres. Überall bewegte er sich in heimatlichen Gewässern, saßen doch die Griechen inzwischen wie »Frösche um den Teich«. Mit seinen Waren, Öl und Wein in versiegelten Amphoren, wird Solon ein willkommener Handelspartner gewesen sein. Denn nirgends, sagte man, gediehen Ölbäume und Weinstöcke so gut wie in dem karstigen Attika.

Möglicherweise lernte Solon auf seinen Reisen den unermesslich reichen Lyderkönig Kroisos kennen. Der im Nordwesten Kleinasiens residierte. Diogenes Laertios (um 220 unserer Zeitrechnung), der spätantike Verfasser eines philosophischen Handbuchs, erzählt von Solons Begegnung mit dem goldenen Lyderkönig: »Der in vollem Ornat prangende König soll Solon gefragt haben, ob er jemals so eine Prachtentfaltung gesehen habe. Und Solon soll geantwortet haben: Allerdings, bei den Hähnen, den Fasanen und Pfauen! Doch die prangen in ihrem natürlichen Schmuck und sind darum unvergleichlich viel schöner als du, König, in deiner ganzen Pracht.« Die Überlieferung kennt eine Handvoll solcher Legenden. In denen Solon dem reichsten Mann seiner Zeiten, Kroisos, die Flügel stutzt. Sie alle sind auf denselben Ton gestimmt: Nicht was ein Mensch hat, sondern was ein Mensch ist, macht ihn den Göttern lieb. Die inneren Qualitäten.

Die Perser eroberten bald darauf Lydien, und Kroisos endete auf dem Scheiterhaufen. Zuletzt soll er gerufen haben: »Solon, hätte ich doch auf dich gehört!« Dichtung oder Wahrheit, man setzte dem Lockruf des Goldes den Warnruf des Weisen entgegen. Der an sich selbst genug hat.

Solon war allerdings kein Extremist, er hat Geld und Gut nicht verteufelt. Schließlich musste er ja auch von etwas leben. »Mein Besitz ist mir lieb und wert«, schreibt Solon. »Doch nicht mit Raub will ich ihn mehren. Denn nichts entgeht Dike, dem rächenden Recht. Reichtum nur, den die Götter uns gaben, hat Bestand. Reichtum aber, errafft mit frevelnder Hand bringt am Ende den Sterblichen Schmerzen.«

Homers Helden kannten solche Bedenken gegenüber dem Reichtum noch nicht. Hektor betet, seinen unmündigen Sohn im Arm: »Höre Zeus, du und ihr anderen Götter, lasst meinen Sohn werden wie mich! Und kehrt er heim aus dem Krieg, sollen die Leute sagen: Noch viel besser ist dieser als sein Vater! Möge er Beute anhäufen, gefärbt von dem Blut der Männer, die er niederstreckte, damit das Herz seiner Mutter an ihrem Sohn sich erfreue!« Beute zu machen ist für Homers Helden Ehrensache. Der Dichter wird nicht müde, Vers um Vers aufzuzählen, was seine Helden an Raubgütern an sich brachten.

Das war die Mentalität der brandschatzenden Seevölker gewesen. Ihnen folgten die Dunklen Jahrhunderte. Solon hatte daraus die Lektion der rächenden Dike gelernt: Unrecht Gut gedeiht nicht gut!

Unterwegs zu Schiff in der Ägäis hat Solon offenbar als reisender Händler den ersten Teil seines Lebens verbracht. Mit ehrlicher Arbeit hat er so seinen Besitz vermehrt, wie sein Biograf Plutarch erzählt. Und Solon selbst erklärt, es genüge ihm, »dass er Speise und Kleidung und Schuhe« habe, sich freuen zu können an »Kind und Weib« und an unbeschwerten Jahren, so viel ihm beschieden. Alles »Gold und Silber, weite weizentragende Äcker, Pferde und Maultiere« wiegen das Glück nicht auf, was er an »Harmonie« besitzt und genießt.

Auch als Poet machte sich Solon einen Namen. Anfangs nur, »um seine Mußestunden zu füllen, später aber beschäftigte er sich in seinen Versen mit ethischen und politischen Themen«, berichtet Plutarch. Von seinen 5 000 Versen sind knapp 250 erhalten.

Wegen seiner Dichtungen wurde Solon unter die legendären »Sieben Weisen« Griechenlands gerechnet. Sie lebten alle im 6. Jahrhundert.

In seiner Lebensmitte mischte sich Solon ein. In die Politik. Mit einem einzigen Sprung versetzte er sich in das Zentrum der Athener Politik. Mit dem Lorbeer der Dichter bekränzt, stürzte er »wie ein Wahnsinniger« auf die Agora und rief die Athener zum Krieg: »Greift zu den Waffen, kämpft um Salamis, die schöne Insel!« Salamis, unmittelbar gegenüber dem Hafen von Athen, fast in Rufweite gelegen, begehrten die Athener schon lange für sich. Doch auch das mächtige Megara (heute eine Vorstadt Athens), machte Ansprüche auf die »schöne Insel« geltend. Alle Angriffe Athens hatte Megara bisher abgeschlagen, nun waren die Athener kriegsmüde.

Doch der Mann mit dem Dichterkranz feuerte sie zu neuen Taten an und unter der Führung Solons errangen sie den Sieg. Unrecht Gut gedeiht nicht gut, predigte Solon unaufhörlich, war er seinen Prinzipien plötzlich untreu geworden?

Ganz wohl in seiner Haut muss er sich nicht gefühlt haben. Denn Solon stellte auf der Insel archäologische Forschungen an. Die beweisen sollten, dass Salamis immer schon zu Athen gehört habe. Dazu öffnete er die Grabstätten der Insel. Wie es sich fand, waren die Toten dort nach dem Brauch der Athener bestattet, nämlich in Richtung der untergehenden Sonne. Ob das nun stimmte oder nicht, interessant ist, dass Solon glaubte, Athens Besetzung der Insel rechtfertigen zu müssen. Keinesfalls wollte er sich nachsagen lassen, er hätte zu einem Raubfeldzug aufgerufen.

Wenige Jahre nach der Eroberung von Salamis nahm Solon an einem militärischen Unternehmen gegen die Stadt Krisa teil. Krisa lag am korinthischen Golf, unterhalb von Delphi, und Krisa hatte begonnen, von den Pilgern, die zum Delphischen Orakel zogen, um vom Gott Apollon Ratschlag und Weisung zu erbitten, Wegegeld einzufordern. In den Augen der anderen Städte war das ein Sakrileg. Man musste »dem Gott zur Hilfe kommen«. Unter der Führung Solons beteiligte sich auch Athen an der Strafexpedition.

Krisa war eine alte Stadt. In Vorzeiten von Kreta aus gegründet, mit starken Mauern versehen. So zog sich das Unternehmen in die Länge. Bis Solon, so erzählt Pausanias, die Idee hatte, der gottlosen Stadt mit einer ungewöhnlichen Maßnahme beizukommen. Er verseuchte die Wasserzufuhr der Stadt mit zerkleinerten Nieswurzblättern, einem Hahnenfußgewächs. Der Erfolg war durchschlagend. Die Verteidiger erkrankten an »unaufhörlichem Durchfall«, verließen die Mauern und Krisa fiel in die Hände der Verbündeten. Zu den Mitteln der Kriegsführung gehörte es von alters her, den Feinden die Brunnen zu vergiften. Gewöhnlich mit Tierkadavern. Solons Trick war humaner. Doch das half den Leuten von Krisa wenig. Wie in antiken Kriegen üblich, wurden die Bewohner abgeschlachtet oder in die Sklaverei verkauft.

Der Pilgerweg nach Delphi war wieder frei. Die Stadt des Apollon feierte ihre Befreiung mit athletischen Festspielen. Die Spiele wurden von da an (582), zeitlich versetzt mit den Spielen von Olympia, alle vier Jahre als »Delphische Spiele« begangen.

Solons neue Popularität unter den Athenern brachte ihm neue Aufgaben. »Es spukte in der Stadt, seltsame Vorfälle beunruhigten die Bürger«, schreibt Plutarch in seiner Solon-Biografie. Die Priester erinnerten an den Fluch, der seit 50 Jahren auf der Stadt lag.

Damals, im Jahr 632, lebte in Athen ein Olympionike namens Kylon. Laut Herodot strebte »Kylon die Alleinherrschaft an, gewann eine Schar von Altersgenossen und bemächtigte sich der Akropolis. Als der Versuch misslang, flüchtete sich Kylon asylsuchend zu dem Standbild der Athene.« Man versprach ihm eine faire Behandlung, wenn er sich dem Gericht stelle, doch auf dem Weg hinab in die Stadt wurde Kylon erschlagen.

Die Athener hatten das heilige Asylrecht missachtet. Athene, die Stadtgöttin, rächte sich mit einem Fluch, den sie auf die Stadt legte. Mit immer neuen Warnzeichen erinnerte sie die Bewohner daran, dass der Mord an Kylon noch immer ungesühnt geblieben war.

Die Alkmaioniden, eines der ältesten hochwohlgeborenen Geschlechter der Stadt, war direkt in den Asylmord verwickelt. Solon überredete sie, sich vor dreihundert adeligen Juroren zu rechtfertigen. Die Alkmaioniden verloren den Prozess. Ihr Geschlecht wurde aus Athen verbannt. Sogar die Gräber ihrer Ahnen wurden geöffnet und deren Gebeine außer Landes gebracht.

Eine härtere Bestrafung kann man sich gar nicht vorstellen. Wie konnten die hochwohlgeborenen Juroren ein so harsches Urteil aussprechen? Man sagte doch schon damals: Eine Krähe hackt der anderen kein Auge aus! Möglicherweise aber bot der Prozess den Mitadeligen eine willkommene Gelegenheit, sich der angesehenen und mächtigen Konkurrenten zu entledigen.

Letztlich aber schwächte die Vertreibung eines so bedeutenden Geschlechts, das seine Vorfahrenlinie bis zu den Helden von Troja zurückführen konnte, die Stellung des Adels. Und schuf damit die Voraussetzung zu den Landreformen, die Solon bald darauf in die Wege leitete. Seine Reformen begründeten Solons Ruhm für Jahrhunderte. Ohne sie wäre Athen vielleicht nie zur Kulturhauptstadt des Westens geworden.

Solons Athen war noch nicht die Stadt, die wir heute vor uns sehen, wenn wir ihren Namen aussprechen. Bekrönt mit den Tempeln ihrer Akropolis, bekränzt mit dem Ruhm ihrer Künstler, Strategen und Philosophen. Solons Athen war noch keine Stadt, eher noch ein Städtchen.

Hätte man zu Solons Zeit jemanden nach den bedeutendsten griechisch sprechenden Städten gefragt, hätte er ohne Zögern Milet genannt. Oder Theben, nördlich von Athen. Mit Theben korrespondierten schon die mächtigen Könige Kleinasiens. Der Sage nach soll Kadmos, Thebens erster König, das phönizische Alphabet ins Land der Griechen gebracht haben. Und gleich mächtig wie Theben war auch Korinth. An der Landenge des Peloponnes gelegen, hatte Korinth aus seiner Lage reichen Nutzen für den Binnen- und Seehandel gezogen. Bereits in mykenischer Zeit existierte eine Palastanlage in Korinth und als einzige unter allen mykenischen Gründungen hat die Stadt ihre Machtstellung mehr als tausend Jahre, bis in die römische Zeit, behaupten können.

Und wo blieb Athen? Und wo blieb Sparta im Festreigen der Städte? Athen und Sparta, die beiden Führungsmächte der klassischen Ära, waren zu Solons Lebzeiten bedeutungslose Hinterlandstädtchen.

Die Wirtschaftskraft einer Stadt gründete noch fast ausschließlich auf der Landwirtschaft. Einzelne Familien hatten es in den Dunklen Jahrhunderten verstanden, in umfangreichen Landbesitz zu kommen. Durch Fleiß, unternehmerische Initiative, durch Einheirat, aber auch durch Raub, Mord und Totschlag. In Solons Zeit lag der größte Teil der landwirtschaftlichen Nutzflächen Athens und seines attischen Umlands in den Händen der hochwohlgeborenen Eupatriden. Klein- und Kleinstbauern, Landarbeiter ohne Besitz an Grund und Boden bewirtschafteten den Rest des kultivierbaren Landes.

Der bergige Boden Attikas gab nicht viel her. Im Norden Attikas erstreckten sich ein paar größere fruchtbare Ebenen, doch nur ein Drittel der nährstoffarmen, steinigen und trockenen Hügellagen konnte mit Erfolg bestellt werden. Für den Anbau von Wein und Oliven waren diese Böden ideal, Getreide dagegen brachte nur geringen Ertrag. Der Anbau von Gerste erbrachte die besten Erträge, Weizen war zu anspruchsvoll, Obstbäume und die meisten Gemüsearten gediehen weniger gut. Athen war deswegen, als seine Bevölkerung wuchs, auf die Einfuhr von Nahrungsmitteln angewiesen.

Die attischen Großgrundbesitzer bauten vor allen Dingen Wein und Oliven an. Es waren die ertragreichsten Nutzgewächse, die jedoch erst nach Jahren und Jahrzehnten gute Ernten brachten. Den Hochwohlgeborenen fiel es nicht schwer, in solchen Zeiträumen zu planen. Die Kleinbauern dagegen lebten zumeist von der Hand in den Mund, und wenn das Wetter ein, zwei Jahre nicht mitspielte, gerieten sie in Bedrängnis. Und in wirtschaftliche Abhängigkeit, wenn sie sich in ihrer Not an einen Großgrundbesitzer wandten und ihn baten, zum Beispiel mit Saatgut auszuhelfen.

Das konnte auf längere Sicht zu großen sozialen Verwerfungen führen. Zumal in dieser fast rein agrarischen Wirtschaft noch kein breiterer Mittelstand von Handwerkern und anderen Gewerbetreibenden existierte, der den in Armut geratenen Klein- und Kleinstbauern eine wirtschaftliche Alternative hätte bieten können. So gerieten bäuerliche Familien, die sich von ihrem Land nicht mehr ernähren konnten, unversehens in die Schuldenfalle, wenn sie bei den Eupatriden Kredite in Form von Naturalien aufnahmen.

Die Hochwohlgeborenen auf der anderen Seite bedrohte die Zerstückelung ihres Besitzes durch Erbteilung. Bei mehreren Söhnen war der Vater gehalten, seinen Grundbesitz gleichmäßig auf alle Köpfe verteilt zu vererben. Das konnte die adeligen Großagrarier in spürbare Schwierigkeiten bringen, denn ihr Vermögen schrumpfte mit jeder Erbteilung. Hesiod legte darum den Bauern eindringlich nahe: »Einen Sohn nur sollst du zeugen, um das Erbe zu erhalten, denn nur dann wächst der Wohlstand deines Hauses.«

Bedroht von der ständigen Zerstückelung ihres Landbesitzes, suchten die Großgrundbesitzer darum ständig, ihre Liegenschaften zu vergrößern. Auf Kosten der kleinen Leute, die in der letzten Not dem Hochwohlgeborenen ihre Äcker übereigneten, um nunmehr als dessen Pächter ihr Auskommen zu finden. Konnten sie dann auch die Pacht nicht mehr entrichten, verkauften sie schließlich ihre Kinder und sich selbst in die Schuldknechtschaft. Wenigstens hatten sie nun wieder den Mund voll Essen. So kam es, dass die wenigen Reichen immer reicher, die vielen Armen immer ärmer wurden.

Die Krise war in den entwickelten Regionen des Nahen Ostens schon Jahrhunderte zuvor akut geworden. Die Großgrundbesitzer wurden reicher, die kleinbäuerlichen Betriebe verarmten.

Im 6. Jahrhundert erreichte die lange schon schwelende Agrarkrise Griechenland und weckte nun auch Athen aus seinem Dornröschenschlaf.

Vielleicht war Athen besonders von der Agrarkrise betroffen. Solons Stadt verfügte mit ihrem attischen Umland über die größte landwirtschaftliche Nutzfläche. Die aber eben weitgehend im Besitz der Eupatriden war. Manche Betriebe der Hochwohlgeborenen erwirtschafteten an Getreide, Öl, Wein und Feigen jährlich »500 Medimnen«, das entspricht einer Lademenge von fünf modernen Sattelzügen. Und das auf den kargen Böden Attikas – wie ausgedehnt muss so ein Landbesitz gewesen sein! Den die Eupatriden im Lauf der Jahrzehnte durch Erwerb von immer mehr Pachtland bis auf diese Größe ausgedehnt hatten. Bis schließlich ganz Attika mit »Pfandsteinen« (horoi) oder »Pfandpfählen« übersät war, die Äcker, Baum- und Weingärten als mit Hypotheken belastet auswiesen.

Antike Quellen berichten von einem drohenden Volksaufstand. Um einen Aufruhr abzuwenden, beriefen die Athener Solon als Schlichter und statteten ihn mit weitgehenden Vollmachten aus. Und der entschloss sich zu einer radikalen Maßnahme: Solon ließ alle Pfandsteine auf attischem Boden entfernen. Damit setzte er eine durchgreifende Landreform durch, die den enteigneten Klein- und Kleinstbauern ihren ererbten Besitz wieder zurückerstattete. Und nicht genug damit, kaufte Solon auf Staatskosten die in Schuldsklaverei geratenen Familien wieder frei: »Der schwarzen Erde riss ich die Schuldsteine aus und führte viele Menschen nach Athen zurück, die sich zu Recht oder Unrecht verkauften, und auch solche, die vor dem Schuldendruck in die Fremde ausgewichen waren«, heißt es in Solons Versen. Diese Befreiung der Erde ist das Urdatum der Athener Demokratie.

Der Druck auf die Hochwohlgeborenen und deren Verunsicherung durch die Alkmaioniden-Affäre muss groß gewesen sein, dass der Adel dies mit sich machen ließ. Er verlor dabei eine Unmenge von Hypotheken. Und die Geldsumme, die Solon zum Freikauf der Schuldsklaven aus der Staatskasse entnahm, muss gleichfalls erheblich gewesen sein. Wie immer es auch zugegangen sein mag, Solon konnte sich mit seinem Lastenausgleich (*seisachteia*) durchsetzen. »Mit Zwangsmaßnahmen und gutem Zureden erreichte ich das«, erklärte er.

Leicht kann das nicht vonstattengegangen sein. Der Adel murrte, dem Volk gingen Solons Reformen nicht weit genug. Zwischen alle Fronten geraten fühlte sich Solon »wie ein Wolf, der sich gegen eine Hundemeute nach allen Seiten verteidigen muss«.

Es ist schon ein Glücksfall der Geschichte, wenn einer zur rechten Zeit an Ort und Stelle ist, um zu tun, was getan werden muss. Solon tat es. Und er war weitsichtig genug, seine Reform auch rechtlich abzusichern, um ihr Bestand zu verleihen.

Sein nächster Schritt nach der Bodenreform war eine Verfassungsreform. Gesellschaften in vorgeschichtlicher und geschichtlicher Zeit wurden oft von einem starken Mann geführt. Der mochte ein Häuptling, ein König oder sonst ein Dynast sein. Meist regierte er mit einem handverlesenen Berater-team an seiner Seite.

Die Hochwohlgeborenen Athens hatten sich schon seit längerem ihrer Könige entledigt und der Adel führte seither in gemeinschaftlicher Ab-sprache die Staatsgeschäfte. Dem Adelsgremium stand ein »Archont«, ein von ihm gewählter Anführer vor, der auf bestimmte Zeit sein Amt versah. In Athen nannte man dieses Gremium den »Areopag«, weil er auf dem »Hügel des Ares« zusammenzutreten pflegte. Für spezielle Aufgaben konnte der Areopag noch andere Archonten hinzuwählen: den Archonten für religiöse Angelegenheiten, einen anderen für die Finanzverwaltung, wieder einen anderen als militärischen Oberbefehlshaber. Vermutlich hatte auch Solon schon das eine oder das andere Archontenamt bekleidet.

Solon schuf ein neues, ein zweites Gremium, das er als Volksvertretung der Adelsvertretung beiordnete. Er nannte das neue Gremium den Stadtrat oder »Boule«. Dem Stadtrat gehörten 400 Vertreter der Bauern, der Handels- und Gewerbetreibenden und der Tagelöhner an. Welche genauen Befugnisse der Stadtrat hatte, wissen wir nicht. Doch das Neben- und Mit-einander beider Gremien sollte bewirken, dass beide, Adels- und Volksver-tretung, sich gegenseitig kontrollierten und austarierten.

Wie vordem der König nicht ohne den Adelsrat handeln konnte, konnte der Adelsrat jetzt ohne die Volksvertretung keine bindenden Beschlüsse fällen. Das war ein riesiger Schritt in Richtung Demokratie. Dem allerdings noch viele weitere Schritte folgen mussten, bis die Demokratie als »Herrschaft des Volkes« installiert war.

Das »Zwei-Kammer-Parlament« ist die verfassungsgeschichtlich bedeutsamste Erfindung, seit Menschen begannen, ihr Zusammenleben durchdacht und gewollt zu gestalten. Griechen und Römer haben das Zweikammersystem zum unabdingbaren Bestandteil ihrer Verfassung gemacht. Sie alle beriefen sich dabei auf Solon. In der Neuzeit ausdrücklich sogar noch die Väter der amerikanischen Verfassung. In den Gründungsurkunden der »Founding Fathers« heißt es: »Solons Reform der Athener Verfassung sieht eine Teilung der Gewalten in verschiedene Gremien vor, die einander die Balance halten und sich gegenseitig kontrollieren.« Und auf diesem Grundsatz, »check and balance«, beruhen heute weltweit fast alle Verfassungskonstruktionen.

Zu viel Rechte räume Solon den Reichen ein, so sah es das Volk, und die Reichen wiederum meinten, zu viel Rechte gebe er dem gemeinen Volk. Von beiden Parteien ließ Solon sich nicht beirren: »Nicht setzte ich das Volk herab, noch stellte ich es zu hoch, und ich achtete darauf, dass nicht die Mächtigen und Reichen ihr Ansehen verloren. Über beide hielt ich meinen Schild, keiner von ihnen sollte benachteiligt sein.« So nämlich leistet die Stadt »am besten Gefolgschaft, weder zu locker geführt noch zu straff gezügelt«. Solon war ein konservativer Revolutionär. Dies und nichts anderes wollte er sein.

Die Einrichtung eines dritten Gremiums, des Obersten Gerichtshofes oder »Heliaia«, lässt sich nicht aus Solons Texten ersehen. In dem Obersten Gerichtshof sah man jedoch in klassischer Zeit ebenfalls ein unabdingbares Element der solonischen Verfassung. Er beaufsichtigte ursprünglich die Amtsführung der städtischen Ämter. Später wurden seine Befugnisse erweitert. Der Oberste Gerichtshof konnte praktisch auf jedem Feld der Gerichtsbarkeit tätig werden.

Mitglied der sogenannten »Heliaia« konnte jeder unbescholtene Bürger sein, der das 30. Lebensjahr vollendet hatte. Unabhängig von seinen Besitzverhältnissen. Theoretisch hätte also auch ein Tagelöhner einen Hochwohlgeborenen gerichtlich belangen können. Der Juroren-Eid lautete im 5. Jahrhundert vor unserer Zeitrechnung: »Ich werde meine Stimme in Übereinstimmung mit den gesetzlichen Vorgaben und Beschlüssen der Volksversammlung und des Rates abgeben. Bei strittigen Sachverhalten, die das Gesetz nicht genau regelt, werde ich mein Urteil nach bester Einschätzung dessen, was Recht und richtig ist, fällen. Ich werde niemanden begünstigen oder benachteiligen. Mein Urteil werde ich nur im Hinblick auf das gerade anstehende Verfahren fällen und dabei beide, Ankläger und Verteidiger, unparteiisch anhören.« Es war ein langer, ein beschwerlicher Weg, der zu dem Grundsatz führte: Vor dem Gesetz sind alle gleich! Die solonische Gesetzgebung war ein erster Schritt zu diesem Idealziel. Es ist noch nirgends in der Geschichte ganz verwirklicht worden und bleibt darum immer wieder neu einzuklagen.

Antike Autoren führen eine ganze Anzahl von Einzelgesetzen auf Solon zurück. So soll er ein Gesetz auf den Weg gebracht haben, das verbietet, landwirtschaftliche Erzeugnisse aus Attika auszuführen, es sei denn Wein und das begehrte attische Olivenöl. Wer des Diebstahls überführt wurde, musste den doppelten Wert des Entwendeten an den Geschädigten zahlen. Über Tote sollte man nicht schlecht reden und in der Öffentlichkeit auch nicht verwerflich über Lebende. Ein Vater, der seinen Sohn nichts lernen ließ, verlor seinen Anspruch auf eine Versorgung im Alter durch den Sohn. Der Gesetzgeber sollte allen Müßiggang bestrafen. Ausländer sollten nicht in der Stadt geduldet werden, wenn sie nichts zum wirtschaftlichen Wachstum der Stadt beitrugen. Weitere gesetzliche Regelungen soll Solon zur Erbschaftsfolge, zur Ehrung der Olympioniken und zur Einschränkung überzogener Trauerriten eingebracht haben. Wie gesagt, die Details seiner Gesetzgebung sind nicht mehr mit Sicherheit auszumachen. Allerdings ist gesichert, dass Solon auf die Todesstrafe völlig verzichtete. Es sei denn im Fall eines vorsätzlichen Mordes.

»Welches sind die besten Gesetze?«, wollte der Alleinherrscher über Lesbos von einem der »Sieben Weisen« wissen. Und der weise Pittakos antwortete: »Die auf Holztafeln geschriebenen.« Das heißt, Pittakos forderte das Informationsrecht des Bürgers beim Gesetzgebungsverfahren ein.

Die Rechtssatzung einer Stadt ist öffentlich, also schriftlich zu hinterlegen. Damit jedermann die Gesetze seiner Stadt einsehen und sie gegebenenfalls auch einklagen kann.

Solon war ein Zeitgenosse von Pittakos. Und er hat in Athen genau das getan, was Pittakos für Lesbos gefordert hatte. »Er veröffentlichte die Gesetze der Stadt auf Drehtafeln (*axones*), die er auf der Agora aufstellen ließ.« Plutarch hat Reste dieser auf Achsen stehenden Holztafeln noch im 1. Jahrhundert unserer Zeit, sorgsam im Rathaus von Athen verwahrt, in Augenschein nehmen können. Man hütete Solons Tafeln wie Reliquien. Und zu Recht, denn sie waren das erste bürgerliche Gesetzbuch der Welt.

Freilich, Solons Drehtafeln hatten bedeutende Vorgänger. Hammurabi hatte in Mesopotamien 280 Satzungen in eine zweieinhalb Meter hohe Basaltstele meißeln lassen, die auch ein Bild des Königs trug. Die Stele befindet sich heute im Louvre von Paris, eine Kopie ist im »Vorderasiatischen Museum« von Berlin zu besichtigen. Seinen Gesetzen hatte Hammurabi eine Präambel vorangestellt, in der es heißt: »Jeder, der mit einer Klage vor Gericht erscheinen will, soll sich hier vor meinem Bild einfinden, denn ich bin der königliche Rechtswalter. Man soll ihm die Schrift auf meiner Stele laut vorlesen, damit er meine guten Verordnungen anhöre, und meine Stele wird ihm das Recht weisen.« Und in einem Nachwort warnt der König: »Falls jemand meine Verordnungen nicht beachtet oder sie verändert, dann wird der Fluch von Gottvater An ihn treffen.« Hammurabis Gesetze sind für die Ewigkeit gemacht, genau wie die legendären steinernen Gesetzestafeln von Moses. Göttliche Gesetze haben kein Verfallsdatum.

Auch Solons Gesetze stehen unter dem Schutz von Dike, des rächenden Rechts. Den Gesetzen dienen heißt den Göttern dienen, das betont später besonders Platon. Aber Gesetze werden von Menschen gemacht, wenigstens in Griechenland ist es so. Bei Xenophon, einem Sokratesschüler, fragt der Philosoph: »Willst du wissen, was ein Gesetz ist?« Und er antwortet selbst, ganz im Sinne Solons: »Gesetze sind die Verhaltensregeln, denen die Volksversammlung zugestimmt und die sie damit in Kraft gesetzt hat, um klarzustellen, was zu tun und was zu unterlassen ist.«

Solon hat nach seinen Worten seine Gesetze »den Athenern angeglichen«: »Ich passte mich in der Gesetzgebung den Athener Verhältnissen an«, erklärte er. Er gab damit zu verstehen, dass die Gesetze den Verhältnissen anzupassen seien und nicht umgekehrt. Also muss das Gesetz immer wieder auf den neusten Stand gebracht, aktualisiert werden.

Nachdem Solon sein Verfassungswerk abgeschlossen hatte, begab er sich erneut auf Reisen. Zuvor nahm er den Athenern das Versprechen ab, in den nächsten Jahren, bis zu seiner Rückkehr, an den Gesetzen keine Änderungen vorzunehmen.

Heimgekehrt nach Jahren erlebte Solon nicht mehr, wie die Bürger bald darauf dem Charme eines jungen Mannes erlagen. Der, an Solons Verfassung vorbei, mit allen Tricks an die Macht drängte. Ausgerechnet einer von Solons eigenen Verwandten mütterlicherseits, Peisistratos, musste es sein. Peisistratos ging als der erste »Tyrann« Athens in die Geschichte seiner Stadt ein.

Solons Verfassung hatte Peisistratos nicht aufhalten können. Obwohl Solon die Athener gewarnt hatte: »Aus Dummheit gerät das Volk in die Gewalt eines einzelnen Mannes, und hat man ihn erst in den Himmel gehoben, bringt keiner ihn auf die Erde zurück.« Solon soll mit 80 Jahren Athen verlassen haben. Er starb auf Zypern. Später wurde seine Asche Überlieferungen zufolge auf der Insel Salamis beigesetzt – die Insel, mit deren Eroberung Solon seine politische Laufbahn einst begonnen hatte.

Gegen Dummheit kämpfen Götter selbst vergebens, hätte auch Solon sagen können. »Geht es um Eigennutz, ist jeder schlau wie der Fuchs, beim Gemeinnutz aber ist es so, da seid ihr dumm wie Bohnenstroh«, kritisierte er seine Mitbürger. Kein ganz gerechtes Urteil. Immerhin hatten die Athener Solon freie Hand gelassen, eine Verfassung zum Nutzen ihres Gemeinwohls zu schaffen.

Die Agora war der öffentliche Versammlungsplatz einer griechischen Stadt. Rekonstruktion der Agora von Athen im 2. Jh. n. Chr.

Und doch hatte Solon Recht. Seit Solon hatte jeder Bürger Athens ein »Ich« und lernte mit Nachdruck »Hier bin ich« zu sagen. Es zählte sein Hiersein, die Anwesenheit jedes Bürgers, ob reich, ob arm, in der Volksversammlung. Die Stimme jedes einzelnen hatte Einfluss und Gewicht. Es war eine folgenreiche Entdeckung, als die Griechen den unendlichen Wert der Persönlichkeit erkannten.

Kein Wunder, dass sie sich dann so schwertaten, das Gemeinwohl vor den Eigennutz zu stellen. Den Griechen ist es nie gelungen, Hellas als Ganzes zu sehen. Ihre nationale Einheit haben sie nie gesucht. Bis zur Besetzung durch die Römer im 2. Jahrhundert blieben die Griechen in mörderische Bruderkriege verstrickt.

»Friede« (*eirene*) sei unter ihnen bloß ein Wort, ist bei Platon zu lesen. In Wirklichkeit herrsche zwischen den Städten ein Krieg aller gegen alle. »Ununterbrochen und von keinem Herold angekündigt.« Die griechischen Stadtstaaten zahlten damit einen hohen Preis dafür, dass ihre Bürger lernten, ihr Zusammenleben selbst, ohne Bevormundung von oben, zu organisieren.

Das Anti-Athen. Sparta den Spartiaten

Sparta auf dem Peloponnes ist neben Athen die andere Führungsmacht des späteren Griechenlands. Und in Sparta scheint alles anders zu sein als in Athen. Der Hauptunterschied ist, dass man in Sparta nicht »Ich« sagt. Man sagt »Wir«. Das Ichgefühl wird den spartanischen Kindern von Kindesbeinen an aberzogen. Sie lernen, ihr Leben dem Überleben ihrer Stadt unterzuordnen.

Der Schriftsteller Plutarch beschrieb Sparta mit den Worten: »Keiner durfte leben, wie er wollte. In ihrer Stadt hatten die Spartaner eine strikt festgelegte Lebensweise. Wie in einem Kriegslager. Ihr Tun und Lassen war vollständig auf das Gemeinwohl ausgerichtet. Sie waren überzeugt, sie gehörten nicht sich selbst, sondern dem Vaterland. Einem Bienenstaat vergleichbar.« In Athen zu regieren war dagegen, als müsse man einen Sack voll Flöhe hüten.

Sparta und Athen hatten im 5. und im 4. Jahrhundert v. Chr. ihren weltgeschichtlichen Auftritt. Beide Städte sind in Luftlinie gerade nur 150 Kilometer voneinander entfernt. Und doch liegen zwischen ihnen Welten.

Um das Jahr 1000 drangen griechisch sprechende Dorer in den südlichen Peloponnes ein. Sie verdrängten die Einheimischen und siedelten sich in dem fruchtbaren Flussbett des Eurotos an. Das landwirtschaftlich nutzbare Kernland hatte die bescheidene Größe von 500 Quadratkilometern. Es wird im Westen wie im Osten von Hügelketten begrenzt, die dann in steile Bergriegel übergehen. Aus einigen Dörfern in der Mitte des Flussbeckens entsteht Sparta, in der Antike meist Lakonien genannt. Die Spartaner sind also Zuwanderer. Während die Athener, laut Herodot, aus der pelasgischen Urbevölkerung hervorgegangen sind, die später die Sprache der mykenischen Griechen angenommen hatte.

Anders als in Athen existierte in Sparta kein uralter Landadel der Hochwohlgeborenen, aus dem sich später die politischen Institutionen Athens entwickelten. Sparta war Neuland. Seine politischen Institutionen musste es sich erst schaffen.

Die von den Dorern eroberten Städte und Dörfer der Urbevölkerung blieben während der ganzen Geschichte Spartas vom spartanischen Bürgerrecht ausgeschlossen. Als sogenannte »Perioiken« (Randsiedler) besaßen sie wohl eigenes Land, dienten später auch in der Armee, hatten aber keinen Zugang zu den Beschlussgremien der Stadt. Und eine Einheirat in die Stadt war den Perioiken untersagt. Athen dagegen hatte die Siedlungen des Umlands schon früh eingemeindet. Alle, die in Attika lebten, waren Athener, sofern sie im Land geboren waren. Die Bürgerschaft Spartas war darum zahlenmäßig immer sehr viel kleiner als die der Athener. Sie zählte in ihren besten Zeiten rund 9 000 männliche Vollbürger, denen eine doppelte oder sogar dreifache Zahl an athenischen Vollbürgern gegenüberstand.

Sparta war eine Binnenstadt. Ihr Blick war ins Land gerichtet. Allmählich brachte das kleine Sparta den ganzen Süden der peloponnesischen Halbinsel unter seine Herrschaft. Der spartanische Staat verfügte schließlich über ein Areal, das in etwa der Größe Korsikas entsprach. Athen dagegen wuchs nie über Attika hinaus, dessen Areal etwa dem von Mallorca entspricht. Dafür ging der Blick Athens hinaus aufs Meer, das ringsum Attika umgab. So wurde Athen zur Seemacht und Sparta blieb fast während seiner ganzen Geschichte eine Landmacht.

Griechenland ist arm an Vorkommen von Edelmetallen. Gold und Silber wurden zwar in der nördlichen Ägäis abgebaut, dort aber entstanden erst später griechische Städte, meist als Ableger verschiedener Stadtstaaten. Als einziger Stadtstaat der klassischen Zeit verfügte Athen über ein reiches

Silberabbaugebiet im Südwesten Attikas. Die Silberförderung in den Laurei-on-Bergen beschleunigte in Athen den Wechsel von einer Tauschwirtschaft zur Geldwirtschaft. Spartas Münzgeld bestand lange Zeit aus einer Art Eisennägel. Eine »Handvoll« davon nannte man »Drachmen«. Ursprünglich soll der Besitz von Edelmetall den Spartiaten untersagt gewesen sein. Die Perioiken waren von dem Verbot ausgenommen. Der spartanische Außen-handel lag darum weitgehend in deren Händen.

Sparta kannte keine Gesetzeskodifikation. Die schriftliche Abfassung und öffentliche Hinterlegung des Rechts empfand man als Verstoß gegen die väterlichen Sitten. Athen hingegen hat seine Gesetze kodifiziert und auf der Agora öffentlich zugänglich gemacht. Vom Anfang bis zum Ende seiner Geschichte.

Beide, Sparta wie Athen, waren Sklavenhalterstaaten. Wie alle anderen Stadtstaaten auch. Man schätzt, dass die Bevölkerung des klassischen Griechenlands zu einem Drittel aus Sklaven bestand. Sparta kannte wahr-scheinlich keine Sklaven, die einzelnen Privatpersonen gehörten. Spartas Sklaven waren Staatssklaven. Die »Heloten«. Athens Sklaven waren dagegen ganz überwiegend in Besitz von Privatleuten. Merkwürdigerweise aber wur-de der Polizeidienst in Athen von staatseigenen Sklaven versehen.

Bis heute kann man sich mit eigenen Augen davon überzeugen, wie sehr beide Städte sich unterschieden. »In Athen erhebt sich das herrliche Par-thenon zwischen reinsten Himmelslüften, erbaut aus edelstem, schnee-weißem Marmor«, schreibt ein begeisterter Griechenlandreisender des 19. Jahrhunderts in sein Reisetagebuch. Hätte der Reisende sich aufgemacht, um nach Sparta zu suchen, hätte er nicht einmal die Ruinen der Stadt gefunden. Sparta war im Lauf der Jahrhunderte völlig vom Erdboden ver-schwunden. Erst in unserer Zeit haben Archäologen Reste des alten Sparta wieder ans Licht gebracht.

Kläglich wenig war es, was sie fanden. Nichts jedenfalls, was an die welt-geschichtliche Bedeutung der Stadt erinnert hätte. Thukydides, der Spartas triumphale Machtentfaltung miterlebte, muss etwas davon geahnt haben, als er nach einem Besuch der Stadt festhielt: »Wenn die Stadt der Spartaner heute zerstört würde und nichts von ihr übrig bliebe als die Tempel und die Hausfundamente, dann würde man zweifeln, ob die Spartaner wirklich so bedeutend waren, wie man sich später erzählte. Gegenwärtig beherrschen sie zwei Fünftel des Peloponnes. Und nicht nur hier ist Sparta die eindeutige Führungsmacht, sondern sie ist es auch unter ihren vielen auswärtigen

Bundesgenossen. Ihrer Stadt aber sieht man das nicht an. Sparta besitzt keine stolzen Tempel, keine sonstigen Prachtbauten. Auch bildet die Stadt keine geschlossene Anlage. Sie besteht nach altgriechischer Art aus mehreren einzelnen Dörfern. Umgekehrt, würde Athen einmal zerstört, könnte man angesichts der erhaltenen Reste sogar den Eindruck gewinnen, die Macht Athens sei noch viel größer gewesen, als sie es wirklich war.« Die Spartaner wollten es so. Nicht glänzender Marmor, sondern ihre toten Helden sollten dem Ruhm ihrer Stadt ein unvergängliches Denkmal setzen.

Sparta war anders. Nicht nur anders als Athen, sondern anders auch als die anderen Städte Griechenlands. Besonders seine Verfassung machte den Unterschied, Spartas Verfassung war geradezu exotisch. Unvergleichlich anders als die Lebensordnungen der anderen griechischen Städte.

Die Spartaner führten ihre Verfassung auf Lykurg zurück. Sein Name bedeutet: »Er geht zur Sache wie ein Wolf.« Plutarch hat im 1. Jahrhundert unserer Zeit alte Überlieferungen zum Leben von Lykurg gesammelt und sie zu einer Biografie des berühmten Spartaners verarbeitet.

Er beginnt dessen Lebensbeschreibung mit den Worten: »Lykurg stammte von Herakles ab, in der elften Generation. Er war Thronanwärter in einer der beiden Königsfamilien Spartas. Als sein Vater und der ältere Bruder von Lykurg starben, war er der Erste in der Thronfolge. Sein Bruder jedoch hatte eine schwangere Frau hinterlassen. Wenn ihr Kind ein Junge war, würde der Sohn des Bruders das Königtum erben. Diese Frau nun kam zu Lykurg und trug ihm an, das Kind abzutreiben, wenn er sie ehelichen würde. Lykurg gab vor, damit einverstanden zu sein, riet ihr aber, das Kind lieber auszutragen, als ihre Gesundheit aufs Spiel zu setzen. Und er bot der Frau an, ihr behilflich zu sein, sich des Neugeborenen zu entledigen. Sie solle ihm, sagte er, das Kind sofort aushändigen, sobald es auf der Welt war. Als Lykurg gerade mit einigen spartanischen Richtern zusammensaß, wurde ihm das Kind seines Bruders gebracht. Lykurg nahm das Kind auf seinen Arm und sagte: ›Ihr Männer von Sparta, ein König ist uns geboren!‹ Dann legte er den Jungen auf den Ehrenplatz und gab ihm den Namen Charilaos, das bedeutet: ›Der das Volk glücklich macht!‹ Die Spartaner aber bewunderten den Charakter dieses Mannes, der aus Respekt vor dem Recht die Königsherrschaft ausschlug.« Lykurg zog Charilaos auf. Als der junge König herangewachsen und regierungsfähig war, verabschiedete sich Lykurg von Sparta.

Angeblich studierte er auf Kreta die Gesetze des Minos, bei den kleinasiatischen Ioniern hätte er die Epen Homers kennengelernt, deren kämpferische Moral ihm gefiel, und in Ägypten sollen die Priester Lykurg ein Heer von Berufssoldaten angeraten haben.

»Nachdem Lykurg mehrere Jahre gereist war«, so Plutarch, »schrieben ihm die Spartaner und baten ihn zurückzukehren.« Er war aber auf seinen Reisen zu der Einsicht gekommen, dass die Lebensordnung der Spartaner grundlegend geändert werden müsse. Und so begab sich Lykurg zunächst nach Delphi, um dort beim Gott Apollon Weisung zu finden. »Das Orakel verkündete ihm, der Gott habe ihn erhört, und die Stadt, welche die Gesetze von Lykurg befolge, werde zur berühmtesten Stadt des Erdkreises aufsteigen.«

Zurück in Sparta sammelte er einen Kreis von Gleichgesinnten. Sie verschworen sich, Sparta zu reformieren. »Als die Zeit zum Handeln reif war, erschienen 30 von ihnen in voller Bewaffnung auf dem Marktplatz. König Charilaos fürchtete um sein Leben und suchte Zuflucht in einem Tempel. Als er jedoch erfuhr, dass die Verschwörer sich nur bewaffnet hatten, um ihren Forderungen nach Reformen Nachdruck zu verschaffen, schloss sich Charilaos den Männern an.«

»Als Erstes richtete Lykurg einen Ältestenrat von 28 Männern ein. Als Gegengewicht zu den beiden Königshäusern. Dem Volk gestand er das Recht zu, in wichtigen Belangen mitzubestimmen. Doch die Entscheidung über das Volksvotum gab er dem Ältestenrat. Zuvor war Sparta hin- und hergerissen gewesen zwischen den Extremen von Demokratie und Tyrannenherrschaft. Dadurch, dass Lykurg den Ältestenrat als Zwischeninstanz installierte, stabilisierte er die politischen Verhältnisse und das Volk und seine Führer respektierten einander.«

Dann brachte Lykurg eine Landreform auf den Weg. Er teilte das Land zu gleichen Teilen unter den 9 000 Vollbürgern auf. Sodann untersagte er den Spartiaten, Silber und Gold zu besitzen. Beides waren folgenschwere Beschlüsse. Denn mit den kleinen Landstrichen, die Spartas Bürger zugeteilt bekamen, konnten sie ihren Unterhalt nicht erwirtschaften. Und weil ihnen kein Gold oder Silber gelassen wurde, fiel auch jede andere berufliche Tätigkeit aus. Die Folge war, dass der Landhunger die Spartaner über ihre Grenzen trieb.

Messenien, das nächstgelegene Land im Westen, wurde das Opfer ihres Expansionsdranges. Schon in mykenischen Zeiten hatten Griechen in Messenien gesiedelt. Und bis heute ist die Region reich an landwirtschaftlichen Ressourcen. In den Dunklen Jahrhunderten hatten sich die mykenischen Griechen und die pelasgischen Ureinwohner vermischt, die Verkehrs-sprache aber blieb das Griechische.

In mörderischen Kriegshandlungen, die sich über ein volles Jahrhundert hinzogen, gelang es Sparta, das Volk der Messenier zu unterwerfen. Einigen gelang die Flucht in benachbarte Regionen. Der Rest wurde versklavt. »Sie wurden die ersten Staatssklaven der Spartaner und man nannte sie die Heloten, das heißt Beutemenschen«, schreibt Pausanias.

Ihr Land kam als Staatsgut in den Besitz Spartas. Jedem ihrer Vollbürger gab Sparta einen Anteil daran, Äcker, Wein- und Baumgärten, mit den dazugehörigen Heloten, die das Land bearbeiteten. Die Hälfte des Ertrages mussten sie an ihre spartanischen Herren abführen. Verkauf oder Freilassung von Heloten war untersagt.

Die Zahl der Heloten wird auf 150 000 geschätzt, ihnen standen 9 000 Spartiaten gegenüber. Für einen spartanischen Haushalt arbeiteten also 16 Heloten. Die Versklavung einer griechischen Völkerschaft durch ein anderes griechisches Volk ist ein beispielloser Vorgang. Das hinderte Sparta nicht, sich später ungezählte Male als Schutzmacht der griechischen Freiheit anzupreisen.

Ohne Sparta, dem nur Athen eine gewisse Zeit die Waage halten konnte, lief nichts in Griechenland. Doch Spartas Macht fußte auf seinen Staats-sklaven. Ohne sie wäre Sparta, trotz Lykurg und seinen Reformen, spurlos in der Geschichte verschwunden. In kleineren oder größeren Aufständen ha-ben die Heloten versucht, das Sklavenjoch abzuwerfen. Am liebsten hätten die Messenier die Spartaner »roh gefressen«, wie Xenophon es ausdrückt. Doch jeder Helotenaufstand endete in einer blutigen Niederlage. Erst als es im 4. Jahrhundert mit Spartas Macht unwiderruflich abwärtsging, konnten sich die Messenier aus der Umklammerung Spartas befreien. Nach einem halben Jahrtausend Ausbeutung.

In seiner Lebensbeschreibung des Lykurg widmet Plutarch dem »gemein-samen Tisch« der Spartaner einen eigenen Abschnitt. Der Gemeinschafts-tisch mag an die ferne Wanderzeit erinnern, als die dorischen Griechen noch in Zeltgemeinschaften lebten. »Das wirksamste Mittel gegen die Geldherr-schaft war die Verordnung, dass die Spartiaten in einem Gemeinschaftsraum ihr Essen zu sich nehmen sollten. Jeder aß dabei das Gleiche, und kost-spielige Leckereien kamen erst gar nicht auf den Tisch. Und weil die wohl-habenden Leute nicht daheim essen durften, gab es keine luxuriösen Speise-tafeln mehr, womit sie ihren Reichtum zur Schau stellen konnten. Wo die

Reichen, auf ihre Speisebetten gelagert, sich mit unbekömmlichen Näschereien wie die Schweine vollstopfen, bevor sie geschlachtet werden. Jede Tischgemeinschaft zählte 15 Mann. Jedes Mitglied musste monatlich seine Quote an Speise und Wein dazu beisteuern.«

Und weiter berichtet Plutarch: »Die Spartaner legten Wert darauf, dass ihre Kinder beim Gemeinschaftsmahl mit anwesend waren. Auf die Tischgespräche der Männer zu lauschen, war für die Kinder eine Schule der Weisheit. Sie hörten mit zu, wenn die Männer die Angelegenheiten der Stadt beredeten. Dadurch lernten sie höflich zu reden, sich kurz zu fassen, Späße einzustecken, ohne gleich beleidigt zu sein. Wenn die Kinder den gemeinsamen Essensraum betraten, ermahnte sie der Älteste in der Runde und zeigte dabei auf die Tür: Kein Wort von hier geht dort hinaus! So konnten die Männer sich frei und offen austauschen.«

Abschließend heißt es: »Man musste beantragen, zu einer Tischgemeinschaft zugelassen zu werden. Dann wurde darüber abgestimmt. Jeder warf ein Brotkügelchen in ein Gefäß, und wenn einer den Bewerber ablehnte, drückte er dabei das Kügelchen platt. Fand sich nur ein einziges zerquetschtes Kügelchen nach der Abstimmung darunter, war der Bewerber durchgefallen.«

In Athen galt das Prinzip: Das Recht muss sich nach den Verhältnissen richten. In Sparta sieht man es umgekehrt. Der Spartaner existiert nicht für sich, er lebt für seine Stadt.

Plutarch schreibt: »Der Meinung von Lykurg zufolge sind Kinder nicht das Eigentum ihrer Eltern, sondern sie gehören der Stadt.« Die spartanische Erziehung fußte auf diesem Votum.

»Sobald ein Kind zur Welt gekommen war, wurde es einem Gremium des Ältestenrats zur Begutachtung übergeben. Wies das Neugeborne irgendwelche Mängel auf, warfen es die Ältesten von einer Klippe in die Tiefe. Ein solches Kind besaß nach Ansicht der Spartaner kein Lebensrecht. Mit sieben Jahren verließ ein spartanischer Junge sein Elternhaus und lebte fortan unter militärischer Aufsicht. Die Fähigsten und die Mutigsten ernannten die Ältesten zu Führern. Diese Führer hatten die Befehlsgewalt über die anderen Jungen. Sie besaßen auch das Recht, bei Ungehorsam die Jungen zu bestrafen. Das wichtigste Erziehungsziel war, befehlen und gehorchen zu lernen. Die Jungen lernten zwar auch lesen und schreiben. Doch vor allen Dingen sollten sie lernen, Schmerzen zu ertragen und sich im Kampf zu bewähren. Mit zwölf Jahren begann ihre eigentliche militärische Erziehung. Der Junge wurde Mitglied einer Mannschaft, die von einem ›Eren‹ (dem Verantwort-lichen) angeführt wurde. Dieser Eren war ihr Führer im Kampf und daheim der Befehlshaber, dem die Jungen unbedingten Gehorsam schuldeten. Sie blieben in ihrer Mannschaft, bis sie 18 geworden waren. Dann galten sie als Männer.« Was Plutarch weiter über die Erziehung der Jungen schreibt, erscheint uns heute hart und grausam.

»Solange sie noch nicht ausgewachsen waren, durften sie keine andere Bekleidung tragen als nur ein Manteltuch. Keine Schuhe, kein Schamtuch, keine zusätzliche Bekleidung wurde ihnen gestattet. Auch nicht im Winter. Sie schliefen auf Schilf, das sie an einem Bachlauf fanden. Was sie zu essen bekamen, reichte nie aus, um den Hunger zu stillen. So waren sie ge-zwungen, sich mit List Nahrung zu beschaffen. Ertappte man sie, wurden sie nach Militärrecht hart bestraft. Nicht wegen des Diebstahls, sondern, weil sie sich hatten erwischen lassen. Der ständige Hunger förderte ihr Wachs-tum. Denn zu viel Nahrung macht den Geist träge und den Körper eines Jungen plump und fett.«

Ein Bestandteil der vormilitärischen Erziehung war die sogenannte »Krypteia«, die »versteckte Operation«. Jugendliche schwärmten in Messe-nien aus, unter den Heloten Angst und Schrecken zu verbreiten. »Gelegent-lich schickten ihre Mannschaftsführer besonders geschickte junge Männer in die ländlichen Gebiete. Sie waren nur mit dem Nötigsten und mit einer Stichwaffe versehen. Die Jungen suchten sich ein abgelegenes Versteck. In der Nacht patrouillierten sie die Straßen und töteten jeden Heloten, dem sie begegneten. Oft streiften sie auch bei Tageslicht durch die Felder. Sie töteten dann gezielt jene Männer unter den Heloten, die in besonders guter körperlicher Verfassung waren. Und damit diese Operationen auch sakral-rechtlich abgesichert waren, erklärten die Ephoren (so viel wie: Verfassungs-richter) den Heloten jährlich aufs Neue den Krieg.« Was Plutarch über die Krypteia sagt, ist schwer zu glauben. Doch er beruft sich dabei ausdrücklich auf Aristoteles, und der Philosoph hatte genau recherchiert. Also müssen wir Plutarch wohl Glauben schenken.

Die Krypteia passt auch in das Gesamtbild Spartas. Antike Autoren haben Sparta immer wieder als Bienenstaat geschildert. Der Wahnsinn hatte also Methode. Spartas Lebensordnung ist bis ins letzte Detail von seinem schonungslosen Überlebenswillen diktiert, dem sich jeder Einzelne beugen musste. Auch Mädchen hatten ihren Beitrag fürs Überleben der Stadt zu leisten. »Es wurde von ihnen verlangt, dass sie sich sportlich betätigten,

damit die spartanischen Kinder von starken und gesunden Müttern ausgetragen wurden. Um sie abzuhärten, ordnete Lykurg an, dass die Mädchen
bei bestimmten Gelegenheiten nackt vor den Jungen aufzutreten hätten.
Um vor ihnen zu tanzen und zu singen. Deswegen schämten sich die
Mädchen, wenn sie dick oder schwach waren. Und sie freuten sich umgekehrt, ihre Schönheit vor einem erwartungsvollen Publikum zur Schau zu
stellen. In ihren Liedern verherrlichten sie die tapferen und die starken
Männer, und über die schwachen und die feigen machten sie sich lustig.
Damit feuerten sie die Jungen an, Ehre und Ruhm zu suchen und sich vor
der Furcht zu schämen. Das öffentliche Auftreten der nackten Mädchen ver-
fehlte natürlich seine Wirkung auf die Jungen nicht. Doch Liebesbezie-
hungen waren strikt geheim zu halten. Verliebte lebten in ständiger Angst,
ertappt und verspottet zu werden. Selbst die Eheschließungen erfolgten in
aller Heimlichkeit. Die Braut und ihre Angehörigen veranstalteten dabei ein
ganz einfaches Ritual. Der Braut wurden die Haare geschoren und sie wurde
in Männerkleider gesteckt. Nach dem Hochzeitsessen stahl sich der junge
Mann zu seiner Braut. Sie verkehrten zusammen und dann eilte der junge
Mann zurück in den gemeinschaftlichen Schlafraum der Männer. Und er
stand Ängste aus, irgendeiner könnte von seiner Verehelichung erfahren
haben. Ein verheiratetes Paar musste sich viel einfallen lassen, zusammen-
zukommen, ohne dabei entdeckt zu werden. Manchmal zeugten die Spartiaten Kinder, ohne ihre Frau jemals bei Licht gesehen zu haben. Erst wenn
der Mann sein 30. Lebensjahr erreicht hatte, war es für ein Paar statthaft, in
einem gemeinsamen Haushalt zu leben.«

Die Spartanerinnen hatten nicht viel von ihren Männern. Sie heirateten
für griechische Verhältnisse sehr spät, frühestens mit 18 Jahren. War der
Ehemann noch in seinen zwanziger Jahren, führten sie eine heimliche Ehe,
bis der Mann 30 geworden war. Und konnten beide endlich öffentlich
zusammenleben, war der Mann doch so gut wie nie daheim. Entweder
trainierte er auf dem Truppenübungsplatz oder er nahm an einer Volksversammlung teil oder er befand sich gerade im Krieg. Und zum Essen kam er
erst gar nicht nach Hause, denn er aß tagtäglich im Kreis seiner Tisch-
genossenschaft.

Die stärkste emotionale Beziehung fand der Spartiate auch nicht in der
Ehe. Sondern in der homoerotischen Beziehung mit einem jüngeren Schutz-
befohlenen, der sich noch in militärischer Ausbildung befand. Der Spartaner
durfte zwar nur heimlich ehelich leben, doch musste er mit einem jüngeren

Mann öffentlich verlobt sein. Dem er als Beispiel von Mannhaftigkeit voranleuchten sollte. Er wurde, weiß Plutarch zu berichten, beispielsweise mit einem Bußgeld belegt, wenn sein Schützling bei einer körperlichen Bestrafung vor Schmerz aufschrie. Fand ein Rekrut keinen Krieger-Paten, verfiel er der gesellschaftlichen Ächtung. Und umgekehrt. Die homoerotische Beziehung diente dazu, das Kriegerpaar auf einen internen Ehrenkodex festzulegen: Jeder von beiden profitierte von der moralischen Fitness des anderen. Die exklusive Bindung beider Männer aneinander verstärkte deren Kampfesmoral. Und davon profitierte Sparta.

Kretas König Minos soll in grauer Vorzeit schon Homosexualität gesellschaftsfähig gemacht haben. Als Mittel der Geburtenkontrolle, so erzählte man. Bisexualität war also nicht nur geduldet, sie war sogar erwünscht. Eben besonders in Sparta. Der Spartiate hatte eine doppelte sexuelle Verpflichtung. Gegenüber seinem eigenen wie gegenüber dem anderen Geschlecht. Schließlich galt es ja auch, Kinder zu zeugen, um Spartas Wehrhaftigkeit zu erhalten.

Und weil Sparta wehrhaften, kräftigen Nachwuchs brauchte, ermunterte Lykurg die Ehemänner, ihren Frauen zu gestatten, auch außerhalb der Ehe sexuell zu verkehren. Mit anderen kraftvollen Männern, um sich mit optimalen Samen schwängern zu lassen. Eifersüchtige Gefühle waren untersagt. Wenn zwei Männer dieselbe Frau begehrten, war das ein Grund zur Freundschaft zwischen beiden. So wenigstens erzählt es Plutarch. Lykurg soll seine Ratschläge damit untermauert haben, dass man ja schließlich auch bei Pferden oder Kampfhunden die Paarung nicht dem Zufall überlasse.

Von dem bisexuellen System Spartas profitierten letztendlich die Frauen. Weil ihre Männer so wenig präsent waren, lebten die spartanischen Frauen in geringerer Abhängigkeit von den Männern als ihre Schwestern im übrigen Griechenland. Die ihr Leben eingeengt wie in einem Hühnerstall verbrachten. Die Spartanerinnen bewegten sich frei in der Öffentlichkeit, sie trainierten und trieben Leistungssport, sie kontrollierten weitgehend Spartas Wirtschaft, wie Aristoteles (übrigens missbilligend) feststellte. Und die Spartanerinnen waren gebildeter als ihre Männer, die zur Not gerade nur Schreiben und Lesen gelernt hatten.

In Sparta, berichten antike Autoren, habe der große Pythagoras viele Schülerinnen besessen – von Athen hört man dergleichen nicht. Andere griechische Frauen beneideten die Spartanerinnen wegen ihres guten Aussehens. In Erinnerung an den Schönheitswettbewerb zwischen Hera, Aphro-

dite und Athene veranstalteten manche Städte schon in der Antike Schön-
heitswettbewerbe. Laut Athenaios waren aber alle Griechen sich einig, »dass
Sparta die allerschönsten Frauen der ganzen Welt hervorbrachte«. Gewiss
verdankten sie das ihrer Diät und den sportlichen Aktivitäten.

Fitness war für die Spartanerinnen kein Eigenwert. Sie diente der Er-
zeugung von gesundem, kräftigem Nachwuchs. Darin sahen sie ihre einzige
Lebensaufgabe, will man den antiken Autoren glauben. Plutarch führt den
Ausspruch einer Spartanerin an, die gefragt wurde: »Wieso seid ihr die einzigen Frauen, denen die Männer gehorchen?« Und die Spartanerin antwortete: »Weil wir die einzigen sind, die Männer zur Welt bringen.« Und
wenn Mütter ihren Söhnen eine glückliche Heimkehr aus dem Krieg
wünschten, sagten sie: »Aber nur mit deinem Schild oder auf ihm!« Lieber
war es also den Müttern, dass ihre Söhne als im Kampf gefallene Krieger
ehrenvoll auf ihren Schilden nach Hause getragen wurden, als dass sie
lebend, doch ohne ihren Schild und damit besiegt zu ihnen zurückkehrten.
Spartas Ehre forderte den selbstmörderischen Einsatz seiner Söhne und die
Spartanerinnen spornten sie dazu an.

Bei Homer noch werden Kämpfe in lang auseinandergezogenen Schlacht-
reihen ausgetragen. In Zweikämpfen, heroisch Mann gegen Mann. Der
Kampf um Troja lag inzwischen lange zurück. Jetzt kämpfte man in eng
geschlossenen, tief gestaffelten Formationen. Die neue Kampftechnik war
im Orient entstanden, Sparta entwickelte sie zur Perfektion. Schwerbewaff-
nete bildeten eine mehrere Reihen tiefe Formation. Die Lanze in der
Rechten, den Schild am linken Arm, rückte die »Phalanx« im Gleichschritt
vor, bis der eisenstarrende Igel mit der gegnerischen Phalanx zusammen-
krachte. Der Formationskampf verlangte äußerste Disziplin, stellte hohe
Ansprüche an die Gemeinschaftsmoral. Jeder Kämpfer musste sich unbe-
dingt auf den Nebenmann zur Rechten wie zur Linken verlassen können.
Damit die lückenlose Schildwand nicht brach. Aus ihr heraus versuchten die
Vorkämpfer, den feindlichen Schildwall mit der Lanze zu durchbrechen.
Löste sich die Formation auf, war alles verloren. Denn die Rüstung der
Kämpfer wog 30 bis 40 Kilogramm und ihr Gewicht vereitelte jede Flucht.
Also hielt man zusammen, auf Gedeih und Verderb.

Und weil der Gemeinschaftssinn den Spartiaten seit Kindesbeinen antrai-
niert war, und weil ihre Phalanx aus Berufssoldaten bestand und weil keiner
dem anderen die Ehre gönnte, ruhmreicher zu kämpfen und zu sterben als
er, war die spartanische Kampfmaschine jedem Bürgerheer überlegen. »Es

Die Spartaner entwickelten eine neue Kampftechnik zur Perfektion: In der »Phalanx« greifen bewaffnete Hoplitengruppen einander an. Kampfszene auf einer griechischen Vase, Ende des 7. Jh. v. Chr.

ist schrecklich, sich mit den Spartanern messen zu müssen«, sagte Lysias, ein attischer Redner des 4. Jahrhunderts. Und niemand widersprach ihm.

Umweht von blutroten Mänteln setzte sich die spartanische Phalanx unter Gesang in Bewegung. Ich zitiere aus einem solchen Schlachtgesang, den man auch bei der Grablegung spartanischer Krieger anstimmte:

»Hier ist ein Mann, der sich tüchtig im Kampfe erwies. Unter den Vorkämpfern gefallen, verlor er sein liebes Leben. Verwundet ward seine Brust, wo die feindliche Lanze den gebuckelten Schild und seinen gepanzerten Leib durchdrang. Ein solcher Mann wird betrauert, von Jung und Alt, die ganze Stadt schreitet in seinem Trauerzug mit. Sein Grab, seine Kinder empfangen allerhöchste Ehren, deren noch seine Kindeskinder sich rühmen. In die Erde gebettet ist er unsterblich geworden.«

Wir kennen den Verfasser dieser Verse mit Namen. Er hieß Tyrtaios und er lebte um 600 vor unserer Zeit in Sparta. Den Dichter hatte es aus Ionien auf den Peloponnes verschlagen. Die Stadt Sparta, der die Kriegskunst über alles ging, hat von Wortkünstlern nie viel gehalten, sie brachte nur wenige Poeten hervor. Die Verse von Tyrtaios jedoch standen in hohem Ansehen. Sie blieben uns erhalten, weil sie als Schlachtgesänge von Generation zu Generation weitergegeben wurden. Unterwegs im Feindesland, wenn das Heer der Spartaner rastete, trugen die Krieger mit Versen des Dichters Sängerwettbewerbe aus. »Der Feldherr entschied, wer von den Männern der Sieger war, und dieser erhielt eine Extraportion Fleisch«, erzählt Athenaios.

An der Zahl seiner Vollbürger gemessen, war Sparta eine der kleinsten unter den griechischen Städten. Vollbürger war, wer im Idealfall seine Blutslinie bis in die Zeit der Dorischen Wanderung zurückverfolgen konnte. Als die Vorfahren über den Balkan in Südgriechenland einwanderten. Das mögen nur gerade 8 000 bis 10 000 Männer gewesen sein. Mit einer so bescheidenen Zahl von Bürgern blieben die Spartaner, was sie seit ihrer Wanderung gewesen waren: eine mündliche Traditionsgemeinschaft, die Auge in Auge, von Mund zum Ohr miteinander lebte und keine Schrift brauchte.

Die ionischen Griechen hatten das extrem leistungsfähige griechische Alphabet erfunden, doch die Spartaner hielten nicht viel von Schrift und Schrifttum. Sie zeichneten auch ihre Geschichte nicht auf. Das taten andere, Nicht-Spartaner: Herodot, Thukydides, Xenophon, Aristoteles und Plutarch. Besonders Xenophons und Plutarchs Darstellung der Geschichte Spartas sind für uns von unersetzlichem Wert. Blindlings können wir ihnen allerdings nicht trauen. Beide waren Bewunderer Spartas, wenig kritische Beobachter.

Eine der Verfügungen Lykurgs untersagte es, die Gesetze Spartas schriftlich festzuhalten. Durch Erziehung sollten sie den Bürgern so in Fleisch und Blut übergehen, dass sich ihre Aufzeichnung erübrigte. Hält man sich vor Augen, dass die Kodifizierung des Rechts der erste und damit entscheidende Schritt zu einer demokratischen Verfassung ist, wird man der spartanischen Praxis nur wenig Gutes abgewinnen. Sie wirkt, verglichen mit den ausgefeilten Verfahren der athenischen Legislative, wie von vorgestern. Geheime Wahlen hat es wahrscheinlich in Sparta nie gegeben. Sach- und Personalentscheidungen wurden dort durch Zuruf entschieden, wie Plutarch berichtet: »Wahlen wurden auf folgende Weise durchgeführt: Alle Bürger versammelten sich unter freiem Himmel. In der Nähe des Versammlungsorts stand eine fensterlose Hütte. Drinnen befanden sich die Schiedsrichter. Sie registrierten, wem am meisten applaudiert wurde. Sie konnten aber nicht wissen, wem der Applaus galt, denn sie kannten nicht die Reihenfolge der

Kandidaten.« Schon in der Steppe wird man so abgestimmt haben, im Heereslager. Und dort mochten auf diese Weise Entscheidungen zufriedenstellend getroffen worden sein. Was aber hat die Spartaner bewogen, an diesem archaischen Verfahren unbeirrt festzuhalten? Sicherlich die spartanische Traditionsfixierung.

Unter den altväterlichen Bestandteilen der spartanischen Verfassung finden sich aber doch auch zukunftsweisende Elemente. Beispielsweise das spartanische Doppelkönigtum.

Von alters her fungierten in der Stadt zwei Königshäuser nebeneinander. Das eine führte seine Geschlechterfolge auf einen König Eurypon zurück, das andere auf den König Agis. Beide Königshäuser existierten in ununterbrochener Folge bis ins 2. Jahrhundert vor unserer Zeit. Seitdem sind sie erloschen.

Schon die Geschichtsschreiber des Altertums konnten sich die absonderliche Konstruktion einer doppelt besetzten Staatsführung nicht erklären. Entstand Spartas Doppelkönigtum bei der Zusammenlegung zweier Stämme? Funktionierte aber die Doppelspitze, war der Vorteil beträchtlich. Weil die beiden Könige einander kontrollierten und damit einer willkürlichen Ausübung der Königsmacht vorgebeugt war.

Natürlich bestand immer die Gefahr, dass beide Könige sich über einen Streitfall unheilbar entzweiten und sich damit gegenseitig blockierten. Daraus erwuchs der Ältestenrat, an den sich die Könige als Schlichtungsinstanz wandten. Und damit der Ältestenrat unparteiisch schlichten konnte, wurden seine Mitglieder nicht von den beiden Königen berufen, sondern vom Volk per Akklamation gewählt. Später fügte man noch das Amt der »Ephoren«, wörtlich der »Aufsichtsbeamten«, hinzu, die als Verfassungsschützer jeweils für ein Jahr amtierten.

Damit entstand ein Parallelogramm der Kräfte, »in dem die einzelnen Gewichte so gegeneinander austariert waren, dass keins das Übergewicht erhielt und den Ausschlag geben konnte, sondern die einzelnen Gremien im Gleichgewicht blieben wie bei einer Waage«, kommentiert der antike Historiker Polybios die spartanische Verfassungskonstruktion. Polybios nannte diese Verfassungskonstruktion eine »Mischverfassung«. Weil in ihr die monarchische Königsherrschaft, der aristokratische Ältestenrat und die demokratische Volksversammlung zum Besten der Stadt zusammenwirkten. Vor den Römern, die eine ähnliche Mischverfassung installierten, besaßen die Spartaner laut Polybios die »bestmögliche« Verfassung.

Die Gründungsväter der amerikanischen Verfassung haben sich von der spartanisch-römischen »Mischverfassung« inspirieren lassen. Den antiken Wegbereitern zu Ehren ziert bis heute ein Relief mit dem Porträt von Lykurg den Sitzungssaal des Obersten Gerichtshofes der USA in Washington.

Über Lykurgs Lebensende berichtet Plutarch: »Lykurg sah, dass seine Gesetze feste Wurzeln in den Herzen der Spartaner geschlagen hatten. So rief er am Ende die Volksversammlung zusammen und erklärte den Männern, bis jetzt sei alles zufriedenstellend verlaufen. Eine Sache von höchster Wichtigkeit müsse aber noch erledigt werden. Woran er dabei dachte, ließ er offen, sagte aber, in dieser Angelegenheit müsse er zuvor das Delphische Orakel befragen.«

»Bevor er sich nach Delphi auf den Weg machte, ließ Lykurg die beiden Könige, den Ältestenrat und die Volksversammlung schwören, an seinem Gesetzeswerk nichts zu ändern, bis er zurückgekehrt sei. Nachdem er Sparta verlassen hatte, nahm er keine Nahrung mehr zu sich und starb in Frieden. Auf diese Weise band er die Spartiaten für immer an ihren Eid, sein Gesetzeswerk unverändert so zu lassen, wie er es ihnen vermacht hatte.« Ähnliches wurde auch von Solon, dem Athener Gesetzesmacher, erzählt. Wer hatte da nun von wem abgeschrieben?

Die Lebenszeit des Atheners lässt sich ziemlich genau bestimmen. Denn Solon hinterließ ein schriftliches Vermächtnis. Lykurgs Lebenszeit dagegen bleibt ungewiss. Natürlich behaupteten die Spartaner, Solon habe sich von Lykurgs Gesetzen inspirieren lassen. Schließlich sei Lykurg schon Jahrhunderte vor Solon als Gesetzgeber tätig gewesen. Doch entspricht das den Tatsachen? Lykurgs Name erscheint nicht einmal in der Liste der sogenannten Sieben Weisen Griechenlands.

Historiker fragen sich, ob es diesen Mann überhaupt gegeben hat, der »wie ein Wolf zur Sache ging«. Plutarch, der sich in den Archiven Delphis auskannte, gesteht selbst ein: »Von dem Gesetzgeber Lykurg lässt sich überhaupt nichts sagen, woran man nicht zweifeln könnte. Denn über seine Herkunft, seine Reisen und sein Ende, aber auch über sein politisches Wirken existieren völlig unterschiedliche Überlieferungen. Und am wenigsten ist man sich einig, wann seine Lebenszeit anzusetzen wäre.« Die moderne Geschichtswissenschaft ist sich daher ziemlich einig, dass Lykurg eine reine Legendengestalt ist. Die Spartaner brauchten einen Helden, auf den sie ihre Gesetzgebung zurückführen konnten. Um ihrer Verfassung die Autorität ehrwürdigen Alters zu verleihen.

Für seine Wirkungsgeschichte ist es freilich völlig unerheblich, ob Lykurg gelebt hat oder nicht, er hat Geschichte gemacht. Alle großen Geister der Antike haben dem lykurgischen Gesetzeswerk ihre Reverenz erwiesen.

Zuerst Herodot, der um 450 seine Weltgeschichte verfasste. Er schreibt: »Früher hatten die Spartaner die schlechtesten Gesetze von allen Griechen. Durch Lykurg aber haben sie später gute, neue Gesetze erhalten.« Weil sie stabile politische Verhältnisse garantierten, so ist Herodot zu verstehen.

Aber die Stabilität war teuer erkauft. Der Beziehung zum Staat ist in Sparta jede andere Beziehung, und sei sie auch noch so intim, unterge-ordnet. Darum musste Sparta schließlich emotional verarmen. Sparta hat kein kulturelles Erbe hinterlassen. Es hat keine Mathematiker hervor-gebracht, keine großen Künstler, keinen Historiker, keinen Philosophen. Auch keine Liebesgedichte wie die der Sappho. Und in dieser emotionalen Wüste veröedeten die Gefühle so sehr, dass die spartanische Geburtenrate von Jahrhundert zu Jahrhundert dramatisch zurückging. Kinder waren das Eigentum der Stadt, doch die Stadt konnte keine Kinder zeugen. Im Jahr 458 betrug die Zahl der Vollbürger noch 9 000 Spartiaten, 200 Jahre später waren davon nur noch 700 übrig geblieben. Die gepriesene lykurgische Gesetzgebung hat Sparta geradewegs in eine Sackgasse hineinmanövriert. Später, in römischen Zeiten, war Sparta nur noch folkloristischer Rummel. Sparta war seinen spartanischen Verhältnissen zum Opfer gefallen.

Ein spitzzüngiger spätantiker Autor behauptet, Lykurg habe regelmäßig das Orakel von Delphi bestochen, damit die Priester seine Gesetzgebung absegneten. Die Spartaner als Religionsfrevler? Dabei galten sie doch als die frömmsten unter den Griechen, fromm bis zum Aberglauben.

Im Jahr 490 stand ein persisches Invasionsheer mitten in Griechenland, 20 000 Mann stark. Die Athener riefen ihre Bundesgenossen zur Hilfe, auch die Spartaner. Der berühmte Marathonläufer Pheidippes war bis auf den Peloponnes geeilt, um den Spartanern auszurichten: »Spartaner, die Athener bitten euch, ihnen zur Hilfe zu kommen. Ihr könnt nicht zusehen, wie die älteste Griechenstadt in die Knechtschaft der Barbaren fällt!« Natürlich wollten die Spartaner den Athenern beistehen. Aber nicht jetzt und nicht sofort. Sie begingen nämlich gerade das »Karneia«-Fest. Und die Karneia war eine ihrer wichtigsten Feiern, die sie zu Ehren des Fruchtbarkeitsgottes zelebrierten. Also war es den Spartanern »nicht möglich, gleich zur Hilfe zu eilen, weil sie nicht gegen ihre religiösen Bräuche verstoßen wollten«, erzählt Herodot. Die spartanische Phalanx erschien erst, als die Schlacht bei

Marathon bereits geschlagen war. Die Perser waren besiegt worden – mit viel Glück für die Athener und für ganz Griechenland. Einschließlich der Spartaner, die lieber ihre Bündnispflicht als ihre Religionspflichten versäumten.

Delphi schätzte den religiösen Eifer Spartas. Der tat sich auch darin kund, dass die spartanischen Könige eigens Sonderbotschafter beschäftigten, die ständig den Kontakt mit Delphi aufrechterhielten. Den beiden Königen oblag es, sich je zwei Pythier zu wählen. Pythier nannte man die Vertrauensleute, die nach Delphi geschickt wurden. Sie standen in so hohen Ehren, dass sie auf öffentliche Kosten gemeinsam mit den Königen speisten.

Standen schwerwiegende Entscheidungen an, etwa über Krieg und Frieden, beorderten die Könige ihre Pythier, in Delphi Rat einzuholen. Delphi lag jenseits des Korinthischen Golfs. In Luftlinie gemessen betrug die Entfernung 150 Kilometer. Wie lange brauchten die Pythier, bis sie den Korinthischen Golf erreicht hatten? Und nach Delphi übergesetzt waren? Mindestens eine Woche. Spartas Könige mussten sich also über mehrere Wochen gedulden, bis der Orakelentscheid bei ihnen eintraf. Für wichtige Entscheidungen ließ man sich darum in Sparta Zeit. Bevor man sich schlüssig wurde, suchte man Rückendeckung in Delphi. Das kostete Zeit, viel Zeit, und deswegen war Spartas Politik für die restlichen Griechen oft schwer zu kalkulieren.

Für Sparta war die Delphi-Verbindung insgesamt gesehen allerdings von Vorteil. Pilger, Ratsuchende, Geschäftsleute, Boten aus ganz Groß-Griechenland, sogar ausländische Gesandte, trafen ständig in Delphi ein, um bei dem Orakel Rat und Weisung zu finden. Dabei kamen Informationen aus aller Welt zusammen. Von Sizilien, Afrika, dem Nahen Osten, bis ans Schwarze Meer. Delphi war eine internationale Nachrichtenbörse. Spartas Könige wussten, was sie an Delphi hatten: Niemand war besser über die Weltlage und über die Verhältnisse in den vielhundert griechischen Städten unterrichtet als die Delphische Priesterschaft. »Wenn ich mir vor Augen halte, was für einen riesigen Einfluss das Delphische Orakel auf die Geschichte Griechenlands gehabt hat, dann kann ich mir nicht vorstellen, dass Delphi seine Existenz dem Zufall verdankte. Ich bin mir sicher, dass die Gottheit oder die Vorsehung das Orakel ins Leben gerufen hat«, meint Plutarch. Und das war die Meinung aller Griechen. Ganz Griechenland glaubte an den göttlichen Ursprung von Delphi.

Nabelschau in Delphi

Der antike Geschichtsschreiber Diodor (um 100) erzählt, wie es zur Auffindung von Delphis Orakelkraft kam. »Die Überlieferung sagt, dass es Ziegen waren, die in grauer Vorzeit den Orakelort entdeckten. Wo sich heute das Heiligtum befindet, gab es damals nämlich eine Erdspalte. Und jedes Mal, wenn eine von den Ziegen sich dem Erdspalt näherte oder in ihn hineinschaute, begann das Tier sich merkwürdig zu bewegen und stieß dabei seltsame Rufe aus. Und als der Ziegenhirte zu dem Erdspalt ging, hineinschaute, was da unten vor sich ging, da erging es ihm wie seinen besessenen Tieren. Er konnte plötzlich sehen, was zukünftig geschehen würde. Die Sache sprach sich herum und immer mehr Leute begaben sich an den Ort, und alle, die dem Erdspalt nahe kamen, erfüllte die Weissagungskraft. Später, nachdem manche sogar, überwältigt vom Taumel, in den Spalt hinabgesprungen und darin verschwunden waren, trafen die Anwohner Vorsichtsmaßnahmen. Sie bestimmten eine einzelne Frau, Orakelweisungen für sie alle einzuholen. Zu ihrer Sicherheit setzte man die Frau auf einen Dreifuß und sobald die Weissagungskraft sie erfüllte, gab sie ihre Bescheide.« Diodor berichtet zusätzlich von einem »Pneuma«, einem »Schwaden«, der aus der Höhlung des Orakelheiligtums emporsteigt. Und Plutarch erwähnt, das Pneuma habe einen »süßlichen Geruch« gehabt, der sich bis in den Vorraum der Orakelzelle ausbreitete.

Wissenschaftler unserer Tage haben im Grundwasser von Delphi Spuren von Ethylen nachgewiesen. Ethylen ist ein süß-faulig riechendes Gas, das leicht narkotisierend wirkt. Eine andere These glaubt, dass nicht das Ethylen selbst, sondern der hohe Methan- und Kohlendioxidanteil der aufsteigenden Gase der Priesterin den Sauerstoff nahm. Zu beidem passt die Auskunft Plutarchs. Er berichtet, die Orakelpriesterin hätte sich nach längeren Sitzungen auf ihrem Dreifuß manchmal wie benommen und orientierungslos verhalten. Ist das Orakel später verstummt, weil Verwerfungen der erdbebenreichen Region den Austritt des Pneumas verschüttet hatten? Stand die Priesterin also tatsächlich unter Drogeneinfluss, wenn sie ihre Orakelbescheide gab? Die Wissenschaft darf weiter rätseln.

Der Sage nach hatte einst der Gott Apollon in Delphi an Ort und Stelle eine Drachenschlange getötet, die »Python« hieß. Deshalb wurde die Orakelstätte auch »Pytho« genannt, die Priesterin des Orakels war die »Pythia«.

Der Weg zum Delphischen Heiligtum war lang, beschwerlich und überdies gefährlich, er führte durch die dunklen, zerklüfteten Bergregionen Mittelgriechenlands. Zwischen hängenden Felsen hindurch, über schroffe Aufstiege und Abgänge.

Und dennoch nahmen Unzählige das Wagnis auf sich. Delphi war für alle Griechen der Mittelpunkt ihrer Welt. Den Zustrom von Pilgern bezeugen die Tempel und die Schatzhäuser der Stadt, ihre Priesterwohnungen und die Unzahl von öffentlichen Gebäuden und Anlagen. Viele Gebäude waren in Marmor ausgeführt. Die Blöcke wurden mit dem Schiff von weit her herangeschafft. Im Hafen von Kirrha, unterhalb der Felsterrasse, wurden sie entladen und über eine 20 Kilometer lange gewundene Straße hinauf in die heilige Stadt transportiert. 500 Höhenmeter waren zu überwinden, eine technische Herausforderung.

Über See kamen auch die spektakulären Weihgeschenke in die Stadt. Der Lyderkönig Kroisos dezidierte um das Jahr 550 dem Pythischen Apollon eine ganze Schiffsladung davon. Darunter vier Goldbarren zu je 65 Kilogramm, 113 Barren silberversetztes Gold zu je 50 Kilogramm, je einen Gold- und Silberkessel mit einem Fassungsvermögen von jeweils 10 000 Litern, eine Löwenfigur aus Gold im Gewicht von 250 Kilogramm, vier silberne Fässer, zwei Weihwasserbecken, eins in Gold, das andere in Silber, Gießgefäße, die Goldstatuette einer Frau »und noch viele andere Geschenke mehr«, schreibt Herodot.

Pausanias, der 600 Jahre nach Kroisos Griechenland bereiste, benötigt ein Dutzend Seiten, um seinen Lesern die Weihgeschenke vorzustellen, die sich im Lauf eines halben Jahrtausends in der heiligen Stadt angesammelt hatten. Dabei hatte der römische Kaiser Nero Jahrzehnte zuvor das Heiligtum geplündert. »Dem Apollon stahl er 500 Bronzestatuen von Göttern und Menschen«, vermerkt Pausanias. Wir müssen diesen Angaben wohl glauben, so unglaublich sie auch klingen mögen.

Mich verwirren sie mehr, als dass sie mir helfen, mir ein Bild von der Stadt zu machen. Ich sehe sie unter einer Bergeslast von Antiquitäten geradezu erdrückt. Votivtafeln auf Schritt und Tritt, bronzene und marmorne Statuen, manche in Überlebensgröße, bronzene Pferde und Wagengespanne, Heroendenkmale, die Büsten verdienter Männer und Frauen, erbeutete Waffen, Siegestrophäen, der Bug eines ganzen Schiffes, bronzene, silberne, goldene Ehrendreifüße. Und vielleicht stößt der Besucher sogar auf die Keule des Herakles. Oder auf ein Gemälde, das Achilleus im Kampf mit der

Amazonenkönigin Penthesileia zeigt. Dazwischen rauchen die Altäre, Stände halten Devotionalien feil, andere Buden verkaufen Esswaren, Eselstreiber bahnen sich einen Weg durch die Menge. Tausend Gerüche bedrängen die Nase und die Ohren werden von Festgesängen, dem Kreischen von Marmorsägen, Freuden- und Hilferufen zugeschüttet.

Doch nur wenige Schritte entfernt sitzt Pythia mit einem Lorbeerzweig zwischen den Fingern auf ihrem Dreifuß. Im unzugänglichen Inneren des Tempels hält sie Zwiesprache mit dem Gott. Widersprüche, die keine sind, weil sie sich bedingen und brauchen. Der Blick des Gottes allein durchdringt sie.

Darum sind die Menschen auf seine Weisung angewiesen. Er spricht durch seine Pythia und Apollons Sprache ist »mathematisch« klar. »Wie eine Gerade die kürzeste Verbindung zweier Punkte ist. Nie irrt Pythia von der Wahrheit ab, nie hat sie einen Menschen falsch beraten. Darum ist Apollons Stadt voll mit den Weihegaben, die Griechen und Menschen aus aller Welt dem Gott verehrten«, lesen wir bei Plutarch.

Delphi war das spirituelle Zentrum der griechischen Welt, solange es das alte Griechenland noch gab. In den Jahrtausenden, die darauf folgten, hat kein Ziegenhirt den Erdspalt wiederentdeckt, über dem der Dreifuß der Pythia stand.

Heute können wir uns mit ein paar Klicks im Internet nach Delphi zurückversetzen. Und finden dort eine archäologisch getreue Nachbildung der heiligen Stadt. Und wenn wir, wie Goethes *Iphigenie* sagt, »das Land der Griechen mit der Seele suchend«, die Sonne Apollons auf den glitzernden »Phaidriades-Felsen« über seinem Heiligtum gleißen sehen, kehren wir zurück zu den Wurzeln Europas, die Griechenland uns schenkte.

Die Forschung erhellt uns manche der Rätsel, die das Orakelheiligtum umgeben. Viele Details aber bleiben im Dunkeln. Zum Beispiel wissen wir nicht, wie eine Frau zur Pythia wurde. Muss man sich das vorstellen wie in Tibet? Nach dem Tod eines Dalai Lamas forschen die Mönche in den Dörfern des Hochlandes nach dem wiedergeborenen Nachfolger. Die Suche kann Jahre dauern, aber auch schnell ans Ziel führen. Sind auch die Priester Delphis in Griechenland von Ort zu Ort gegangen, um nach einer Pythia zu forschen? Musste sie bestimmte Eingangsprüfungen bestehen? Wie wurde die Pythia zu ihrem Dienst ausgebildet? Musste sie schreiben, musste sie lesen können? Durfte sie verheiratet sein? Oder musste sie Jungfrau sein, wie die Priesterinnen der griechischen Städte? Über das alles wissen wir wenig.

Wir wissen nur, dass Pythia eine Frau sein musste. Weil die Drachenschlange, jene Python, die Apollon tötete, ebenfalls weiblichen Geschlechts gewesen war.

Und wir wissen auch, dass die Pythia nicht Auge in Auge mit dem Fragesteller antwortete. Ihr dreifüßiger Sitz befand sich wahrscheinlich hinter einem Vorhang. Der das Allerheiligste von dem Vorraum abtrennte, in dem der Pilger, zusammen mit einem Priester, den Orakelbescheid erwartete.

Das Orakel hatte keine prophetische Funktion. Es antwortete in der Regel auf Entscheidungsfragen. Mit einem Ja oder einem Nein. Vielleicht griff die Pythia dabei in ein Gefäß, das je zur Hälfte mit hellen oder dunklen Bohnen gefüllt war. Die Fragen betrafen zum Beispiel eine Eheschließung, die Ermittlung eines Schuldigen, einen Reisetermin oder den Antritt eines Erbes. Jedenfalls handelte es sich immer um schwerwiegende Entscheidungen, anders hätte der Fragesteller nicht den beschwerlichen Weg über die Berge auf sich genommen.

Vor schwerwiegenden Entscheidungen fragten die Könige das Orakel von Delphi um Rat. Die Ruinen des Athena Tempels in Delphi.

Manche Sachverhalte waren so schwierig, dass sie sich nicht durchs Los entscheiden ließen. Dann sprach die Pythia. Oft sogar in Versen, deren Sinn sich erst entschloss, wenn der Fragesteller die Worte des Gottes lange genug in seinem Herzen bewegt hatte.

Das hatte der goldreiche Kroisos wohl nicht getan. Er hatte die Pythia fragen lassen, ob er es wagen könne, gegen die Perser zu Felde zu ziehen. Und der Bescheid Apollons lautete: »Kroisos wird, wenn er den Grenzfluss überschreitet, ein großes Reich zerstören.« Das Orakel behielt Recht. Doch es war sein eigenes Reich, das Kroisos verlor, als er mit seinen Truppen den Halys überschritt und in das persische Reich eindrang. Apollon, der die Logik liebt, verlangt, dass der Mensch seinen Kopf gebrauche. Erkenne dich selbst, forderte der Delphische Gott.

Ein Priester ist immer zugegen, wenn Pythia spricht. Aus seinem Mund, durch seine Vermittlung empfängt der Bittsteller den Orakelentscheid. Ohne priesterliche Vermittlung geht nichts in Delphi. Jeder, der um einen Orakelentscheid nachsuchte, musste ein genaues Ritual absolvieren, ehe er das Heiligtum betreten durfte. In der heiligen Quelle, der »Kastalia«, hatte er sich rituell gewaschen, er führte ein Tier als Schlachtopfer zum Altar, der Priester prüfte das Tier, ein Helfer schlachtete es, der Priester begutachtete die Innereien, ob sie ein gutes Omen versprachen.

Dann stimmte er eine Hymne zu Ehren des Gottes an: »Ein Schauer durchfährt den Lorbeerstrauch des Gottes, der heilige Schrein erbebt, wenn der Gott naht. Weicht, ihr Sündiger, weicht! Phoibos Apollon stößt mit dem Fuß an die Pforte. Siehst du nicht? Tief hernieder neigt sich die delische Palme, hell singt der Schwan in den Lüften. Schiebt euch beiseite, ihr Riegel der Tore, öffnet euch selbst, ihr Schlösser! Es tritt der Gott ins Heiligtum. Macht euch bereit, ihr jungen Männer, singt, tanzt für ihn, dem Gotte Apollon!« So lautet ein alter Hymnentext. Schade, seine Melodie ist uns nicht überliefert.

Der Priester betritt mit seinem Klienten den Tempel. Nachdem er der Pythia die Frage des Bittstellers kundgetan hat, übermittelt er dem Frager den göttlichen Bescheid der Pythia.

Was wäre die Pythia ohne ihn? Wie sollte die Frau auf dem Dreifuß sich in Kleinasien auskennen, um Kroisos davor zu warnen, den Halys zu überschreiten? Für die Delphische Priesterschaft hingegen war die Welt ein offenes Buch. Sie war auf dem Laufenden, was in Griechenland und selbst am Rand des Erdkreises geschah. Dank der Pilger, die aus aller Herren Länder nach Delphi kamen, verfügten seine Priester über so weitläufige Informationen wie vielleicht sonst niemand in der westlichen Welt. Weder der Perserkönig noch der ägyptische Pharao konnte sich mit ihnen messen. Und dieses Insiderwissen floss natürlich in den Orakelbescheid mit ein. Wenn der Priester die Worte der Pythia dem Bittsteller übermittelte.

Delphi spielte also eine Schrittmacherrolle in der griechischen Politik. Nicht zuletzt auch deswegen, weil alle griechischen Aussiedlerstädte unter der Ägide der Priesterschaft Delphis gegründet worden waren. Ohne Delphi kein Groß-Griechenland.

Dem römischen Vatikan vergleichbar existierte in Delphi ein Priesterstaat, mit eigener Verwaltung, autonom, nur seinen eigenen Gesetzen unterworfen. Zu dem Insiderwissen gesellte sich Delphis Finanzmacht. Es war wirtschaftlich autark, musste bei niemandem betteln gehen.

Kein antiker Autor hat jemals das Innenleben des Delphischen Priesterstaates beschrieben. Wie organisierte sich die Priesterschaft? Sie muss doch nach Dutzenden gezählt haben, um ein derart kompliziertes Gebilde, wie es die Orakelstadt war, zu verwalten. Gab es eine Hierarchie unter den Priestern? Das ist anzunehmen. War das Amt erblich? Wer bestimmte die Richtlinien der Delphischen Politik? Sicher existierten Seilschaften, bestimmt gab es Intrigen, unter Umständen auch Mord und Totschlag. Womöglich sogar heimliche Bestechungen, wie man es am Ausgang der Antike vermutete. Als Delphi längst seine politische Rolle ausgespielt hatte.

Priesterschaften sind in allen alten Kulturen kollegial organisiert. Schon allein darum, weil ein Einzelner nicht die vielfältigen priesterlichen Aufgaben erledigen konnte. Einer war für den Opferdienst zuständig, ein anderer für das Orakelwesen, andere für die Verwaltung, für die Finanzen, für das Archiv. Alles war auf verschiedene Personen verteilt. Nicht anders kann es in Delphi gewesen sein.

In den griechischen Städten hat es immer wieder dann und wann Alleinherrscher gegeben. Die Griechen nannten sie »Tyrannen«. Einen »Alleinpriester« hat es jedoch in keiner Kultur jemals gegeben. Das Prinzip der Kollegialität war in der Priesterschaft unabdingbar.

Dabei gab es eine Rangfolge. Ein Priester stand, dem König vergleichbar, an der Spitze. Ihm beigeordnet war ein Ratskollegium. Und schließlich musste die Gesamtheit aller Priester bei den Entscheidungen des Oberpriesters und des Tempelrats berücksichtigt werden.

Die spartanische Verfassung ist nach diesem Prinzip der kollegialen Mitbestimmung konzipiert. Sparta hat seine Verfassung auf einen Spruch

(»Rhetra«) Delphis zurückgeführt und so kann es tatsächlich gewesen sein. Die kollegiale Mitbestimmung Delphis hätte demnach an der Wiege der spartanischen »Mischverfassung« gestanden.

Daran orientierte sich auch die Politik Delphis. Es hat nie einem Tyrannen in den Steigbügel geholfen. Andererseits aber hat sich Delphi später auch nie mit den Radikaldemokraten Athens anfreunden können. Die des Volkes Stimme höher stellte als des Gottes Stimme. Dem Volk Selbstbestimmung einzuräumen, argwöhnte man in Delphi, bereite der Tyrannei den Weg.

Mitbestimmung ja, Selbstbestimmung nein, so sollte es sein. Deswegen sympathisierte Delphi mehr oder weniger offen mit Sparta. Weil sich in dessen Mischverfassung Monarchie, Aristokratie, Demokratie die Waage hielten.

Delphi ist langsam in die Rolle eines spirituellen und politischen Zentrums hineingewachsen. Es hat diese Position mit bewundernswerter Klugheit lange Zeit ausgefüllt. Doch Delphi hat nie einem Gesamtstaat aller Griechen zugearbeitet. Ansätze hätte es dazu genug gegeben. Alle Griechen der 700 einzelnen Stadtstaaten fühlten sich als eine große Familie. Sie hatten die gemeinsame Sprache, verehrten dieselben Götter und Heroen, besuchten dieselben Orakel. Überall achtete man Homer als den geistigen Vater aller Griechen, die verschiedenen Festspiele führten Griechen aus allen Städten zusammen. Eine nationale Einigungsbewegung ist jedoch aus alledem nicht erwachsen.

Ein griechischer Einheitsstaat konnte kaum im Interesse Delphis sein. Die unverkürzte Autonomie der griechischen Städte musste die Orakelstadt schätzen, weil ihr die eigene lieb und teuer war. Delphis Politik zielte allein darauf ab, die Machtverhältnisse zwischen den autonomen Stadtregionen auszubalancieren. Und Delphi fühlte sich dabei als Zünglein an der Waage. Eine komfortable Situation, die der Priesterstaat nicht verlieren wollte. Was in einem politisch geeinten Griechenland eventuell der Fall gewesen wäre.

Anders gesagt: Delphi verewigte die politische Krähwinkelei Griechenlands. Mit schlimmen Folgen, wie sich zeigen sollte. Als nämlich die Griechen nach den Perserkriegen begannen, sich gegenseitig abzuschlachten. Jahrzehntelang, ohne einzuhalten. Erst unter dem Makedonenkönig Philipp, dem Vater von Alexander dem Großen, wurde Griechenland vereinigt – zwangsvereinigt, kraft eines königlichen Dekrets. Nach dem Tod Alexanders gingen sich die Griechen von Neuem gegenseitig an den Hals. Bis endlich Rom Frieden stiftete. Und die Pax Romana hielt. Griechenland war inzwischen so ausgeblutet, dass es nicht mehr die Kraft fand, seine Bruderkriege weiterzuführen.

Mit Delphi kam es, wie es kommen musste. Es hatte ausgedient. Seit Griechenland unter den Makedonen zwangsvereint wurde, verlor Delphi an Einfluss und Macht. Das Orakel wurde zu einem musealen Wahrsagebetrieb, der Pilgerweg nach Delphi verkam zu einer Sightseeing-Tour.

Zu Platons Zeit, um 300, als Delphi noch auf der Höhe seiner Macht war, schrieb der Philosoph, man solle sich in der Gesetzgebung an »den Gott von Delphi« halten. »Denn seit den Tagen unserer Vorväter sitzt dieser Gott am Mittelpunkt der Welt, wo sich ihr Nabel (*omphalos*) befindet.« Der »Omphalos«, von dem Platon spricht, ist ein hüfthoher, konischer Stein, neben dem die Pythia auf dem Dreifuß saß. Mit dem Omphalos soll Zeus den »Mittelpunkt der Welt« markiert haben, erzählt der Mythos. Eine römische Kopie des heiligen Steins befindet sich heute im Museum von Delphi. In Reliefarbeit ausgeführt umgibt den Nabelstein ein stilisierter Netzschleier. Der wohl ein kostbares Tuch darstellen soll, das den Omphalos verhüllte. Die Pythia, sagt Herodot, habe, während sie den Orakelbescheid verkündete, einen Zipfel des Netzschleiers in der Hand gehalten.

Der Nabelstein wird verschieden gedeutet. Als Weltmittelpunkt hält er wie ein Scharnier die Dreiheit von Unterwelt, Erde, Himmel zusammen. Seine Zerstörung würde den Weltuntergang bedeuten. So gesehen ist der Omphalos ein Kraftzentrum sondergleichen. Ihm wurden kultische Ehren erwiesen.

Solche Nabelsteine finden sich auch in anderen Kulturen. In Griechenland gab es zwei davon. Den einen in Delphi, den anderen auf dem nordöstlichen Peloponnes.

Auch an der Kaaba von Mekka findet sich ein mit einem Silberband umkleideter heiliger Stein, eingelassen an der Ostkante des Würfels. Der »Schwarze Stein« bezeichnet dort ebenfalls das Weltzentrum. Wenn die Gläubigen sich im Gebet nach Mekka wenden, richten sie sich an dem Mittelpunkt der Welt aus. Und wenn sie die Kaaba während der Wallfahrt sieben Male umkreisen, umwandern sie den Mittelpunkt der Welt und küssen ihn. Ursprünglich, sagt die Legende, sei der heilige Stein, vom Paradies auf die Erde gebracht, von weißer Farbe gewesen. Erst durch die Berührung mit den sündigen Menschen habe er seine schwärzliche Färbung angenommen. Dass Mekka jemals seine spirituelle Kraft als Mittelpunkt der muslimischen Welt verlieren könne, ist für Muslime undenkbar. Es wäre gleichbedeutend mit dem Ende der Welt.

Als das Delphische Orakel seine Kraft verlor, hatte das antike Griechenland aufgehört zu existieren. »Der Grieche hat vergessen frei zu sein«, schreibt Pausanias. Der Omphalos hatte ausgedient, gab keine Orientierung mehr her. Im Jahr 67 unserer Zeit hatte der Römerkaiser Nero die Orakelstadt ihrer kostbarsten Kunstwerke beraubt. Und was taten die Griechen? Ächteten sie den Tempelschänder? Ging ein Aufschrei durchs Land? Nein, die Griechen frohlockten, jubelten dem Kaiser zu, weil Nero ihnen Steuererleichterungen versprach. Vier Jahrzehnte später übernahm Kaiser Augustus die Herrschaft. Während seiner glänzenden Regierungszeit wurde das »Ewige Rom« zum Nabel der ganzen antiken Welt.

Das Orakelwesen blühte jedoch nicht nur in Delphi, sondern in allen griechischen Landen. Delphi war nur die bedeutendste unter vielen Orakelstätten. Lokale Orakel befanden sich in jedem Tempel. Seher begleiteten jedes militärische Unternehmen und für jede größere politische Aktion suchte die Stadt Rückendeckung bei einem Orakel.

Das ist gut nachzuvollziehen. Denn jede Stadt musste sich selbst regieren. Und wie man das anstellte, dafür gab es kein Lehrbuch. Die Bürger bewegten sich auf Neuland, das zuvor noch nie jemand in der Welt betreten hatte. Durch Versuch und Irrtum musste man die Selbstverwaltung erst lernen. So nimmt es nicht wunder, dass die Städte bei jeder neuen politischen Initiative Rückendeckung bei ihren alten religiösen Institutionen suchten.

Aristoteles hat im 4. Jahrhundert die »Verfassungen von 158 Stadtstaaten« dargestellt und kritisch bewertet. Diogenes Laertios erwähnt diese Aristotelesschrift noch im 3. Jahrhundert unserer Zeit. Heute gibt es kein bekanntes Exemplar mehr davon. Sie ist im Dunkel der Zeit verlorengegangen, wie auch ihr Inhalt. Nur über das Innenleben von Sparta und Athen sind wir einigermaßen unterrichtet. Das ist wenig, viel zu wenig, um die Geschichte Gesamt-Griechenlands gerecht würdigen zu können. In der Geschichtsschreibung sind Sparta und Athen die Führungskräfte des antiken Griechenlands. Doch deren Führungsanspruch haben sich die übrigen 156 Städte nicht einfach widerspruchslos gefallen lassen. Sie schlossen Bündnisse aus eigener Kraft und bewiesen so ihren Selbstbehauptungswillen. Kurzum, Sparta und Athen sind nicht ganz Griechenland. Doch die dürftige Quellenlage zwingt uns dazu, die Geschichte Griechenlands an ihnen beiden zu orientieren.

Peisistratos in der Eulenstadt

Solons Verfassung hatte dem »Volk« (griechisch: *demos*) Mitspracherecht eingeräumt. Sie legte politische Entscheidungen in die Hände von vielen. Es war ein Experiment. Und beim Zusammenspiel der verschiedenen Gremien kam es zu Reibungsverlusten. Dort der Adel, hier das Volk, dazwischen eine Schiedsinstanz, diese Konstruktion war auf die gutwillige Kooperation aller Beteiligten angewiesen.

In den acht Jahren nach Solon, schreibt Aristoteles, befand sich Athen »ständig in einem Zustand innerer Unordnung«. Die Hochwohlgeborenen wollten ihre alten Vorrechte zurückhaben, das Volk, der Demos, verlangte nach erweiterter Mitbestimmung.

In dieser unübersichtlichen Lage ergriff ein Einzelner die Initiative. Peisistratos war sein Name, nach dem Vorbild eines homerischen Helden, der sich als »Herrscher der Männer« hervortat. Peisistratos entstammte einem weniger bedeutenden Adelsgeschlecht. Doch er hatte sich bereits als junger Mann bei militärischen Unternehmungen einen Namen gemacht. »Er hatte den Ruf eines Radikal-Demokraten«, schreibt Aristoteles. Und wir erfahren weiter, dass er besonders bei der »Landbevölkerung« beliebt war, die den ganz überwiegenden Teil der Bevölkerung Attikas stellte. Sein Ziel war es – das ist seinen späteren Aktionen zu entnehmen –, Ordnung in die verworrenen politischen Verhältnisse der Stadt zu bringen. Mit starker Hand wollte Peisistratos durchgreifen und sich zum »Tyrannen« aufwerfen.

»Im engeren Wortsinn ist ein Tyrann jemand, der sich königliche Rechte anmaßt, ohne dazu legitimiert zu sein«, definierte Rousseau in der Neuzeit. »So verstanden die Griechen das Wort Tyrann. Sie bezeichneten damit unterschiedslos solche guten oder schlechten Führer, die ohne Legitimation regierten.« Das Wort ist im Griechischen ein Lehnwort. *Turan* begegnet uns in verschiedenen kleinasiatischen Sprachen und bedeutet dort so viel wie »Wohltäter«. Und das wollte Peisistratos sein. Ein Wohltäter seiner Heimatstadt.

Für einen Alleinherrscher, und sei er auch noch so wohlwollend, gab es in Solons Verfassung keinen Raum. Den verschaffte sich Peisistratos mit List. Er brachte sich selbst Wunden bei und präsentierte sich blutüberströmt auf der Agora. Seine politischen Feinde stellten ihm nach, behauptete er, und hätten ihn so übel zugerichtet, er benötige eine Leibwache. Der zuständige

Archonten-Beamte bewilligte sie ihm. Peisistratos rekrutierte Männer vom Land. Die rückten, mit Knüppeln bewaffnet, in die Stadt ein und Peisistratos besetzte mit ihnen die Akropolis. Dann rief er sich zum Alleinherrscher aus. So wenigstens erzählt man sich den Hergang der Ereignisse.

Peisistratos regierte lange, wenn auch mit Unterbrechungen. Mehr als drei Jahrzehnte lang war er Alleinherrscher Athens. Ihm folgten seine Söhne Hippias und Hipparchos, die es auf eine Regierungszeit von 17 Jahren brachten. Dann waren die Athener das Tyrannenregiment leid.

Mit List hatte sich Peisistratos an die Macht gebracht, und überhaupt war Peisistratos ein Trickser. Für die Athener galt das eher als Kompliment. Odysseus, den die Griechen liebten, war ja auch ein mit allen Wassern gewaschener Mann. Selbst seiner geliebten Schutzgöttin, Athene, tischte Odysseus Lügenmärchen auf. Athene lächelte dazu. »Du ausgefuchster, du trickreicher Mann«, sagte sie und strich ihm über den Arm. »Selbst einem Gott fiele es schwer, dich an Schläue zu überbieten.«

Peisistratos ist wie Odysseus, der, heimgekehrt, sein Haus von Freiern besetzt findet, die Penelope, seine Frau, umwerben, um das Gut des Verschollenen an sich zu bringen. Auch Athenes Stadt war unter die Räuber gefallen, mag sich Peisistratos gesagt haben. Er würde sie befreien. Mit dem knüppelschwingenden Landvolk an seiner Seite. Wie einst Odysseus in einem Sauhirten seinen besten Helfer fand. Den Adeligen Athens gefiel es nicht, dass Peisistratos sich zum Alleinherrscher erklärte. Zumal bei den Alkmaioniden, die seit Ewigkeit in Attika den Ton angaben, regte sich Widerstand. Schon Solon hatte die Macht der Hochwohlgeborenen beschnitten und unter Peisistratos hatten sie noch weniger zu sagen. Also setzten die Adeligen den Tyrannen mit vereinten Kräften vor die Tür. Dies muss nach einem oder nach fünf Jahren seiner Alleinherrschaft geschehen sein, genau wissen wir es nicht. Doch die Adeligen ließen Milde walten und gewährten dem »Wohltäter« des Demos freien Abzug. Wohl aus Furcht vor dem Volkszorn.

Peisistratos aber gab nicht auf. Er wartete auf eine bessere Gelegenheit. Und die kam, als Megakles, Klanchef der Alkmaioniden, ihm ein Bündnis antrug. Um den Preis, dass Peisistratos bei den Alkmaioniden einheiratete. Dieser stimmte zu, die Tochter des »hochberühmten« Megakles zu ehelichen. Megakles ließ in Athen das Gerücht verbreiten, die Stadtgöttin Athene werde höchstpersönlich Peisistratos heimholen. Was folgt, schildert Aristoteles: »Megakles hatte eine Frau ausfindig gemacht, die von hoher

Statur und großer Schönheit war. Ihr Name war Phye (Blütezeit). Megakles verkleidete sie, dass sie im Aussehen Athene glich und brachte sie zusammen mit Peisistratos nach Athen. Dieser stand neben der Phye in offenem Wagen und die Athener erwiesen Peisistratos ehrfürchtig göttliche Ehren.« Ein Theatercoup wie aus dem Regiebuch.

Wir wundern uns, wie die Athener darauf hereinfallen konnten. Doch die Athener sahen mit Theater-Augen in die Welt. Ein späterer Redner warf ihnen vor: »Wenn ihr im Theater etwas Schreckliches seht, seid ihr betroffen. Wenn in der Stadt dasselbe passiert, lässt es euch kalt.« Mit anderen Worten, die virtuelle Realität war für die Athener wirklicher als die reale. Anders wäre Athen auch nicht zur Welthauptstadt des Theaters geworden. Und ihr erstes Theaterstück führten die Athener in eigener Besetzung auf, mit Peisistratos in der Hauptrolle.

Doch das Happy End ist noch nicht geschrieben. Peisistratos, mit der Tochter eines der mächtigen Hochwohlgeborenen verehelicht, weigerte sich, mit ihr Kinder zu zeugen. Er mochte nicht von den Alkmaioniden vereinnahmt werden. Doch den Zeugungsstreik konnte Megakles ihm auf die Dauer nicht durchgehen lassen. »Sechs Jahre nach seiner Rückkehr wurde Peisistratos zum zweiten Mal vertrieben.« Was für ein Stück – eine Tragödie oder eine Posse.

Peisistratos lebt nun für Jahre im Exil. In diesen Jahren ist er nicht untätig, Peisistratos vermehrt sein Vermögen. Durch den Abbau der reichen Gold- und Silbervorkommen in der nördlichen Ägäis. Wie Odysseus gibt der Trickser nicht auf. Er plant seine Heimkehr, mietet Söldner, sucht und findet Bundesgenossen in Mittelgriechenland.

Zehn Jahre nach seiner Vertreibung rückt Peisistratos an der Spitze eines großen Aufgebots von der Marathon-Ebene her auf Athen vor. Er kennt sich in der Landschaft aus, denn seine Familie kommt aus dem östlichen Attika.

Die Athener schickten ihm eine Streitmacht entgegen. »Auch Peisistratos führte sein Heer vorwärts. Die Athener hatten sich gerade zum Essen niedergelassen. Danach vergnügten sich die einen beim Würfelspiel, die anderen legten sich schlafen. Peisistratos überraschte sie mit einem Angriff und schlug die Athener Truppen in die Flucht. Und er fasste einen klugen Plan. Er hieß seine Söhne die Pferde zu besteigen und den Fliehenden nachzusetzen und ließ den Athenern zurufen, sie könnten unbehelligt abziehen. Die Athener ließen sich dazu überreden. Und so gewann Peisistratos Athen zum dritten Mal«, berichtet Herodot.

In der Stadt angekommen, sicherte sich Peisistratos die Macht. Trickreich wie der »listige Odysseus« ging er wieder zu Werke. Er befahl den Bürgern, sich in vollem Waffenschmuck auf der Agora einzufinden. Dann sprach er zu ihnen von den Stufen des Theseus-Tempels herab. »Er redete zu den Männern, und schon nach kurzer Zeit riefen sie, man könnte ihn nicht verstehen. Daraufhin schlug Peisistratos vor, zum Eingang der Akropolis zu gehen, weil er dort besser gehört werden könne.« Und weil es untersagt war, die Akropolis bewaffnet zu betreten, nahmen die Leute des Peisistratos den Männern Schwerter, Lanzen und Schilde ab und schlossen sie im Theseus-Tempel ein. »Als er ausgeredet hatte, enthüllte ihnen Peisistratos, was mit ihren Waffen geschehen war. Und erklärte den Männern, sie sollten sich nicht beunruhigen. Denn in Zukunft werde er für die Sicherheit der Stadt sorgen.« Ob sich das alles wirklich so burlesk zugetragen hat, wie Herodot und Aristoteles es schildern?

Der eine schreibt in hundertjähriger, der andere in zweihundertjähriger Entfernung von den Ereignissen. Beide sind die einzigen Quellen, die ausführlich über die Umstände der Machtergreifung von Peisistratos berichten. Wir müssen ihnen nicht glauben, können aber ihren Darstellungen entnehmen, dass Peisistratos den Athenern als ein durchtriebener Trickser in Erinnerung geblieben war. Der es fertigbrachte, sich ohne Blutvergießen an die Macht zu putschen. Das entschuldigte die Athener im Nachhinein. Für den hässlichen Flecken auf ihrer weißen demokratischen Weste.

Als Herodot und Aristoteles schrieben, war »Tyrann« längst ein Schimpfwort geworden. Es klang nach blutrünstiger Gewaltherrschaft, prahlerischer Selbstdarstellung und schamloser Selbstbereicherung. Und wo immer die Athener später ihren außenpolitischen Einfluss geltend machen konnten, drangen sie darauf, die Tyrannen abzusetzen und das Volk an die Macht zu bringen.

Peisistratos jedoch war kein Bluthund. Im Gegenteil. »Er war in jeder Hinsicht menschlich und milde, nicht nachtragend, sondern er verzieh Beleidigungen und Kränkungen. Und er förderte durch finanzielle Unterstützungen die kleineren Leute, damit sie von ihrer Hände Arbeit leben konnten«, unterstreicht Aristoteles. Thukydides stimmt ihm zu: »Das Volk empfand seine Herrschaft nicht als beschwerlich. Denn Peisistratos und dessen Söhne vermieden es, die Leute gegen sich aufzubringen. Von allen Tyrannen legten sie am meisten Wert auf Recht und Redlichkeit.« Seine Förderprogramme finanzierte Peisistratos über Steuern. Und zwar mit einem

Steuersatz von 10 Prozent auf alle agrarischen und handwerklichen Produkte.

Offenbar lag ihm tatsächlich das Wohlergehen der Stadt am Herzen. Er folgte dabei Solon, der sich mit seinem Lastenausgleich zwischen Reich und Arm um ausgleichende Gerechtigkeit bemüht hatte. »Er verstand es, die namhaften Leute und das Volk für sich zu gewinnen. Den einen redete er gut zu, den anderen half er finanziell«, notiert Aristoteles. Noch später erinnerten sich die Athener an die »paradiesischen Zustände« unter den Peisistratiden. Mit der Blumenverkäuferin Phye war Peisistratos zehn Jahre zuvor in die Stadt eingezogen, ihr Name hatte Wachstum und Gedeihen versprochen, die dann auch wirklich in der Stadt Wohnung nahmen. Unter Peisistratos blühte Athen auf. Aus dem Hinterlandstädtchen wurde eine bedeutende Stadt.

Solon und Peisistratos sind die Erfinder des Sozialstaats. Der mittels seiner Gesetzgebung für die soziale Sicherheit, für das Wohl aller Bürger Sorge trägt. Im Lauf seiner weiteren Stadtgeschichte stattet Athen sogar die Kriegswaisen mit einer Hinterbliebenenrente aus. Sie räumt den vaterlosen Jungen und Mädchen einen Rechtsanspruch auf staatlich finanzierte Ausbildung beziehungsweise auf eine Aussteuer ein. Die Idee einer staatlichen Fürsorgepflicht für die Benachteiligten und die Schwachen ist seitdem nicht aus der europäischen Rechtsgeschichte wegzudenken. Mit der jüdisch-christlichen Soziallehre setzte sie sich universal durch.

Peisistratos führte in dem Athener Rechtswesen noch eine bedeutende Neuerung durch. Bislang lag, besonders auf dem Land, Recht und Gesetz in den Händen der Ältesten eines Sippenverbandes. Peisistratos ersetzte sie durch reisende staatliche Rechtspfleger. Sie sprachen vor Ort Recht, »und Peisistratos reiste oft höchstpersönlich übers Land, um die örtlichen Gerichtshöfe zu kontrollieren«. Damit wurde die Rechtssprechung in Attika vereinheitlicht. Und jeder Kläger konnte mit einem unbefangenen, überparteilichen Verfahren rechnen. Gleiches Recht für alle sollte in ganz Attika gelten.

Damit die reisenden Rechtspfleger pünktlich ihres Amtes walten konnten, erschloss Peisistratos die attische Region durch ein weitläufiges Straßennetz. Es diente zugleich dazu, der Landbevölkerung besseren Zugang zur Stadt zu verschaffen. Auch die Klein- und Kleinstbauern konnten jetzt in großer Anzahl an den staatlichen Festen zu Ehren der Götter Attikas teilnehmen.

Peisistratos war während seines Exils weit in der Welt herumgekommen.

Er besuchte gewiss auch manche der blühenden Griechenstädte Kleinasiens. Vielleicht stand ihm eine Stadt wie Milet vor Augen, als er daran ging, Athen zu modernisieren. Er verbesserte die städtische Wasserversorgung, ließ vermutlich schon oben auf der Akropolis und unten auf der Agora repräsentative Bauten errichten. Damit legte er das Fundament zu der späteren glanzvollen Bautätigkeit des klassischen Athens.

Seinem Ziel, ganz Attika mit der Metropole zu verbinden, diente auch die Religionspolitik des Herrschers. Er stärkte die örtlichen Kulte Athens, indem er nach dem Vorbild von Olympia und Delphi opulente Festspiele mit Athens jahreszeitlichen Kultterminen verband. Zugleich versuchte er, die attischen Kulte auf Athen zu konzentrieren, indem er zum Beispiel den alten Artemiskult von Brauron in die Metropole verlegen wollte. Jenseits der Akropolishöhe begann er, ein repräsentatives Heiligtum für den Allvater Zeus errichten zu lassen. Es wurde erst in römischer Zeit fertig gestellt. Eleusis, 20 Kilometer nordwestlich von Athen, war schon in mykenischer Zeit ein bedeutendes Demeter-Heiligtum. Für die alten Griechen, schreibt Pausanias, stellte Eleusis den Inbegriff von Frömmigkeit dar. Auch hier verewigte sich Peisistratos durch aufwändige Bau- und Restaurierungsarbeiten. Mit dem Ziel, Eleusis, das besondere Bedeutung für die Frauen Attikas hatte, zu einem gesamtgriechischen Kultzentrum zu machen.

In Athen unterstellte Peisistratos das Akropolis-Orakel staatlicher Aufsicht. Zufällig kennen wir den Namen des Sehers, Onomakritos. Der das Orakelarchiv führte und Orakelbescheide gab. Alle jene religionspolitischen Maßnahmen verfolgten das Ziel, das Religionsmonopol des Adels zu brechen. Denn dieser war es, der bisher den Tempelbau finanzierte, und aus den Reihen der hochwohlgeborenen Eupatriden rekrutierten sich die Priester. Seit Peisistratos war Religion nicht mehr Adelsprivileg, sondern Staatssache.

Peisistratos setzte sich sehr für die Künste ein. So sollen unter seiner Herrschaft die Epen Homers regelmäßig öffentlich vorgetragen worden sein und ihre endgültige schriftliche Fassung erhalten haben.

Seine Söhne Hippias und Hipparchos holten namhafte Poeten nach Athen. Und Peisistratos war ein Büchersammler. Auf die Peisistratiden scheint die erste griechische Bibliothek zurückzugehen. Sie war so bedeutend, dass der Perserkönig Xerxes die Schriftrollen bei seiner Eroberung Athens (480) nach dem fernen Persepolis abtransportieren ließ. Dort muss der Bücherschatz tatsächlich angekommen sein. Denn 200 Jahre darauf kehrte die Bibliothek unter Alexander dem Großen wieder nach Athen zurück.

Bleibt noch hinzuzufügen, dass Peisistratos das silberne Münzgeld in Athen einführte. Die Münzen zeigen auf der Vorderseite das Profil der Stadtgöttin und auf der Rückseite ist eine Eule eingeprägt. Sie ist die Begleiterin Athenes. Wenn Homer von der »eulenäugigen Göttin« spricht, ist damit immer Athene gemeint. Man nannte die Drachmen aus der athenischen Münzwerkstatt später ganz einfach die »Eulen«. Sie wurden zur Leitwährung der Mittelmeerwelt.

Peisistratos führte das Münzgeld in Athen ein. Auf der Rückseite ließ er eine Eule einprägen – das Symbol für Athene, der Schutzgöttin der Stadt. Heute ziert die Darstellung eines antiken Drachmen die 1-Euro-Münze der Griechen.

Das beweist, wie robust Athens Wirtschaft geworden war. Athen exportierte Wein und Oliven, begehrte Handelsgüter. Nun trat die Stadt in Konkurrenz zu den mächtigen Handelszentren Ioniens und zu Korinth auf der Landenge des Peloponnes. Und die Keramikindustrie wird unter den Peisistratiden zu Athens Schlüsselindustrie. Bis dahin war die Keramik Korinths marktbeherrschend. Jetzt aber lief Athen den Korinthern den Rang ab. Einmal lag das an dem feineren Ton, den man in Attika förderte. Doch noch wichtiger wurde das neue Athener Design. Schwarze Figuren auf rotem Hintergrund waren das Markenzeichen der Korinther, die Athener Keramiker setzten rote Zeichnungen auf schwarzen Grund. Und plötzlich geriet die Korinther Ware als altmodisch in Verruf. Wer etwas auf sich hielt, kredenzte Wein in den preziösen Trinkschalen aus Athen. Die Stadt Athenes sagte: Hier bin ich! Ohne mich geht nichts!

Soweit wir wissen, regte sich in den Jahrzehnten der Herrschaft von Peisistratos kein organisierter Widerstand gegen den Tyrannen. Er umgab sich nicht länger mit einer knüppelschwingenden Leibwache. Sogar in seinen Privatgärten konnte man unbehelligt spazieren gehen, vermerkt Athenaios. Auch seine Söhne, Hippias und Hipparchos, bewegten sich frei unter den Leuten. Aristoteles nennt Peisistratos mehrfach einen »menschenfreundlichen« Mann, einen Philanthropen.

Der Geschichtsschreiber Diodor berichtet einen bezeichnenden Vorfall.

»Als die Tochter von Peisistratos während der Panathenischen Festspiele den heiligen Korb mit den Weihgeschenken in der Prozession trug, erregte ihre Schönheit allgemeines Aufsehen. Ein junger Mann rannte sogar auf sie zu und küsste des Mädchen unverschämterweise. Ihre Brüder erfuhren davon und erhitzten sich über die Dreistigkeit des jungen Mannes. Sie ergriffen ihn, brachten ihn zu ihrem Vater und verlangten seine Bestrafung. Peisistratos aber lachte und sagte: Was machen wir mit denen, die uns hassen, wenn wir die Leute, die uns lieben, töten?« Peisistratos erreichte ein Alter von 80 Jahren. Bis zuletzt übte er seine Herrschaft unbehelligt aus. Seinen beiden Söhnen übergab er eine blühende Stadt.

Es gab kein Handbuch, in dem Peisistratos lesen konnte, wie man als Tyrann überlebt. Dass einzelne Männer das Steuer des Staatsschiffes an sich rissen, war damals noch ein sehr neuartiger Vorgang in Griechenland. In Hunderten von griechischen Städten hatte es niemals einen Alleinherrscher gegeben. Die Städte wurden in der Regel von einem Gremium der Ältesten oder von den Adeligen geführt.

Vor allem die großen Städte waren für Staatsstreiche anfällig. »Als nämlich Hellas mächtiger wurde und die Geldwirtschaft begann«, schreibt Thukydides. Die reiche Handelsstadt Korinth liefert dafür das älteste Beispiel. Dort etablierte sich schon 100 Jahre vor Peisistratos eine Tyrannis. Sie überdauerte 65 Jahre. Ein Adeliger namens Kypselos löste den korinthischen Adelsrat auf und warf sich zum Alleinherrscher der Stadt auf. Nach demselben Muster verliefen alle tyrannischen Staatsstreiche.

Athen aber war anders. Solon hatte in Athen die demokratische Mitbestimmung des Volkes eingeführt und dennoch konnte sich Peisistratos an die Macht putschen. Merkwürdigerweise setzte Peisistratos nicht die solonische Verfassung außer Kraft. Er regierte als Alleinherrscher in einer Demokratie. Aristoteles bescheinigt ihm ausdrücklich, dass er mehr demokratisch, »verfassungsgemäß«, regierte als selbstherrlich.

Ein Indiz für seine Verfassungstreue ist die Tatsache, dass sich Peisistratos bei Gelegenheit vor dem demokratischen Gremium des Areopags zur Verantwortung ziehen ließ. Während seiner Herrschaft wählte auch die Bürgerschaft wie gewohnt die Archonten, ihre höchsten Beamten. Sicher verfügte Peisistratos in den Gremien der Stadt über Seilschaften, die sicherstellten, dass nur Männer seines Vertrauens in die höchsten Staatsämter gewählt wurden. Und das funktionierte. Die junge Demokratie befand sich noch in ihrer Experimentierphase. Ihre Kontrollmechanismen waren noch nicht voll ausgebildet. Das holten die Athener später nach. Die ausgereifte Verfassung des klassischen Athens konnte selbst so starke Persönlichkeiten, wie etwa den Staatsmann und General Perikles, unter genauer Kontrolle halten.

Drei Anläufe hatte Peisistratos gebraucht, bis er sicher die Macht in seinen Händen hatte. Und das Misstrauen der Athener gegenüber den Alleinherrschern war berechtigt. Selbst wenn ein Tyrann das Recht respektiert, kann man ihm nicht trauen. Weil es nicht sicher ist, wie er reagiert, sobald er sich persönlich bedroht fühlt. Ob er sich dann nicht doch, kraft seiner Machtfülle, über alle rechtsstaatlichen Prinzipien hinwegsetzen wird. Und genau das bewahrheitete sich in Athen.

Zehn Jahre nach dem Ableben von Peisistratos errichtete Hippias, der Nachfolger von Peisistratos, in Athen eine Schreckensherrschaft.

Während der ersten zehn Jahre seiner gemeinsamen Herrschaft mit Hipparchos, dem jüngeren Bruder, hielt er sich an den Rat des Vaters, nichts zu tun, was das Volk gegen ihn aufbringen könnte. Die Brüder förderten, wie Peisistratos, Handel und Gewerbe, setzten die Bautätigkeit des Vaters fort und regierten mit Augenmaß.

Hipparchos war ein Schöngeist. Er umgab sich mit Künstlern und Gelehrten, war besonders der Literatur zugetan. Athen verwandelte sich in einen Musentempel. Die Altäre rauchten, Feste rauschten, Göttern und Menschen ging es gut in der kraftstrotzenden Stadt. Die Athener konnten stolz sein auf ihr Gemeinwesen. Das so sichtbar unter dem Schutz der eulenäugigen Göttin stand.

Bis ein kleines privates Liebesdrama sich zur Tragödie für die ganze Stadt auswuchs. Hipparchos verliebte sich heftig in einen Jungen aus adeligem Geschlecht. Harmodias hieß der hochwohlgeborene Sprössling. Hipparchos machte ihm Avancen. Doch Harmodias hatte bereits einen Liebhaber. »Darum blieben die Annäherungsversuche des Hipparchos erfolglos und Harmodias erzählte sogar seinem Liebhaber Aristogeiton davon«, schreibt Thukydides.

Aristogeiton war ein Mann in den besten Jahren. Bisexuell orientiert wie die meisten griechischen Männer, war er außerdem mit einer Hetäre liiert. Hetären, die sogenannten »Gefährtinnen«, verdienten mit anspruchsvoller Unterhaltung ähnlich wie die Geishas Japans ihr Geld. Der Versuch von Hipparchos, ihm den Harmodias abspenstig zu machen, schmerzte Aristogeiton sehr, er fürchtete, Hipparchos könne den Harmodias mit Gewalt zwingen, ihn zu verlassen. Der Tyrannenbruder jedoch scheute vor einem offenen Rechtsbruch zurück. Aber er sann auf Rache.

Bei den folgenden Panathenischen Festspielen überreichten die Frauen Athens der Göttin ein Gewand, an dem sie das ganze Jahr über gewebt und gestickt hatten. Mitten unter den Jungfrauen, die der Göttin das Weihegeschenk darbringen sollten, entdeckte Hipparchos eine Schwester des Harmodias. Er zog das Mädchen aus dem Prozessionszug heraus und schickte sie mit der Bemerkung nach Hause, sie sei »unwürdig«, vor die Gottheit zu treten. Das heißt, er unterstellte der Schwester von Harmodias, sie sei nicht mehr unberührt. Und nur unberührte Mädchen durften der »Jungfrau Athene« das kostbare Gewand überreichen. Hipparchos hatte maßlos Rache genommen.

Aristogeiton und Harmodias reagierten auf der Stelle. Noch während des Umzugs stürzten sich beide auf den Tyrannenbruder und erstachen den Hipparchos. Der Rufmord musste durch den Ehrenmord geahndet werden. Die Attentäter konnten nicht entkommen. Aristogeiton wurde auf der Stelle niedergemacht, Harmodias starb unter der Folter.

Es gab keinen öffentlichen Aufschrei. Niemand nutzte die Gunst der Stunde, auch Hippias zu beseitigen. Der herrschte weiter. Volle sieben Jahre. Doch in steter Sorge, auch er könne einem Attentat zum Opfer fallen. Auf den Athenern lastete nun die Tyrannei mit voller Kraft. Hippias, in Furcht versetzt, ließ viele Bürger hinrichten. Zugleich sah er sich auswärts um, bei welcher anderen Stadt er im Falle eines Umsturzversuches Hilfe finden könnte. Einzelne Adelsfamilien emigrierten. Unter ihnen die mächtigen Alkmaioniden.

Die Alkmaioniden waren nicht nur das älteste, sondern auch das reichste Adelsgeschlecht der Stadt. Über die Herkunft ihres Reichtums erzählte man sich folgende Anekdote: Der goldschwere Lyderkönig Kroisos wollte sich bei Alkman für Gefälligkeiten bedanken und führte den Athener in sein Schatzhaus. Und gestattete Alkman, so viel Gold zu nehmen, wie er wegtragen könne. »Alkman legte einen bauschigen Chiton an, versah sich mit den weitesten Stiefeln, die er auftreiben konnte, und fiel über die Goldkörner her. Zuerst stopfte er die Stiefel voll, dann seinen Gewandbausch, streute sogar über die Haare Goldstaub und füllte zuletzt auch noch den Mund damit. So verließ Alkman das Schatzhaus. Er konnte kaum seine Füße weiterbewegen. Kroisos lachte und schenkte ihm noch einmal so viel dazu. Dadurch gelangten die Alkmaioniden zu ihrem großen Reichtum.« Gut erzählt oder gut erfunden, wer will das entscheiden. Jedenfalls besaßen die hochwohl-geborenen Alkmaioniden viel Gold. Und viel Gold bedeutete viel Macht.

Aus Athen geflohen, um etwaigen Nachstellungen des Hippias zu ent-gehen, brachten die Alkmaioniden eine Söldnertruppe zusammen. Dann fielen sie in Attika ein. Doch Hippias konnte die Angreifer in die Flucht schlagen. Offenbar war das Volk der Athener dem Tyrannen weiterhin treu ergeben.

Die Befreiung Athens war misslungen. Und so suchten die Alkmaioniden bei Sparta und in Delphi Unterstützung. Die Priesterstadt half gern. Denn die Alkmaioniden hatten sich um die Behebung von Erdbebenschäden am Apollon-Heiligtum verdient gemacht. Durch besondere Zuwendungen, die es erlaubten, die Vorderfront des Tempels in feinstem parischen Marmor auf-zuführen.

Mehrfach soll die Pythia die Spartaner gedrängt haben, Athen vom Tyrannen zu befreien. Mit dem Haus von Peisistratos aber war Sparta freund-schaftlich verbunden. Und überhaupt, Sparta engagierte sich auswärts immer nur zögerlich. Schließlich gab man dem Drängen der Delphischen Priesterschaft nach. Ein erster Interventionsversuch misslang. Erst mit einem großen militärischen Aufgebot konnte Spartas König Kleomenes den Hippias in die Knie zwingen. Er verschanzte sich in der Hafenfestung Athens, doch seine Kinder wurden aufgegriffen und Hippias kapitulierte. Ihm wurde freier Abzug zugesichert.

Im Jahr 510 verließ Hippias seine Vaterstadt. Zunächst suchte er in einer befreundeten Stadt der Nachbarschaft Zuflucht. Dann knüpfte Hippias Kon-takte zum persischen Königshaus und erhielt dort Asyl. Der Großkönig Dareios nahm ihn als Berater für griechische Angelegenheiten in seinen Dienst, versah Hippias mit Landbesitz in Persien und stattete ihn und seine Familie mit üppigen Geldmitteln aus.

Athen war seinen Tyrannen los. Aus eigener Kraft hatte es allerdings nichts dazu beigetragen. Umso lieber schmückte es sich jetzt mit dem Andenken an Aristogeiton und Harmodias. Man erklärte das Paar zu Freiheitshelden, die unter selbstlosem Einsatz versucht hatten, die Demokratie wiederherzu-stellen.

Ihre Nachkommen, wollen spätere Autoren in Erfahrung gebracht haben, erhielten einen Freitisch im Rathaus, die erste Reihe im Theater wurde für sie freigehalten und noch einige weitere Vergünstigungen sollen ihnen zuge-wendet worden sein. Wahrscheinlich überstrahlt auch hier die Legende die

Wirklichkeit. Harmodias war zum Zeitpunkt des Attentats wohl gerade erst 15 Jahre und auch von einer Ehe des Aristogeiton ist nichts bekannt. Die Athener gingen oft großzügig mit historischen Fakten um, wie Thukydides bemängelt. Ein Eifersuchtsdrama funktionierten sie zu einer hochpolitischen Aktion um, ernannten postum Aristogeiton und Harmodias zu »Tyrannenmördern«.

Mitten in der Stadt, auf der Agora, ließen sie den beiden ein lebensgroßes Bronzedenkmal setzen. Es war die erste Skulptur, die Athen gewöhnlichen Sterblichen auf Staatskosten errichtete.

Von nun an jedoch galt der Tyrannenmord unter den Griechen nicht mehr als Verbrechen, sondern als edelste Bürgertat. »Städte überhäufen Tyrannenmörder mit den höchsten Ehren«, berichtet Xenophon im 4. Jahrhundert. Und während gewöhnliche Mörder nicht einmal einen Tempel betreten durften, gaben die Priester den Statuen von Tyrannenmördern sogar einen Ehrenplatz in ihren Heiligtümern. Aristogeiton und Harmodias fanden also Nachfolger. Junge Männer brannten darauf, es ihnen nachzutun, um als Märtyrer in die Geschichte einzugehen. Eine globale Geschichte der Selbstmord-Attentäter ist noch nicht geschrieben. Griechenland würde darin auch seinen Platz finden müssen.

Athens Demokraten übernehmen

Vier oder fünf Jahrzehnte stand Athen unter der Herrschaft der Peisistratiden. Wie sollte es in der Stadt weitergehen? Nach der Vertreibung des Hippias standen die Athener vor der Entscheidung, unter welcher Verfassung sie in Zukunft leben wollten. Sollten sie es noch mal mit der Demokratie, der Herrschaft des Volkes, versuchen?

Im späteren klassischen Griechenland wurde die Hälfte der Stadtstaaten von Königen oder von aristokratischen Minderheiten regiert. Die andere Hälfte waren Demokratien, die meisten davon nach dem Muster der direkten Demokratie, wie sie Athen später besaß.

Vielen jedoch imponierte Sparta. Denn dort herrschten stabile politische Verhältnisse. Ein einziges Mal hat es in Sparta den Versuch eines Staatsstreiches gegeben. Kinadon, ein bürgerrechtsloser Mann, wollte sich nicht mehr mit seinem minderen Status abfinden. Er scharte Umlandbewohner, Heloten und andere nicht stimm- und wahlberechtigte Männer um sich, legte geheime Waffenlager an. Die Spartiaten würde er am liebsten »roh fressen«, soll Kinadon gesagt haben. So viel Wut über die ewige Benachteiligung hatte sich in ihm angesammelt. Kurz bevor er und seine Mitverschwörer losschlagen konnten, wurde er verraten. Kinadon wurde gefasst, überführt, und die Verschwörer wurden, die Hände hinter sich gefesselt, mit Peitschen und Ochsenstacheln, langen Stäben mit Metallspitzen an einem Ende, um die Stadt getrieben, bis sie zusammenbrachen. Den Rest erledigten die Hunde.

Der missglückte Staatsstreich trug sich im Jahr 399 zu, zur selben Zeit, als in Athen Sokrates wegen vorgeblicher staatsgefährdender Umtriebe dazu verurteilt wurde, den Schierlingsbecher zu trinken.

In einer Mischung aus Neid und Abscheu betrachteten die übrigen Griechen die spartanischen Verhältnisse. Mit Abscheu, weil man wusste, dass die Stadt ihre Stabilität einer rigorosen staatlichen Erziehungspraxis verdankte. Die schon Kindern jede Art von Eigensinn austrieb. Aber Spartas innenpolitische Stabilität war eben beneidenswert. In Athen dagegen musste die Demokratie sozusagen jeden Tag neu erfunden werden und das war anstrengend. Doch die Mehrheit der Athener hätte mit einem Spartiaten nicht tauschen mögen.

Der große Dichter Euripides legte einer seiner Bühnenfiguren, Andromache, sogar die bösen Worte in den Mund: »Wer ist verhasst unter den Menschen wie ihr Spartaner! Ihr Betrüger, Lügenmeister, du hinterlistiges Pack, ihr Intriganten, Heuchler, du verkommenes und bösartiges Volk! Ihr seid nicht wert, dass Griechenland euch verehrt. Ihr wascht eure Hände in Unschuld? Seid ihr nicht zu jeder Gemeinheit fähig? Befleckt euch nicht Mord auf Mord? Eurer gespaltenen Zunge glaubt keiner, jeder weiß, in Wahrheit seid ihr versessen auf Macht. Ich verfluche euch, ihr Spartaner!«

Das erklärt, warum die Athener nach Peisistratos nicht auf den spartanischen Weg einschwenkten. Obwohl Isagoras, ihr Archont, der höchste gewählte Beamte Athens, mit der spartanischen Lebensordnung liebäugelte. Isagoras war die Verfassung Solons zu demokratisch, weil sie einen Peisistratos nicht verhindert hatte. Deswegen wollte Isagoras die solonische Mitbestimmung des Volkes kassieren. Stattdessen sollten einem Ältestenrat, nach spartanischem Muster mit 300 Adeligen besetzt, die Geschicke der Stadt anvertraut werden.

Als die Volksversammlung darüber abstimmen sollte, brachte Kleisthenes aus dem Haus der Alkmaioniden einen Gegenantrag ein. Nicht zu viel, sondern zu wenig Demokratie habe Peisistratos an die Macht gebracht, argumentierte Kleisthenes. Athen müsse mehr Demokratie wagen, um einen zweiten Peisistratos zu verhindern. Ein Ausspruch, der auch unseren Ohren nicht fremd ist.

Isagoras wurde überstimmt, gab aber nicht auf. Er rief die Spartaner zur Hilfe. Bevor König Kleomenes an der Spitze einer kleinen Eingreiftruppe in Attika erschien, verließ Kleisthenes die Stadt.

Isagoras wärmte den alten Vorwurf wieder auf, Kleisthenes und die Alkmaioniden stünden wegen Religionsfrevels unter einem Fluch. Mit Hilfe Spartas vertrieb er 700 Familien aus der Stadt und glaubte jetzt freie Hand zu haben. Doch als Kleomenes die Volksversammlung auflösen wollte, kam es zu Tumulten. Kleomenes und seine Leibwache flüchteten sich mit Isagoras auf den Burgberg der Akropolis und verschanzten sich dort. Die Athener belagerten sie. »Am dritten Tag kam es zu einer Vereinbarung. Daraufhin durften die Spartaner die Stadt verlassen«, schreibt Herodot. »Die Athener nahmen die anderen fest, um sie hinzurichten. In ihren Fesseln wurden sie getötet.« So endete die Rückkehr zur Demokratie, die bisher unblutig verlaufen war, doch noch mit einem Massaker.

Die Volksversammlung rief Kleisthenes zurück. Und sie beauftragte den Alkmaioniden mit einer Neuordnung der solonischen Verfassung. Kleisthenes machte sich unverzüglich ans Werk. Sein leitender Gesichtspunkt war, »möglichst vielen das Bürgerrecht« und damit das Stimmrecht in der Volksversammlung zu verleihen. Aristoteles schreibt sogar, dass Kleisthenes »viele Fremde und einheimische Sklaven« mit in die Wählerlisten aufnahm. Das war ein ganz ungewöhnlicher Schritt. Denn im späteren Athen waren alle Ausländer (»Metöken«) und Sklaven vom Erwerb des Bürgerrechts ausgeschlossen. Und Frauen ohnehin, auch bei Kleisthenes. Kleisthenes aber wollte unbedingt die Zahl der Stimmberechtigten erhöhen. Je mehr Menschen am demokratischen Prozess teilnahmen, umso krisenfester würde die Demokratie sein. Hier sollte ihm die Zeit recht geben. Auch in unserer heutigen Demokratie ist dieser Grundsatz eine wichtige Voraussetzung. In der Zeit von Kleisthenes besaßen etwa 30 000 Einwohner Attikas das Bürgerrecht. Das allein genügte Kleisthenes aber noch nicht, um die Demokratie auf feste Füße zu stellen. Er brachte eine umfassende Strukturreform der Wahlbezirke Attikas auf den Weg.

Bisher wurde das politische Leben von den in Blut und Boden verwurzelten Sippen geprägt, von Verwandtschaften, die wie natürliche Seilschaften funktionierten. Kleisthenes setzte an die Stelle der naturwüchsigen Stammessippen zehn neue Stammesverbände *(phylai)*. Gewissermaßen wie auf dem Reißbrett entworfen. Jeder Stammesverband umfasste zu einem Drittel *(trittys)* Bewohner »der Ebene«, zu einem Drittel Bewohner »der Berge« und zu einem Drittel Bewohner »der Küste«.

So stellte jeder der zehn Stammesverbände einen repräsentativen Querschnitt durch die Gesamtbevölkerung Attikas dar. Die Untereinheiten der »Drittel« waren 100 Wohngemeinden *(demoi)* der Region. Kleisthenes also atomisierte die Bevölkerung Attikas und gab ihr zugleich neue Strukturen. Mit dem Ziel, Absprachen in Sippen, Klans und Großfamilien zu verhindern, Klüngelwirtschaft zu erschweren, bestehende Seilschaften zu zerreißen. »Kleisthenes gestaltete die Ordnung der Demen so, dass möglichst viele Bewohner Attikas miteinander vermengt wurden und die gewachsenen Strukturen nicht mehr zählten«, kommentiert Aristoteles.

Sokrates beispielsweise wurde jetzt in der Wählerliste seines Wohnorts nicht mehr als »Sokrates, Sohn des Sophronikos« geführt, sondern als »Sokrates aus der Deme Alopeke«. Sein Wohnort bildete mit 16 anderen, über ganz Attika verteilten Demen-Gemeinden einen Stammesverband, seine Phyle. Sie war nach dem urzeitlichen Heroen Antiochis benannt. Ihre Phylen-Mitglieder waren bunt gemischt. Der Phyle von Sokrates gehörten Tagelöhner, Olivenbauern, Großgrundbesitzer, Töpfer, Adelige, Fischer, Händler an. Aus allen Regionen Attikas. Sie entsandte, wie jede der übrigen neun künstlich geschaffenen Phylen, 50 Delegierte in den Stadtrat Athens.

Der Stadtrat war mit 500 Räten besetzt. Seine Aufgabe war es, Gesetzesverfahren, Kandidatenvorschläge und die Tagesordnung der Volksversammlung vorzubereiten.

Die Volksversammlung musste, um beschlussfähig zu sein, mindestens 6 000 anwesende Bürger zählen. Ein Fünftel der Bürger Athens. Die Volksversammlung ist der Souverän Athens. Sie fungiert nicht mehr nur als mitbestimmendes Gremium, wie noch bei Solon. Seit der Reform von Kleisthenes ist die Athener Volksversammlung mit dem vollen Selbstbestimmungsrecht ausgestattet.

Das dritte solonische Gremium, den Areopag, ließ Kleisthenes in seiner bisherigen Form als Obersten Gerichtshof bestehen. Dessen Mitglieder rekrutierten sich vornehmlich aus den Adelskreisen.

Die Zusammenarbeit der Beschlussgremien regelten Einzelgesetze. Damit war ein kunstvolles Geflecht aus Zuständigkeiten und Kontrollmechanismen geschaffen, das bis heute Bewunderung abnötigt. Peisistratos konnte als Alleinherrscher trotz und mit Solons Verfassung regieren. Durch Absprachen, Seilschaften und Loyalitäten, die man einander auf Grund von naturwüchsigen Stammeszugehörigkeiten schuldig war. Das funktionierte jetzt nicht mehr. Einen zweiten Peisistratos würde es in Athen nicht geben. Die neue Wahlkreisordnung beugte dem vor.

Sie wirkt wie auf dem Computer entworfen, so filigran ist sie gebastelt. Die erste volldemokratische Ordnung Athens ist eine der kompliziertesten Verfassungen, die jemals erdacht worden ist. Kleisthenes kann diese Arbeit unmöglich allein erledigt haben. Bestimmt hatte er viele erstklassige Mitarbeiter. Jedenfalls, die Athener Verfassung funktionierte. Über Jahrhunderte. Länger als jede andere demokratische Verfassung der Neuzeit.

Athen, Theaterstadt

Ob es an der politischen Ordnung lag, am wohltätigen Tyrannen oder an der Entwicklung der Demokratie, dass Athen zur führenden griechischen Kunstmetropole wurde, können wir nicht belegen. Doch Athen wird der Geschichte immer als Theaterstadt in Erinnerung bleiben. Und der »Wohltäter« des Demos war es, der die Theatertradition Athens begründete. Szenische Aufführungen waren zentraler Bestandteil der Dionysischen Festspiele. Sie fanden, auf mehrere Tage verteilt, alljährlich im Frühjahr statt. Zu Ehren des Gottes Dionysos. Ursprünglich ist Dionysos eine östliche Gottheit. Gleichsam ein Zwilling des indischen Gottes Schiwa, der tanzende Werde- und Vergehenslust in sich vereint. Dionysos ist ein Bauerngott, das Landvolk feiert ihn mit orgiastischen Umzügen. Bei den Adeligen hatte er ursprünglich kein Hausrecht, die Griechen haben ihn auch nachträglich erst unter die olympischen Himmelsbewohner versetzt. Peisistratos hatte ihn vom Land in die Stadt geholt. Zusammen mit der Saatgöttin Demeter in Eleusis stieg der mit Weinlaub bekränzte Dionysos in Athen zu einem der wichtigsten Kultgötter auf. Beide waren die führenden Gottheiten der bäuerlichen Schichten, auf die sich Peisistratos stützte.

Die Dionysischen Frühjahrsfeste wurden als ausgelassener Karneval gefeiert. Ihren Auftakt bildeten Sprechgesänge, die von wechselnden Chören vorgetragen wurden. Als »Bocksgesänge«. *Tragos* heißt der »Ziegenbock«, und *odos* die »Ode«, der »Gesang«.

Tragödien verbinden wir mit Vokabeln wie Desaster, Katastrophen und mit dem Begriff von Schicksalsschlägen, die uns in eine verzweifelte, lähmende Stimmung versetzen. Das aber ist nicht die Gefühlslage, die in den Tragödien der großen Athener Bühnenautoren vorherrschend ist. Die Tragödie schildert Menschen, Männer wie Frauen, die schuldig-unschuldig in den Strudel der göttlichen übervollen Kraft geraten und aufbegehrend darin ihren Untergang finden.

In unfassbar rasender Eile entwickelten sich die »Bocksgesänge« zu den großen Dichtungen des Aischylos, Sophokles und Euripides, deren Stücke bis heute in unseren Theatern zur Aufführung gelangen.

Pheidias, Iktinos, Kallikrates, die drei Stararchitekten, brachten die fernen Götter unter die Menschen. Dasselbe taten die Athener Bühnenautoren. Das

Die Bühnenstücke der griechischen Tragödiendichter werden noch heute weltweit aufgeführt. Blick auf das 161 n. Chr. erbaute Amphitheater in Athen.

griechische Theater war ein Festspieltheater. Zu Ehren von Dionysos. Den Gott hatte Peisistratos aus dem mythenumwobenen, schauerlichen Kitharos-Gebirge nach Athen überführt.

»Dionysisch« ist die übervolle Kraft des Göttlichen, das den Menschen trägt und zerstört. Die größten Bühnenstücke der Antike schrieben Aischylos, Sophokles, Euripides als Tragödiendichter und Aristophanes, der tragisch-komische Autor, ein Glanzlicht des griechischen Theaters. Sie alle waren Zeitgenossen von Perikles. Zusammen haben sie etwa 350 Bühnenstücke verfasst. Viele davon wird Perikles von den Marmorsitzen der ersten Theaterreihe aus mitverfolgt haben. Als Chorege, als Bühnenproduzent hatte er mit 28 Jahren das Perserstück von Aischylos auf die Bühne gebracht. Er verstand also etwas von der Schauspielkunst.

Eine Originalinszenierung griechischer Theaterstücke würde uns heute befremden. Wie Athens bunt bemalte Tempel.

Das Dionysos-Theater Athens befand sich in einer natürlichen Mulde des rückwärtigen Akropolisfelsens. Der Besuch der Festspiele war Bürgerpflicht. Das Theaterrund bot bis zu 20 000 Menschen Platz, alle Besucher waren Männer im Bürgeralter. Zur Zeit von Perikles saß man auf hölzernen Bänken. Erst ein Jahrhundert später erhielt das Theater die steinernen Sitzreihen, die heute noch den Besucher zum Verweilen einladen.

Religiöse Rituale gingen den Aufführungen voran. Eine Priesterprozession, Opferhandlungen und hymnische Gesänge. Die Spiele fanden zu Frühjahrsbeginn während vier oder fünf aufeinanderfolgender Tage statt. In diesen Tagen wurden rund 20 Stücke uraufgeführt, bis zu vier Aufführungen zwischen der Morgen- und Abenddämmerung.

Ein Theatertag war lang, er dauerte neun Stunden. Auf der Bühne agierten nicht mehr als drei Schauspieler. Sie trugen große farbige Masken, die zu ihrer Rolle passten und zugleich als Schallverstärker dienten. Der Autor selbst spielte mit. Durch Maskenwechsel konnte ein einzelner Schauspieler verschiedene Figuren auf der Bühne darstellen. Auch Frauengestalten wurden von den männlichen Schauspielern dargestellt.

In jedem Stück traten mehrere »Chöre« auf die Bühne, mehrere Hundert Mann stark. Der Chor verkörperte die Stimme des Volkes und er kommentierte die Handlung. Seine Texte trug der Chor im Sprechgesang unter instrumentaler Begleitung vor.

Eine Jury bewertete die Aufführungen und vergab Punkte. Einen ersten, zweiten und dritten Preis. Der Preis ging nicht an den Autor oder die Schauspieler, sondern an den Choregen, den Produzenten, der die Aufführung finanziert hatte. Natürlich gehörte der Ruhm aber letztlich dem Autor.

Der verehrteste Stückeschreiber war Aischylos. Alle seine Werke wurden in Athen uraufgeführt. Aischylos siegte 28 Mal im Tragödienwettbewerb. Sein Grabstein ist uns erhalten. Seltsamerweise preist dessen Inschrift Aischylos nur als einen der Helden von Marathon. Seine dichterische Leistung wird nicht einmal erwähnt. Griechenland hatte Marathon mittlerweile zu einem Großereignis mythischer Größe stilisiert, dem Kampf um Troja vergleichbar. Marathons Helden waren zu Heroen geworden.

Einigkeit macht stark
Die griechischen Stadtstaaten und die Perserkriege

Athen blühte und prosperierte. Sparta jedoch grollte. Sein Ältestenrat hatte Delphi gehorcht, man hatte Kleomenes nach Athen geschickt, die Stadt vom Tyrannen zu befreien. Sparta konnte erwarten, dass sich die Athener als dankbar erweisen würden. Stattdessen hatten sie Kleomenes brüskiert, mit Schimpf und Schande der Stadt verwiesen. Das konnte man nicht auf sich sitzen lassen. Und überhaupt, die ganze radikaldemokratische Richtung Athens musste Sparta zuwider sein. Kleomenes musste Athen zur Ordnung rufen, mit Gewalt. Und dazu suchte er Bundesgenossen. Er fand sie auf dem Peloponnes, in Theben, nördlich von Athen, und auf der Insel Euboia im Osten.

Griechenland, Persiens Missionsland

Die Athener sahen sich von allen Seiten umzingelt. Doch klein beigeben mochten die Jungdemokraten nicht. Auch sie sahen sich nach Hilfe um. Und stärker als die Spartaner waren nur die Perser. Also schickte Athen eine Gesandtschaft nach Kleinasien. Das war mit seiner Hauptstadt Sardis schon zur Zeit von Peisistratos den Persern in die Hände gefallen. Griechenland und das ehedem entlegene Persien waren seitdem zu Nachbarn um den »Froschteich« der Ägäis geworden.

In Sardis wurden die Athener bei Artaphernes vorgelassen. Der war einer der Vizekönige des großen Dareios (auch Darios oder Darius), sein »Satrap«. Der nächstwichtige Mann nach dem Großkönig, dessen Bruder Artaphernes war. Und als die Athener Artaphernes ein Bündnis anboten, erkundigte sich der Satrap über seinen Dolmetscher, »was für ein Volk die Athener seien, die mit Persien in ein Bundesverhältnis treten wollten, und wo das Volk der Athener wohne?« Die Boten gaben ihm Auskunft. »Die Antwort des Satrapen lautete, kurz gesagt: Wenn die Athener dem Großkönig Wasser und Erde als Zeichen ihrer Unterwerfung aushändigten, verspreche er ihnen ein Bündnis. Täten sie das nicht, dann sollten sie sich wegscheren. Da sagten die Boten auf eigene Verantwortung, Athen werde beides dem Großkönig überreichen«, so schildert Herodot die Begegnung zwischen Persern und Griechen. Die erste offizielle west-östliche Begegnung beider Kulturen.

Ein halbes Jahrhundert darauf, nach mehreren schweren Niederlagen der Perser, schließen beide Frieden. Persien muss sich aus der Ägäis zurückziehen. Und noch einmal gut hundert Jahre später erobert Alexander das persische Großreich. Doch im Jahr 505/504, als die Gesandten von Sardis nach Athen zurückkehrten, befand sich das Perserreich auf der Höhe seiner Macht. Und hätte die Volksversammlung Athens der Forderung von Artaphernes zugestimmt, wäre die Geschichte Griechenlands, wäre die Geschichte Europas völlig anders verlaufen. Die Jungdemokraten Athens aber schlugen das persische Angebot aus. Mehr noch, die Volksversammlung machte ihren Gesandten »schwere Vorwürfe«, dem Satrapen so weitgehende Zugeständnisse gemacht zu haben. Athen wollte nicht die Tyrannen los sein, um sich dafür einen Despoten einzuhandeln.

Selbstbewusst waren die Athener nach Sardis gereist, kleinlaut kehrten die Gesandten nach Athen zurück. Kroisos, den Lyderkönig, der Delphi vergoldet hatte, gab es nicht mehr. Seit nunmehr 50 Jahren residierten jetzt die persischen Satrapen in Sardis, der hochgebauten Stadt. Die waffenstarrende Residenz, ihr dreifacher Mauerring mit dem monumentalen Marmoreingang, die Konfrontation mit dem in Gold gefassten Perser muss die Athener eingeschüchtert haben. Und das Hofzeremoniell verlangte von den Athenern, sich bäuchlings vor Artaphernes niederzuwerfen. »Wie die Hunde.« War doch der Satrap ein Bruder des großen Dareios. Der wiederum »das Bild des Gottes ist, der alles schützt«.

Wo ihr Land liege, wo ihre Stadt, hatte er sie gefragt. Als sei Athen nur gerade ein Tüpfelchen Fliegendreck. Irgendwo, am Rand der bewohnten Welt. Und so hatten die Athener verzagt zugestimmt, ihre Stadt dem Großkönig überlassen zu wollen. Wenn Dareios dafür die Erde und das Wasser Attikas vor den Spartanern beschützen wolle.

Hatte der Perser die Athener demütigen wollen? Vielleicht auch. Vor allen Dingen wollte Artaphernes den Athenern eine Lektion erteilen. Und die hieß: Der Großkönig verhandelt nicht! Ihm unterwirft man sich!

Denn Dareios ist der »König aller Könige, König aller Länder, König aller Menschen, die sie bewohnen, König der Erde insgesamt«, ließ Dareios nach seinen ersten Regierungsjahren in den Fels meißeln. »So wurde es in den Stein geschrieben und es wurde mir in meiner Gegenwart vorgelesen. Und die Schrift wurde abgeschrieben und in jeder Provinz verbreitet.« Die Inschrift (der Gesamttext hat eine Länge von 515 Zeilen) ist bis heute erhalten. Sie befindet sich an einer hochgelegenen Felswand im westlichen Iran, unweit der Grenze zum heutigen Irak.

Herodot lässt Xerxes, den Nachfolger des Dareios, sagen: »Der Himmel ist die Grenze des Perserlandes.« Und weiter: »Alle Länder werde ich zu einem einzigen Land vereinen, indem ich durch ganz Europa ziehe. Die Gottheit selbst führt und hilft uns dabei.«

Das sind große Worte für einen Mann, dessen Urgroßeltern noch »in Lederhosen gingen, Felle als Kleidung trugen und bedürfnislos in einem rauen Land« lebten. Herodot übertreibt nicht. Ursprünglich wohnten die Perser am Rand der Zivilisation. In den unzugänglichen Bergen des heutigen Irans, außerhalb des Zweistromlandes.

Dort, in Mesopotamien, schlug vor 5 000 Jahren die erste Hochkultur der Menschheit ihre Wurzeln. Ihr verdanken wir alles. Die Schrift, das Rad, Ackerbau und Viehzucht, die Metallverarbeitung, Architektur, Wissenschaft und Religion sowie alle Schönen Künste sind dort in dem Land »zwischen den beiden Flüssen«, dem Euphrat und dem Tigris, zuallererst ins Dasein getreten. Die Ersten im Land waren die sogenannten Sumerer. Von denen bis heute niemand mit Bestimmtheit weiß, woher sie kamen, um in dem Land zwischen den Flüssen zu siedeln. Den Sumerern folgten semitische Völker, ein Großreich nach dem anderen. Bis zuletzt die persischen »Lederhosen« aus dem östlichen Bergland hinab in die Ebene hinabstiegen. Unter Kyros dem Großen (601–530) traten zuletzt die Perser das Erbe der Kulturen des Zweistromlands an.

Die Perser brachten eine neue Religion mit. Die ihres Gottes Ahuramazda (auch kurz Ahura genannt). Ahuramazda ist ein einziger Gott, er ist einer und neben ihm ist keiner und Zarathustra ist sein Prophet. Neben sich hat Ahura zwar göttliche Helfer, aber Konkurrenten sind das nicht. Der weise Ahura ist Leben, Licht, Wahrheit, sein Gegenspieler Ahriman ist Tod, Finsternis, Lüge. Ahriman ist der Vater der Lüge, der Vater aller Lügengötter, der Vater aller Lügenkönige. Und zwischen Lüge und Wahrheit gibt es keinen Kompromiss. Zwischen beiden muss der Mensch sich entscheiden. Er kann nicht der Lüge dienen und zugleich der Wahrheit.

Die Perserkönige aber sind Sachwalter Ahuramazdas. Ihr Reich ist das Reich der Wahrheit: »Die Gottheit führt uns, sie steht uns bei, dass unsere Taten zum Besten geraten.« Ahura hat die Welt erschaffen und er hat sein

Weltregiment den persischen Großkönigen zu treuen Händen übergeben. Wie Ahura keine anderen Götter neben sich duldet, darf auch sein König keine anderen Könige neben sich gewähren lassen. »Es kündet Darius, der König: Nach dem Willen Ahuramazdas bin ich König. Die Länder, die mir zugekommen sind, wurden mir nach Ahuramazdas Willen untertan. Was ich ihnen befahl, bei Nacht oder bei Tag, das taten sie«, heißt es weiter in der Felsinschrift. Die Könige Persiens haben eine Weltmission. Ihre Mission ist es, die Welt zu befrieden. Das Reich des Bösen zu vernichten, die Welt Ahuras Regiment zu unterstellen.

Die Gesandten Athens, die sich in Sardis vor dem Satrapen zu Boden warfen, sahen den Gott nicht, der hinter dem Satrapen stand. Doch sie spürten seine Gegenwart. Und lernten die Lektion seiner Religion: Mit dem Sachwalter Ahuras verhandelt man nicht! Man unterwirft sich ihm! Wenn Artaphernes von den Athenern Wasser und Erde verlangt, dann fordert er nur, was ihm ohnehin gehört.

Ihren eigenen Olympischen Göttern verpflichtet, hat Griechenland die Religion der Perser nie begreifen können. Die Griechen unterstellten den Persern, die ein Land nach dem anderen an sich brachten, reine Machtgier. Weiter reichten ihre Begriffe nicht.

Und was sie von Persiens Machtfülle wahrnahmen, ging auch über ihren Verstand. 15 000 Talente Gold und Silber trafen jährlich an Tributleistungen und Steuern bei dem Großkönig ein, hatte Herodot in Erfahrung gebracht. Die unvorstellbare Summe von 400 bis 500 Tonnen an Edelmetall. Man stelle sich zweimal die Freiheitsstatue aus purem Gold und Silber vor!

Griechenland hatte kaum ausgebaute Straßen, und Fernstraßen kannte man schon gar nicht. Persien dagegen verfügte über ein ganzes Fernstraßennetz. Die »Königsstraße« zog sich über eine Länge von 10 000 Kilometern von Sardis bis nach Susa, im heutigen Iran. Sie überwand Gebirge und Flüsse, durchquerte Sümpfe und Ebenen. Alle 30 Kilometer war ein Wach- und Rasthaus positioniert. Die Fernstraße war ein Meisterstück persischer Ingenieurskunst. In 14 Tagen bewältigte die königliche Botenpost die Entfernung von Susa nach Sardis, ein Heer brauchte dazu drei Monate.

Das persische Riesenreich ist auf eine funktionierende Infrastruktur angewiesen. Denn es erreichte beinahe die Größe der heutigen Vereinigten Staaten von Amerika. Griechenland zählte zu seiner klassischen Zeit etwa 1 Million Einwohner, geschätzte 50 Millionen kamen für das persische Weltreich zusammen.

Allein die Sollstärke der königlichen Leibwache betrug 10 000 Mann, mehr als Sparta Bürger zählte.

Außenstehende, selbst so gescheite Leute wie Herodot oder Xenophon, konnten die Riesenmaschinerie des Reiches nicht wirklich erfassen. Noch weniger konnten sie nachvollziehen, was die Großkönige drängte, ihren Herrschaftsbereich ständig zu erweitern. Die persischen Könige waren Missionare ihres Gottes, ihre Krieger waren Gotteskrieger, Begriffe, die der griechischen Frömmigkeit fremd waren.

Alle griechischen Schriftsteller hatten die Angewohnheit, die Götter anderer Völker mit ihren Olympischen Göttern gleichzusetzen und sie entsprechend zu benennen. Die ägyptische »Isis« zum Beispiel, schreibt Herodot, »heißt in der griechischen Sprache Demeter«. Das mochte zur Not noch angehen, Isis und Demeter hatten tatsächlich manches gemeinsam. Und den persischen Ahura nennt Herodot den Zeus. Der griechische Zeus aber war für Ahuramazda ein Lügengott. Wie alle anderen Götter auch, wenn sie sich nicht Ahura unterstellten. Die persische Religionspolitik konnte großzügig die Kulte anderer Götter gewähren lassen. Wenn nur ihre Völker, und damit auch ihre Götter, sich dem Großkönig unterordneten. Taten sie das nicht, mussten ihre Tempel brennen, um die Daiva-Lügengötter zu demütigen. Wie die Tempel der Athener Akropolis, die Xerxes 480 in Feuer aufgehen ließ.

In Stein gemeißelt rühmt sich Xerxes: »Ich habe das Heiligtum der Daivas zerstört. Ich habe verfügt, dass die Daivas keine Anbetung mehr erfahren dürfen. Da, wo früher den Daivas gehuldigt wurde, verehre ich nun Ahuramazda.« Herodot hat die Fremdartigkeit der persischen Religion beschrieben: »Wie mir scheint, glauben sie nicht, dass die Götter wie bei den Hellenen menschenähnliche Wesen sind.« Er hatte Recht. Ahuramazda war anders, völlig anders als ein Griechengott.

Umgekehrt war die griechische Lebensweise auch den Persern fremd. Als ein Grieche dem Großkönig die Olympischen Spiele schilderte, erkundigte er sich, was für Preise dabei ausgelobt wurden. Man sagte ihm, der Sieger erhalte einen Kranz von Ölbaumzweigen. Ein anwesender Perser rief entsetzt: Gegen was für ein Volk führen wir da Krieg – »gegen Männer, die nicht um Geld miteinander wetteifern, sondern um den Preis der Tüchtigkeit!« Wettkämpfe unter Adeligen kannten auch die Perser, doch nicht als demokratische Institution. Griechenland hat die athletische Siegerehrung popularisiert, für jeden erreichbar gemacht.

Selbst die griechischen Stadtanlagen erschienen persischen Augen fremd. Eine Stadt war für die Griechen mehr als eine Ansammlung von Häusern. Griechische Städte waren um einen öffentlichen Platz, die Agora, herumgebaut. Wo man politisierte, diskutierte, buchstäblich Politik betrieb. Mit ihrer Agora und den öffentlichen Gebäuden der Stadt vergegenständlichten die Bürger ihr Recht auf kommunale Mit- und Selbstbestimmung.

Als man Kyros von den Spartanern und ihrer Stadt erzählte, soll er achselzuckend bemerkt haben: »Vor Leuten, die mitten in ihrer Stadt öffentliche Plätze anlegen, um dort den lügnerischen Daivas das Wort zu reden, fürchte ich mich nicht.« Herodot kommentiert: Kyros unterschätzte den Stellenwert der Meinungsfreiheit (*isegoria*), die den Griechen alles bedeutet. Für die sie bereit sind, auch mit Leib und Leben einzustehen. Anders als in einer Despotie, wo Menschen nichts haben, wofür es sich zu kämpfen lohnte.

Die Freiheit des Einzelnen war im Orient ein völlig unverständliches Prinzip. Bei den Griechen dagegen wurde sie nicht nur großgeschrieben, sondern auch verteidigt. Die Freiheit einiger zumindest. Sklaven sind in der griechischen Gesellschaft nicht frei – ebensowenig wie Frauen. Die griechische Frau mag die Tochter eines Freien, die Gattin eines freien Mannes sein, sie selbst kann nicht frei sein.

Das ist überall so in den alten Kulturen. Man hat Glück, wenn man als Mann geboren ist. Ist das Erstgeborene ein Mädchen, wird der Herr des Hauses das Kind unter Umständen gar nicht erst in die Familie aufnehmen. Er wird die Kleine aussetzen lassen, verkaufen oder gar töten. Denn die Linie seines Hauses, die Verbindung zu den Ahnen, wird allein über männliche Nachkommen aufrechterhalten, bricht sie ab, ist der Mann ein Niemand. Seine Familie ist erloschen.

Noch der Prophet Muhammad ruft den Zorn Allahs über seine ungläubigen Zeitgenossen vom Himmel, die das »neugeborene Mädchen verscharren«. Als Erster unter den alten Religionen aber hat Zarathustra die Ehrfurcht vor dem Leben gepredigt. Kindestötung ist in den Augen Ahuras ein Sakrileg. Das in Tontafeln erhaltene Archiv der persischen Palastwirtschaft zeigt, statistisch ausgewertet, dass Mädchen und Jungen zu gleichen Teilen geboren und aufgezogen wurden.

Sind also persische Frauen besser dran als die griechischen? Männer und Frauen essen in aller Öffentlichkeit miteinander, stellt Herodot erstaunt fest. Das war beispielsweise in Athen, wenigstens unter den besseren Leuten, völlig ausgeschlossen. Allenfalls Hetären mischten sich bei Trink- und Festgelagen unter die Männer. Die relative Freizügigkeit der persischen Palastfrauen belegt auch das königliche Tontafelarchiv. Königliche Frauen reisten in Begleitung von Dienern im Land umher und überprüften ihren Besitz, sie zogen Steuern ein und verteilten Geschenke, verfügten über Grundbesitz und verpachteten ihn. Aus dem Archiv geht weiter hervor, dass weibliche Angestellte Hunderte von Arbeitern, weiblichen wie männlichen Geschlechts, beaufsichtigten, Einstellungen und Entlassungen vornahmen. Man wird diesen Befund nicht überbewerten, also auf die persische Gesellschaft insgesamt übertragen dürfen. Die starke Stellung der Frau in der persischen Palastwirtschaft ist eben auch der Tatsache geschuldet, dass der Großkönig immerzu unterwegs war. Während seiner Abwesenheit kam seinen Frauen, besonders der Königsmutter, eine unvergleichliche Autorität zu.

Wenn es sich ein Perser leisten kann, ist er mit mehreren Frauen verheiratet. Herodot: »Die Frauen der Perser verkehren der Reihe nach mit ihrem Mann.« Verwandtenheirat ist beliebt, sogar Ehen unter Geschwistern sind möglich.

Das ist in Griechenland anders. Dort gelten strickte Inzestverbote. Griechische Männer nehmen ebenfalls ein großes Maß von sexueller Freizügigkeit für sich in Anspruch. Mit der Ehefrau zeugen sie legitime Kinder, nebenher halten sie aber vielleicht auch Konkubinen. Und die Päderastie, Beziehungen zwischen Erwachsenen und Heranwachsenden, ist in Griechenland wie auch in Persien gesellschaftlich nicht geächtet.

Anders aber als in Persien kennt das griechische Gesetz nur die Einehe. Als Athen im »Peloponnesischen Krieg« (431–404) hohe Verluste unter der männlichen Bevölkerung erlitt, erließ die Volksversammlung ein Gesetz, das es »jedem, dem es gefiel, freistellte, zwei Frauen zu haben«, berichtet Athenaios. Das allerdings galt nur als Notstandsregelung.

Die Athener führten die Monogamie auf ihren mythischen Urkönig Kekrops zurück. Neben dem Gesetz der Totenbestattung und dem Verbot von Menschenopfern soll Kekrops »als Erster mit einer einzigen Frau verheiratet gewesen sein. Zuvor hatte man die Paarung dem Zufall überlassen und die Männer besaßen alle ihre Frauen gemeinsam. Darum wussten die Kinder nicht, wer ihre Väter waren.« Gerade das aber wollten die Athener der klassischen Zeit ganz genau wissen.

Bürger sein konnte nur, wer aus einer rechtmäßig geschlossenen Ehe zwischen zwei gebürtigen Athenern hervorgegangen war. Unehelich gezeugte Söhne besaßen kein Bürgerrecht. Sie konnten es auch nicht erwerben. Weil das Bürgerrecht viele Privilegien gewährte. Zum Beispiel den Besitz von Grund und Boden, das Stimmrecht in der Volksversammlung, die Beisetzung im Familiengrab und zahllose andere Vergünstigungen. Darum war den griechischen Städten daran gelegen, die Zahl der Vollbürger nicht ausufern zu lassen.

Deswegen war auch die Einehe unverzichtbar. Sie stellte das wichtigste Steuerungselement dar, das Gemeinwesen überschaubar und seine Verwaltung funktionsfähig zu erhalten. Über die Monogamie also, gleichsam durch die Hintertür, gewann die griechische Frau einen Status, der unvergleichlich höher war als der ihrer orientalischen Schwestern.

So unterschiedlich waren die beiden Kulturen. Dabei behaupteten die Perser, sie seien Nachkommen des griechischen Sagenhelden Perseus, das wenigstens erzählt Herodot. An anderer Stelle lässt er einen medischen Perser sagen, die Meder stammten ursprünglich eigentlich aus Athen, und sie forderten nur ihr rechtmäßiges Erbe zurück, wenn sie Athen für sich beanspruchten. Das alles sind freilich fiktive Konstruktionen. Doch sie enthalten einen wahren Kern.

Griechen wie Perser gehören beide zu den Indoeuropäern, die in vorgeschichtlicher Zeit in den südrussischen Steppen beheimatet gewesen waren. Ihre Stammesväter hatten dort gemeinsam die ersten Pferde gezähmt. Irgendwann setzten sich die Steppenbewohner in Bewegung. Ein Teil zog nach Indien und begründete dort die vedische Kultur. Andere eroberten das iranische Hochplateau. Sie nannten sich Arier. In seiner Felsinschrift rühmt sich Dareios, er sei »Perser, der Sohn eines Persers, ein Arier aus dem Volk der Arier«. Als Arier haben sich die Griechen nie bezeichnet. Doch mit den vedischen Indern und den Persern gehören sie zur indoeuropäischen Sprachfamilie. So gesehen sind die persisch-griechischen Kriege des 5. Jahrhunderts eigentlich Bruderkriege.

Sie wurden mit der größten Erbitterung ausgetragen. »Innerhalb von drei Menschenaltern überfiel die Griechen mehr Unglück als in den zwanzig anderen Menschenaltern zuvor«, schreibt Herodot. Zwei Ideologien prallten kompromisslos aufeinander. Als Gotteskrieger zog Dareios in den Kampf, als Freiheitskämpfer stellten sich ihm die Griechen entgegen. Der persisch-griechische Krieg ist der erste ideologische Krieg der Geschichte. Das erklärt die maßlose Heftigkeit seiner Akteure.

Griechen wollen keine Perser sein

Der Krieg begann in Ionien, der griechischen Küstenlandschaft von Kleinasien. Anaximander aus Milet schuf die erste uns bekannte Weltkarte. Hekataios (um 500) verbesserte sie. Er teilte den Erdkreis in verschiedene Kontinente ein. Hekataios verfasste außerdem eine heute nur noch in Fragmenten erhaltene Weltgeschichte. Sie beginnt mit dem Satz: »Ich versuche beim Schreiben den Dingen auf den Grund zu gehen. Denn was man sich gewöhnlich unter den Griechen über die Welt und von der Weltgeschichte erzählt, sind zusammenhanglose und alberne Erzählungen.«

Der hier so oft zitierte Herodot stammte ebenfalls aus dem kleinasiatischen Ionien. Er setzte die Geschichtsschreibung des Hekataios fort und verbesserte ihn, wo er es für nötig befand. Herodots Geschichtswerk in neun Büchern ist uns vollständig erhalten. Es enthält eine ausführliche Darstellung des persisch-griechischen Krieges. Ungefähr zu dessen Beginn wurde Herodot geboren.

In Herodots ionischer Heimat begann der Ost-West-Konflikt. Persien hatte ein halbes Jahrhundert zuvor von dem Lyderkönig Kroisos die Herrschaft über Ionien geerbt. Die griechischen Städte zahlten dem Großkönig Steuern, erfüllten ihre militärischen Beistandspflichten, gehorchten den von Persien eingesetzten Stadträten.

Dass es in den fünf Jahrzehnten persischer Hegemonie zu Unruhen gekommen wäre, erfahren wir nicht. Auch das griechische Mutterland protestierte nicht gegen die Perserherrschaft über die ionischen Griechenstädte. Im Jahr 498 kam es aber plötzlich zu einem politischen Wetterumschwung. Die ionischen Griechen erhoben sich gegen ihre persischen Herren. Der Aufstand begann in der Metropole Milet.

Ein bis dahin perserfreundlicher Politiker entdeckte plötzlich sein Herz für die Demokratie nach Athener Muster und zerbrach in Milet die persische Befehlskette. Sein Name Aristagoras bedeutet so viel wie »Wortführer« und Aristagoras machte seinen Namen zum Programm. Er rief die Städte Ioniens auf, seinem Beispiel zu folgen. Und sein Aufruf zündete. Die Städte jagten die Perserfreunde aus ihren Ämtern. Die nicht gesteinigt wurden, flüchteten sich nach Sardis. Sie suchten Schutz bei Artaphernes, dem Satrapen, der ein paar Jahre zuvor die Gesandten Athens so barsch abgefertigt hatte.

Natürlich wird es hin und wieder Ärger mit den Persern gegeben haben.

112

Ärger wegen der Steuern, Ärger über die Höhe der schuldigen militärischen Hilfsleistungen. Solche Ärgerlichkeiten allein erklären jedoch nicht den durchgreifenden Mobilisierungserfolg der ionischen Demokratiebewegung. Ioniens hochentwickelte Städte waren einfach reif für die Selbstverwaltung. Händler, Gewerbetreibende, Grundbesitzer bildeten inzwischen eine selbstbewusste Mittelschicht. Sie mochten nicht länger gegängelt werden, sie wollten das Leben ihrer Stadt mitgestalten. Zahlreiche verstreute Äußerungen aus dieser Zeit belegen die Politisierung der neuen Bürgerschicht. Man muss »politische Verantwortung übernehmen«, hielt man sich an, »sich ums Vaterland kümmern« und »der Stadt zum Besten raten«. Selbstbewusst hieß es nun »Ich bin Bürger« (politeuo) und »Ich lebe und handele als Bürger« (politeuomai). Das musste früher oder später zum Imperativ werden, »alle Verhältnisse umzuwerfen, in denen der Mensch ein erniedrigtes, ein geknechtetes, ein verlassenes, ein verächtliches Wesen ist«, wie es Karl Marx für seine Zeit formulierte. Die Athener hatten es vorgemacht, wie eine Stadt sich selbst aus eigener Kraft regieren kann. Und hinter Athen, der Mutterstadt, mochte man nicht zurückstehen. Das erklärt die Vehemenz der ionischen Demokratiebewegung.

Hekataios, der Geograf, aber warnte. Er entrollte seine Weltkarte und hielt sie den Neu-Demokraten des Aristagoras unter die Nase: So winzig ist Ionien, so groß das Perserreich! Aristagoras konnte das nicht beeindrucken. Da wartet viel Beute auf uns, antwortete er dem Geografen.

Dann reiste Aristagoras mit der Weltkarte durch die griechischen Lande, um Verbündete zu gewinnen. Spartas König Kleomenes zeigte ihm die kalte Schulter. Auslandseinsätze bedeuteten für die Spartaner immer ein Risiko. Denn während die spartanische Phalanx in der Ferne kämpfte, konnten daheim vielleicht die versklavten Heloten den Aufstand proben. Überhaupt, Demokratie nach Athener Muster, Selbstbestimmung statt Mitbestimmung, hieß das nicht Abschaffung der Monarchie?

Bei den Athenern jedoch fand Aristagoras offene Ohren. Schließlich war Athen die Mutter der Ionier, und wenn ihre Kinder die persischen Kollaborateure verjagten, weil sie demokratisch leben wollten, dann durfte Athen nicht abseits stehen.

Im Jahr 498 trafen 20 Schiffe der Athener in Milets Hafen ein. Diese sogenannten »Pentekonter« waren etwa 15 Meter lange Schiffe, mit je 50 Ruderern bemannt, vorn mit einem Rammsporn ausgerüstet. Euboia, die große Insel östlich von Attika, stellte fünf Schiffe. Die gesamte Truppenstärke ist auf etwa 1 500 Mann zu beziffern. Nicht gerade ein überwältigend starkes Aufgebot. Doch zu dieser Zeit verfügte Athen noch über keine so riesige Armada wie später. Die Stadt hatte ihre Ressourcen wohl weitgehend ausgeschöpft, um den ionischen Geschwistern beizustehen.

Die ionischen Städte, verstärkt durch das Athener Aufgebot, sammelten sich in Milet und marschierten auf Sardis los. Die Satrapenstadt lag ungefähr 100 Kilometer nördlich von Milet. Es gelang den Verbündeten, Sardis einzunehmen. Die mit einem dreifachen Mauerring bewehrte Zitadelle jedoch hielt ihnen stand. In ihr hatte sich Artaphernes, der Bruder des Großkönigs, verschanzt. Unverrichteter Dinge mussten die Ionier abziehen. Sardis ließen sie in Feuer und Rauch hinter sich aufgehen. Auch seine Tempel und Heiligtümer. Das war ein eklatanter Religionsfrevel.

Die Männer aus Athen und Euboia setzten sich in Milet wieder auf die Ruderbänke und erreichten unbehelligt das Festland. Artaphernes aber zog Truppen zusammen, stellte die Ionier und besiegte sie in einer offenen Feldschlacht. Danach eroberte er eine abtrünnige Stadt nach der anderen, brachte auch die der Küste vorgelagerten Inseln wieder in seine Gewalt. Zuletzt, nach langem Widerstand, musste sich Milet dem Satrapen ergeben. »Im sechsten Jahr nach dem Abfall des Aristagoras eroberten sie die ganze Stadt und machten die Einwohner zu Sklaven.« Die Perser plünderten Tempel und Heiligtümer, die versklavten Milesier deportierten sie in die Königsstadt Susa, im Westen des heutigen Irans. So endete der ionische Aufstand. In einem Desaster.

Athen aber trauerte um Milet. Ein Autor brachte unter dem Titel *Der Fall Milets* ein Bühnenwerk in Athen zur Aufführung. »Alle Zuschauer im Theater weinten.« Daraufhin verfügte die Stadt, das Drama dürfe in Zukunft nicht mehr aufgeführt werden.

Nachdem Ionien pazifiziert, »befriedet«, worden war, beließ Artaphernes der Restbevölkerung die Selbstverwaltung, legte aber persische Garnisonen in die Städte, um künftigen Unruhen vorzubeugen. »In diesem Jahr geschah noch etwas anderes. Es sollte für die Ionier von großem Nutzen sein. Artaphernes ließ Abgeordnete aus den Städten zu sich kommen. Und er gebot ihnen, vertraglich zu vereinbaren, ihre Streitigkeiten künftig gütlich beizulegen und die gegenseitigen Plünderungen einzustellen.« Der Satrap ließ also die Stadtverwaltungen frei schalten und walten, untersagte den Städten jedoch alle außenpolitischen Aktivitäten. Nach dem gleichen Muster befriedete im 4. Jahrhundert Alexanders Vater das griechische Festland. Und ebenso verfuhren die Römer im 2. Jahrhundert, als sie die griechische Provinz ihrem Imperium einverleibten. Niemals in ihrer Geschichte erreichten die Griechen eine staatliche Einigung aus eigener Kraft. Immer musste sie ihnen von außen aufgenötigt werden.

Marathon: Griechen gegen Perser

Mit dem Ionischen Aufstand rückte Griechenland in das Zentrum der persischen Politik. Dareios schwor den Griechen Rache. Er musste es tun, im Namen seines Gottes. Wann immer in den nächsten 15 Jahren die Perser eine griechische Stadt eroberten, legten sie die städtischen Heiligtümer in Schutt und Asche. Als Rache für den eingeäscherten Tempel von Sardis, heißt es wiederholt bei Herodot.

Der Tempel von Sardis war in den Zeiten von Kroisos der Erdmutter Kybele geweiht. Kybele, die »große Mutter«, war eine archaische kleinasiatische Gottheit. Sie hatte sich dem Persergott Ahuramazda unterstellt und genoss dessen Schutz.

Und in dem halben Jahrhundert, seitdem Sardis als persische Residenz diente, muss es in der Stadt außerdem einen »Feuertempel«, ein Heiligtum für Ahura höchstpersönlich, gegeben haben. Eine offene Anlage, in der das »heilige Feuer« brannte. Es galt als der »Sohn Ahuramazdas« und wurde von den sogenannten »Feuerpriestern« nach genauen rituellen Vorschriften unterhalten. Nur über das heilige Feuer konnten die Gläubigen mit ihrem Gott in Beziehung treten. Opferrituale wie andere Völker kannten die Perser nicht.

Fünfmal täglich verrichtete der Großkönig vor dem freistehenden Feuerbecken seine Andacht. Ungläubigen war der Zutritt zu den persischen »Feuertempeln« untersagt. Aus Furcht, das heilige Feuer könne durch ihre Anwesenheit verunreinigt werden.

Dass die Einäscherung von Sardis auch das heilige Feuer in der Satrapenstadt entheiligt hatte, können wir nur vermuten. Doch ein solches Sakrileg erklärt, warum die Perser nicht ruhen konnten, bis sie die Tempel Athens in Asche gelegt hatten. Aus persischer Sicht waren die Olympischen Götter durch den Religionsfrevel der Griechen in Sardis zu Daivas geworden. Zu bösartigen Dämonen, die bestraft werden mussten.

Dareios schickte seine ranghöchsten Generäle mit zahllosen Schiffen in die Ägäis, um Athen einzukreisen. Sie eroberten mit einer gewaltigen Armada die nördlichen Küsten der Ägäis, darunter Makedonien.

Dann beorderte Dareios Boten, um von den Städten Griechenlands »Erde und Wasser« zu fordern. Die Mehrzahl von ihnen beeilte sich zu gehorchen. Die Athener Volksversammlung aber, noch in wütender Trauer, was mit Milet geschehen war, ließ die Gesandten des Großkönigs über eine Felswand zu Tode stürzen. Und in Sparta warf man sie in einen Brunnen. Den Ertrinkenden rief man zu, »sie sollten daraus dem König Erde und Wasser bringen«. Beide, Athen und Sparta, verletzten das heilige Botenrecht. Aus Wut die Athener. Den Spartanern, die seit ewig ihre Erde und ihr Wasser gegen Übergriffe der Heloten schützen mussten, war ihr Land heiliger als alles Recht.

Im Sommer des Jahres 490 folgte die persische Strafexpedition. Mit 600 Schiffen und einem Aufgebot von 25 000 Mann landete der persische Admiral Datis in der Bucht von Marathon. Die Marathon-Ebene liegt nördlich von Athen, in Luftlinie 25 Kilometer, nach antikem Maß »10 000 Doppelschritte« von der Stadt entfernt.

In Begleitung von Datis befand sich Hippias. Derselbe Hippias, dem die Athener von 20 Jahren die Tür gewiesen hatten. Als Griechenland-Berater hatte der Peisistratos-Sohn am persischen Königshof gelebt und hoffte auf seine alten Tage als Herrscher von Persiens Gnaden in die Stadt zurückzukehren. Hippias kannte sich in dem Gelände von Marathon aus. Aus dieser Gegend stammte ursprünglich seine Familie.

Zwei Wochen vor der Landung am Strand von Marathon hatte Datis schon Euboia in seinen Besitz gebracht. Ihre wichtigsten Städte Karystas und Eretria hatte er dem Erdboden gleichgemacht. Die Überlebenden wurden ins Perserreich verschleppt. Als Strafe für den Religionsfrevel von Sardis, an dem neben Athen auch Euboia beteiligt gewesen war.

Euboia liegt vor der Küste Attikas. Von ihr trennt sie ein schmaler Meeresarm. Dem südlichen Ende der Insel gegenüber liegt die Marathon-Ebene. In der Antike war sie der Gemüsegarten Athens, offenbar wurde dort besonders viel Fenchel angebaut, das nämlich bedeutet der Name »Marathon«. Fenchel aßen die Griechen so gern, dass sie aus seinen Blütendolden sogar dem Gott Dionysos Kränze flochten.

In unserer Zeit verbinden wir mit Marathon den Olympischen Langstreckenlauf. Er wurde 1896 zum ersten Mal ausgetragen. In Erinnerung an den antiken Botenläufer Pheidippides vor zweieinhalbtausend Jahren. Herodot berichtet über ihn: »Als die athenischen Generäle noch in der Stadt waren, schickten sie vor Abmarsch der Truppen einen Athener als Meldegänger nach Sparta. Es war Pheidippides, ein Botenläufer von Beruf. Er traf am zweiten Tag von Athen aus in Sparta ein. Vor dem versammelten Volk richtete er seine Botschaft aus: Spartaner, die Athener bitten euch, ihnen zur Hilfe zu kommen. Ihr könnt nicht zusehen, wie die älteste Griechenstadt in die Knechtschaft der Barbaren fällt!« Das ist der Kern des Berichts.

Von Athen bis Sparta sind es weit über 200 Wegekilometer. Pheidippides muss sich wirklich sehr geeilt haben, wenn er diese Strecke in nur zwei Tagen bewältigte.

Später bemächtigte sich die Legende des Langlaufhelden. Ein halbes Jahrtausend nach Herodot schreibt Plutarch, Pheidippides sei von Marathon nach Athen gerannt und habe den Athenern die Siegesbotschaft überbracht: *Nenikekamen!* Wir haben gesiegt! Danach sei Pheidippides vor Erschöpfung tot zusammengebrochen.

Das sind zwei ganz verschiedene Geschichten, vielleicht ist keine wahr. Herodots Version geht womöglich auf Athener Propaganda zurück, die

Der antike Bote Pheidippides war der erste Marathonläufer. Am Berlin-Marathon 2009 nahmen über 40 000 Läufer teil.

Sparta, den Erzrivalen, in schlechtes Licht rücken sollte. Denn Pheidippides hatte sich ganz umsonst geeilt. Die Spartaner wollten ihr Karneia-Fest erst in Ruhe zu Ende feiern, bis sie losmarschierten, um Athen gegen die Perser zu helfen. Die Version Plutarchs dagegen ist ein spätantikes Rührstück, das Pheidippides mit seinem tragischen Tod zum eigentlichen Helden von Marathon macht.

Doch die Schnellläufer-Episode hat einen Wahrheitskern. Nach dem Sieg über die Perser machte die Athener Armee unmittelbar kehrt und marschierte im Sturmschritt 40 Kilometer zurück zur Stadt. Um Athen gegen einen zweiten Überfall, diesmal von der Hafen- und Seeseite her, zu schützen. Sie, die Hopliten mit ihren Waffenträgern, die in einem beispiellosen Gewaltmarsch vom Schlachtfeld zur Hafenebene von Athen stürmten, sind die wahren Marathon-Lauf-Helden.

Als die Athener bei Marathon kampfbereit der persischen Armee gegenüberstanden, durften sie kaum auf einen Sieg hoffen. Keine andere Stadt war den Athenern zur Hilfe geeilt. Außer Plataiai, südlich von Theben, das 1 000 Bewaffnete stellte. Die Zahl der Athener wird mit 5 000 bis 8 000 Hopliten zu veranschlagen sein. Ihnen stand eine doppelte und dreifache Übermacht gegenüber.

»Als sie Aufstellung genommen hatten und die Opfer an die Götter glückverheißend ausgefallen waren, stürmten die Athener im Laufschritt gegen die Perser an.« Das entsprach nicht der üblichen Kampftaktik. Normalerweise marschierten zwei Formationen, begleitet von Kampfmusik und Schlachtgesängen, aufeinander los. Bis sie zusammentrafen und der »Othismos «, das »Geschiebe«, begann. Die Athener aber rannten im Sturmschritt auf die feindlichen Reihen los. Jeder Hoplit gepanzert mit einer Rüstung, die zwischen 30 und 40 Kilogramm wog. Die Perser waren verdutzt. Dann antworteten sie mit einem Schauer von Pfeilen. Die Athener aber stürmten weiter, bis sie mit voller Wucht auf die Perser prallten. Und damit war die Schlacht fast schon gewonnen.

Herodot schreibt: »Die Athener waren die ersten Griechen, die sich nicht von dem exotischen Aussehen der persischen Krieger einschüchtern ließen. Bis zu diesem Tag nämlich setzte jeden Griechen schon das Wort Perser in Panik.« Dennoch, der Kampf wogte hin und her, bis sich die ersten Perser zur Flucht wandten. »Dann setzten sie [die Athener] den Fliehenden nach und trieben sie unter viel Blutvergießen bis hinab an den Strand, wo ihre Schiffe lagen. Sieben davon konnten die Athener erobern. Mit den übrigen segelten die Perser los. Sie planten, Athen vor dem abziehenden Heer der Athener zu erreichen. Die aber marschierten so schnell wie sie konnten, zurück zur Stadt und trafen wirklich dort vor der Ankunft der persischen Flotte ein.« Die persische Armada mit ihren Truppen ging zunächst gegenüber des Peiraieus-Hafens vor Anker. Nach einiger Zeit aber setzte sie Segel und kehrte nach Ionien zurück. Die Athener konnten ihr Glück nicht fassen. Der Sieg von Marathon gab ihnen das Gefühl, ganz Griechenland gerettet zu haben. Und der Sieg machte ihre Stadt zur Spitzenführungskraft aller Griechen.

Pausanias besuchte im 2. Jahrhundert unserer Zeit den Schauplatz des Geschehens. »In der Marathon-Ebene befindet sich ein Grabhügel der Athener. Darauf erheben sich Stelen mit den Namen aller Gefallenen. Außerdem existiert da noch ein Grabhügel für die Plataier. Sowie ein dritter für die Sklaven, denn damals kämpften zuallererst auch Sklaven mit.« Die Grablegen sind heute noch an Ort und Stelle zu besehen. Archäologen haben den »Soros« der Athener untersucht. Sie stießen zuunterst auf eine Plattform, auf der die Toten traditionsgemäß eingeäschert wurden. Sogar noch Spuren von Brandopfern für die 192 Gefallenen wurden gefunden. »Die Athener sagen, sie hätten auch die Leichen der Perser beigesetzt. Weil es sich gehöre, Tote zu begraben. Doch ich konnte kein Grab der Perser finden«, notiert Pausanias. Das persische Massengrab wurde im 19. Jahrhundert entdeckt. Es enthielt durcheinandergewürfelt eine ungeheure Masse von menschlichen Gebeinen. »Hier hört man jede Nacht Pferde wiehern und Männer kämpfen«, erzählte man Pausanias. Doch der wollte die alten Spukgeschichten nicht recht glauben.

Ja, die Athener waren überwältigt von ihrem unverhofften Sieg. In Delphi errichteten sie ein »Schatzhaus«, in dem sie die kostbarsten Beutestücke der Schlacht deponierten. Und in der großen, offenen Säulenhalle der Athener Agora ließen sie die Schlacht in einem Panoramagemälde verewigen. Es ist heute verloren.

Man kann noch immer seiner Phantasie freien Lauf lassen und fragen, was aus Europa ohne die Sturmtruppen der Athener geworden wäre. Vielleicht befand sich am 12. August des Jahres 490 vor unserer Zeit, an einem einzigen Tag, die Waage in der Schwebe, die über den weiteren Fortgang der Weltgeschichte entschied? Um solche Fragen zu beantworten, müsste man sich jedoch in den Spielregeln für ein vierdimensionales Strategiespiel auskennen. Und die kennt keiner.

»Als die Nachricht von der Schlacht bei Marathon zu dem König Darios drang, steigerte sich sein Zorn auf die Athener. Der war schon wegen ihres Überfalls auf Sardis groß gewesen und wurde jetzt noch viel schlimmer. Darios rüstete jetzt noch gewaltiger auf, um Griechenland zu bestrafen«, liest man bei Herodot. Der weiß das natürlich nur vom Hörensagen. Man erzählte dem Geschichtsschreiber sogar, der Großkönig habe seinen Leibdienern befohlen, ihn täglich drei Male zu erinnern: »Herr, denke an die Athener!« War es wirklich nötig, Dareios an die Daivas zu erinnern, die am Rand des Erdkreises ihr Unwesen trieben? Gewiss nicht. Was ist ein Missionar ohne seine Mission!

Der König war allerdings ein vielbeschäftigter Mann. Gerade zu dieser Zeit war er dabei, zwei monumentale Bauvorhaben abzuschließen. Das eine betraf den weiteren Ausbau der Königsstadt Persepolis. Das andere die Fertigstellung einer Schiffsstraße, die den Nil mit dem Roten Meer verband.

Die Fertigstellung des Kanals, der seiner indischen Flotte den Zugang zum Mittelmeer öffnete, erlebte Dareios noch. Er weihte den Kanal im Jahr 497 feierlich ein. Unerwartet verstarb er ein paar Monate darauf im frühen Alter von 53 Jahren. Er wurde in seinem Felsengrab beigesetzt, das der »Schirmherr des Guten« bereits in seinen ersten Regierungsjahren für sich hatte bereitstellen lassen. »Möge Ahuramazda dieses Land vor Feinden, vor Hungersnöten und vor den Daivas beschirmen«, steht noch heute über dem Türsturz zu seinem Grabeingang zu lesen. Als Erben hatte der König seinen ältesten Sohn Xerxes, den »König der Helden«, bestimmt und eingesetzt.

Athens Zukunft auf dem Meer

Als die Athener zum ersten Mal Artaphernes um einen gegenseitigen Beistandpakt baten, wussten Perser und Griechen nur wenig voreinander. Seitdem hatten beide Seiten gelernt, sich gegenseitig besser einzuschätzen. Datis, der persische General von Marathon, sprach bereits gebrochen Griechisch. Themistokles, einer der führenden Athener, hatte nur wenige Jahre später sich die persische Sprache so perfekt angeeignet, dass er ohne Übersetzer mit dem persischen Hof verkehren konnte. Und die Griechen übernahmen persische Lehnworte. Man kannte den Begriff »Parasange« als persisches Längenmaß, man sprach von den »Angari«, wenn man persische Gesandte meinte. Griechische Fernhändler, die Persien bereisten, steuerten Informationen über Land, Leute und die politische Lage bei.

So erfuhr man bald, dass Dareios gestorben war. Und hörte, dass sein Sohn und Nachfolger Xerxes die griechenfeindliche Politik seines Vaters zielstrebig weiterverfolgte.

Xerxes ließ in dem küstennahen Bereich der nördlichen Ägäis eine Heeresstraße bauen und legte entlang der Straße Versorgungsdepots an. Auch das sprach sich herum und es alarmierte die Griechen. Offenbar plante der neue Großkönig einen Doppelangriff auf Griechenland. Zu Lande und zu Wasser.

Tatsächlich, Xerxes wollte diesmal mit der geballten Kraft des unermesslichen Perserreiches zuschlagen. Um den gefährlichen Kurs beim Athos-Vorgebirge zu vermeiden, wo fünf Jahre zuvor ein Teil der persischen Flotte zerschellt war, ließ er sogar die Landzunge des Athos durchstechen. Für einen Kanal von der Breite, »dass zwei Dreiruderer nebeneinander passieren konnten«. Technisch wie kostenmäßig muss der Aufwand des Unternehmens beträchtlich gewesen sein. Und das macht deutlich, dass die geplante Strafaktion gegen die Griechen zu einer regelrechten Obsession des Großkönigs geworden war.

Gerade um diese Zeit wurde in den Laureion-Minen Athens eine mächtige Silberader angeschlagen. Das kam für die Athener wie ein Geschenk der Götter. Die Minen waren Staatseigentum. Und so konnte jeder Bürger auf einen beträchtlichen Bonus aus dem Verkauf der Schürfrechte hoffen. 10 Drachmen pro Kopf der 20 000 bis 30 000 Vollbürger sollten ausgeschüttet werden.

Doch Themistokles, einer der Archonten, sah weiter. Er beantragte in der Volksversammlung, der unverhoffte Geldsegen solle für Rüstungsvorhaben verwendet werden. Es gelte die Seestreitkräfte Athens zu verstärken, einen neuen Hafen anzulegen, die Werften zu modernisieren. Alles, um der persischen Flotte künftig Paroli bieten zu können.

Themistokles war zu dieser Zeit 42 Jahre, im besten Mannesalter. Seit Jahren wurde er immer wieder neu in ein Amt gewählt: »Er widmete sich mit ganzer Kraft dem öffentlichen Dienst, trat immer wieder in der Volksversammlung auf und hatte vielfach bei Gerichtsverfahren mitgewirkt.« Themistokles war also ein geachteter, ein gestandener Bürger, sein Rat zählte. Allerdings, auch die Drachmen lockten. Bargeld in Silber.

Einige erinnerten sich jetzt auch an den jungen Themistokles. Der war irgendwann im offenen Wagen, vollgepackt mit leichten Mädchen, auf der Agora herumkutschiert. Sein Vater, wusste man, hatte den Jungen schließlich sogar enterbt. »Weil er durch sein ausschweifendes Leben und wegen seiner verschwenderischen Art das Missfallen seiner Eltern erregt hatte.« Der hat gut reden, werden manche Leute gesagt haben. Für den sind 10 Drachmen mehr oder weniger doch bloß Petitessen.

Andere wollten zu Gunsten der Stadt auf ihren Bonus zwar verzichten, machten sich aber dafür stark, den neuen Reichtum lieber für eine verstärkte Aufrüstung der Landstreitkräfte zu verwenden.

Wieder andere gaben zu bedenken, der Vorschlag von Themistokles fördere das wirtschaftliche Wachstum. Der Ausbau des Hafens brächte Arbeit, Holz müsse geschlagen und herbeitransportiert werden, Schiffsbaumeister aus Korinth, Phönizien und Sizilien würden in die Stadt ziehen, den Konsum beleben, man werde auch zahllose Webstühle brauchen, um Segelleinwand herzustellen, die Werkzeugindustrie insgesamt würde von einem Flottenbauprogramm profitieren und auch die einheimischen Seilerwerkstätten bekämen alle Hände voll zu tun.

So wurden die Argumente unter Wortgefechten in der Volksversammlung ausgetauscht.

Themistokles aber ging schließlich noch einen Schritt weiter. Er war wirklich ein weit vorausschauender Mann. Man müsse Athen notfalls auch evakuieren können, wenn es den Persern gelänge, bis in die Stadt vorzustoßen, sagte er. Und dann brauche man viel, sehr viel Schiffsraum, um die Einwohner in Sicherheit zu bringen. Zum Beispiel gegenüber auf der Insel Salamis. Oder in der befreundeten Stadt Troizen, drüben auf dem Peloponnes.

Wieder gingen die Meinungen hin und her. Man diskutierte die verschiedenen Anträge. Tagelang. In der Volksversammlung. Oder informell auf der städtischen Agora.

Die Agora war die sich selbst verlegende Zeitung Athens. Bei den Statuen der Tyrannenmörder Harmodias und Aristogeiton trafen sich die Bürger, kommentierten und diskutierten die neusten Nachrichten aus dem Perserreich. Daneben sprachen sie aber auch über den Klatsch, die Gerüchte des Tages. Alles und jedes, was die Stadt betraf, wurde auf der Agora beredet, sortiert, begutachtet und zur Beschlussfassung in der Volksvertretung auf den Weg gebracht.

In Persien, das wussten die Athener, waren solche politischen Debatten undenkbar. Dort kamen Weisungen von ganz oben und wurden über eine geschlossene Befehlskette nach unten weitergegeben. Bis die Befehle des

Großkönigs das letzte Dorf erreicht hatten. So wollten die Athener nicht leben. Ihre »Parrhesia«, die Rede- und Meinungsfreiheit, ging ihnen über alles.

Also fand der Antrag von Themistokles in der Volksversammlung eine Mehrheit. Solons Kritik, die Athener seien dumm wie Bohnenstroh, was das Wohl ihrer Stadt betreffe, dieses böse Wort ihres Verfassungsvaters stimmte dieses Mal wenigstens nicht. Die Bürger verzichteten auf ihren Drachmen-Bonus und beschlossen, das Laureion-Silber in ein Hafen- und Flottenprogramm zu investieren.

Dank eines glücklichen Zufalls liegt uns die Beschlussfassung der Volksversammlung in einer zeitgenössischen Kopie vor. Sie lautet: »Alle Athener und die dort lebenden Ausländer (Metöken) sollen ihre Frauen und Kinder nach Troizen ausquartieren. Die älteren und die bewegliche Habe der Einwohner sollen nach Salamis gebracht werden. Die Schatzmeister und die Priesterinnen sollen auf der Akropolis verbleiben, um das Eigentum der Götter zu schützen. Alle übrigen Athener sowie die erwachsenen Ausländer sollen die geplanten 200 Schiffe bemannen. Damit sie die Perser vertreiben und die Freiheit verteidigen. Ihr eigene Freiheit und die der anderen Griechen, gemeinsam mit den Spartanern, Korinthern, Aginaten und allen anderen, die der Persergefahr die Stirn bieten. – So beschlossen vom Rat und von der Volksversammlung, unter der Schirmherrschaft unserer Götter.« Die in Stein gegrabene Kopie des Beschlusses kam in unserer Zeit zufällig im Mauerwerk einer Kneipe wieder zum Vorschein. Der antike Text gibt uns die einmalige Gelegenheit, die Berichterstattung Herodots zu überprüfen und bestätigt wieder einmal die Akkuratesse, mit der Herodot seine Geschichtsschreibung besorgte.

Die Abstimmung fand zwei, drei Jahre vor der persischen Invasion statt. Die Athener mussten sich also sputen. Das taten sie. Bis zum Einfall von Xerxes sollen etwa 100 von den geplanten 200 neuen Schiffen fertig gestellt worden sein, in 25 bis 30 Monaten. Das klingt schier unglaublich. Normalerweise rechnete man bis zu zwei, drei Wochen, bis ein Kampfschiff seetüchtig war. Die Athener hatten es in knapp der Hälfte der Zeit geschafft.

Das Standardkampfschiff der damaligen Zeit war die sogenannte »Triere«, der Dreiruderer. Die Triere erhielt ihre Bezeichnung von drei übereinander versetzten Ruderreihen, die das Schiff antrieben, wenn es im Kampfeinsatz war. Bei Überseefahrten wurden die Ruder eingezogen. Man stellte den Mast auf und schlug ein großes quadratisches Segel an.

Eine rekonstruierte Triere trug im Jahr 2004 zur Sommer-Olympiade das Olympische Feuer in den Peiraieus-Hafen von Athen.

Man weiß heute sehr genau, wie eine Triere konstruiert war. Das Schiff maß 35 Meter in der Länge, 5 Meter in der Breite und war vorn am Bug mit einem metallbeschlagenen Rammsporn versehen. Seine Besatzung zählte 200 Mann, davon 170 Ruderer. Jedes Ruder hatte eine Länge von 4,2 Metern. Der im Takt ausgeführte Ruderschlag wurde an einem Modell auf dem Land eingeübt. Er verlangte äußerste Präzision. Gerieten die Ruder aus dem Takt, hatte das einen Dominoeffekt, das Schiff wurde manövrierunfähig.

Die Triere, in verschiedenen Versionen, stellte zwischen dem 6. und 3. Jahrhundert das wichtigste Kampfschiff der Mittelmeermächte dar.

In dem vielhundertseitigen Werk von Thukydides, dem Historiker des Peloponnesischen Krieges (431–404), summiert sich der Verlust von Trieren auf mehrere tausend Schiffe. In nur drei Jahrzehnten. Kein Mensch hat sich, begreiflicherweise, bisher der Mühe unterziehen wollen, alle schriftlich dokumentierten Schiffsverluste der Antike aufzulisten. Es müssen Zehntausende sein. Versuche ich den Holzverbrauch für ein Schiff zu berechnen, komme ich auf etwa 50 ausgewachsene Bäume für jedes einzelne Schiff. Mit anderen Worten, für jede Triere wurde ein ganzes Waldstück abgeholzt. Weißtannen, Zedern und Pinien. Mit katastrophalen Folgen für die Umwelt.

Die Weißtanne ist in den heutigen Mittelmeerländern fast vollständig verschwunden. Sie kann über 500 Jahre alt werden, erreicht eine Höhe von 60 Metern. In den nördlichen Mittelmeerländern muss sie ehemals in ausgedehnten Wäldern vorhanden gewesen sein. Schon Homer spricht von »der ragenden Tanne, aus der die Männer mit scharfen Äxten das Gebälk der Schiffe hauen«. Theophrastos nennt die Weißtanne als das bevorzugte Bauholz für die Trieren, »wegen seiner Leichtigkeit und weil es gegen Fäulnis kaum anfällig ist«. Aber der renommierte Botaniker beklagt schon im 4. Jahrhundert vor unserer Zeit, dass Weißtannenholz mancherorts nur noch schwer aufzutreiben sei. Wie man sich leicht vorstellen kann, wenn man bedenkt, dass Tausende und Abertausende von Schiffen daraus gezimmert wurden. Die zumeist auch nur eine Lebensdauer von 20 Jahren hatten.

Platon schreibt in seinem *Kritias*, dass Attika früher einmal dicht bewaldet war. Gegenwärtig aber gleiche das Land einem »Kranken, der bis auf die Knochen ausgezehrt« sei. Nackt und bloß stehen die Berge da, schreibt Platon. Wo einstmals gewaltige Bäume ihre Äste streckten, wächst nur noch kümmerliches Buschholz, »das den Bienen zur Weide dient«. Schiffsbau, die immense Holzkohlenproduktion für die Keramik- und die metallverarbeitende Industrie haben die Bodenerosion der Mittelmeerländer verursacht. Dass »nach Herabschwemmen des fetten und lockeren Bodens nur noch der knochige Leib des Landes zurückblieb, dessen Berge einst dichte Wälder umkränzten«. Platon führte die Erosion auf eine urzeitliche Sintflut zurück, welche die Götter als Strafe über die Menschen verhängte. Doch die Skelettierung des Landes war hausgemacht.

Xerxes bringt Heiliges Feuer

Während ein Schiff nach dem anderen die neu errichteten Werften Athens verließ, brach Xerxes in Persien zu seinem Feldzug auf. »Gerade als das Heer losmarschierte, wich die Sonne von ihrem Platz am Himmel und verschwand, obwohl es wolkenlos war«, erzählt Herodot. »Der Tag wurde zur Nacht.« Mithilfe des NASA-Kalendariums können wir dieses Ereignis heute genau datieren: Die Sonnenfinsternis fand am 30. April 481 vor unserer Zeitrechnung statt.

Xerxes überwinterte mit seinen Truppen in der kleinasischen Metropole Sardis. Im zeitigen Frühjahr schlugen seine Ingenieure eine Brücke über den Hellespont. Der Hellespont, oder auch die Dardanellen genannt, ist jene enge Wasserstraße, die Asien von Europa trennt, und über eine Länge von 80 Kilometern das Mittelmeer mit dem Schwarzen Meer verbindet. Die Strömung ist stark, wechselt oft in der Richtung, und wenn ein Sturm dazukommt, wird es für die Schiffe in der engen Passage gefährlich. Bereits der Vater von Xerxes, König Dareios, hatte den Hellespont überbrücken lassen. Für einen Balkanfeldzug, damit seine Truppen an die Donau im Norden marschieren konnten. Also würden die persischen Ingenieure auch dieses Mal ihre Aufgabe bewältigen. Herodot gibt die Länge des Brückenschlags mit ungefähr anderthalb Kilometern an. Die Brücke ruhte auf Schiffen und wurde durch eine gewaltige Seilkonstruktion stabilisiert.

»Als die Durchfahrt gerade überbrückt war, brach ein gewaltiges Unwetter los. Es zerstörte die ganze Konstruktion, die Verbindung zwischen beiden Ufern brach ab«, berichtet Herodot. Und weiter: »Als Xerxes in Saris davon erfuhr, geriet er in Zorn. Er befahl, dem Hellespont 300 Geißelhiebe zu versetzen und Fußfesseln in der Durchfahrt zu versenken.« Herodot weiß sogar zu berichten, dass Xerxes zugleich Henkern befahl, den Hellespont mit

glühenden Eisen zu brandmarken und dabei die lästerlichen Worte aus-
zurufen: »Du bitteres Wasser, unser Herr legt dir diese Strafe auf, weil du ihn
beleidigt hast!«

Den Hellespont, so muss man Xerxes verstehen, hatte Ahriman auf-
geputscht, um den Rachefeldzug des Königs gegen die Daivas zu vereiteln.
Xerxes ließ am Hellespont gewissermaßen eine Teufelsaustreibung voll-
ziehen. Wie sie in einer der parsischen Schriften mit den Worten geschildert
wird: »Ich verscheuche dich, du missgünstiger Ahriman. Ich verscheuche
dich aus dem Wasser, aus der Erde, aus den Gläubigen. Denn sie alle hat
Mazda erschaffen, der Ursprung alles Heiligen und Guten.« Stellt sich der
Hellespont dem Sachwalter Gottes entgegen, muss er, wie Xerxes es tat, in
seine Schranken gewiesen werden.

Als der Großkönig auf dem europäischen Festland eingetroffen war, hielt
er, »auf einem erhöhten Sitz von weißem Stein« thronend, eine Truppen-
inspektion ab. Sein Blick ging über das unermessliche Fußvolk, das die
Ebene füllte, und er sah, wie das ganze Meer von seinen Schiffen bedeckt
war, und Xerxes pries sich glücklich. »Dann aber kamen ihm die Tränen.
Und er sagte zu seinen Begleitern: Von all diesen Menschen wird in hundert
Jahren keiner mehr am Leben sein. Wie kurz doch ist unser Leben!«

Das Heer aber war so zahlreich, dass es »sieben Tage und sieben Nächte
brauchte«, bis es den Hellespont überschritten hatte. Auf See wurde es bei
seinem Marsch von einer Armada begleitet, die 1207 Schiffe zählte. Ihr über-
wiegender Teil bestand aus Versorgungsschiffen und Pferdetransportern.

Auf der Küstenstraße bewegte sich das Heer einen Monat westwärts, bis
es die Nordgrenze Griechenlands erreicht hatte. Neuzeitliche Historiker veranschlagen seine Stärke auf 300 000 Mann. »Lastenträger und Karren mit
dem Zugvieh bildeten die Spitze, dann kam das Heer, bunt gemischt aus
vielerlei Völkern. Nach der Mitte zu war eine Lücke gelassen. Danach kamen
1 000 Reiter, auserlesene aller Perser, ihnen folgten 1 000 Lanzenträger,
ebenfalls auserlesene Leute. Ihnen folgten zehn heilige, aufs Beste ge-
schmückte Pferde. Diesen zehn Pferden folgte der heilige Wagen des Zeus
(Ahuramazda), der wurde von acht Schimmeln gezogen. Neben dem Ge-
spann ging der Wagenlenker. Und zwar zu Fuß, mit den Zügeln in der Hand.
Denn niemand durfte diesen heiligen Wagen besteigen. Danach folgte
Xerxes selbst in seinem Wagen.« Der geheimnisvolle Wagen beherbergte
vermutlich das heilige Feuer der Perser. Es verbürgte die Anwesenheit Ahuras
unter den Gotteskämpfern.

126

Die Anwesenheit des von acht weißen Rossen gezogenen Kultwagens inmitten des Heeres zeigt, dass Xerxes seine Strafexpedition als Heiligen Krieg verstand. Es galt, an den Athenern Rache zu nehmen für die Entheiligung des heiligen Feuers vor 25 Jahren in Sardis.

Noch ehe die griechische Nordgrenze erreicht war, kehrten die Boten zurück, die Xerxes beordert hatte, die Unterwerfung der griechischen Städte zu verlangen. »Sie kamen teils mit leeren Händen, teils mit Erde und Wasser.«

Im Jahr zuvor hatte Sparta unter dem Eindruck der persischen Bedrohung zu einer gesamtgriechischen Verteidigungskonferenz eingeladen. Von den mehr als 200 Städten hatten nur 30 Abgeordnete entsandt. Die meisten Griechen wollten sich offenbar neutral verhalten oder boten Xerxes ihre Unterwerfung an. »Nach Athen und Sparta aber hatte Xerxes keine Boten mit der Forderung um Erde gesandt«, weil sie im Jahr zuvor die Königsboten schmählich ermordet hatten.

In ihrer Not hatten die Griechen sogar Kreta um Waffenhilfe ersucht. Doch das Orakel von Delphi »warnte die Kreter, den Griechen zu helfen«. Den Athenern, die sich an die Pythia gewandt hatten, erteilte die Seherin »schreckliche Orakelsprüche«. Aristonike, so hieß die damalige Pythia, habe den Griechen geraten, »Hellas zu verlassen«. Sogar die Götter des Olymps, verkündete die Pythia, bangten vor den Persern, »in Angstschweiß gebadet«. Und vom »Dachfirst der Tempel« sah Aristonike »dickes Blut rinnen, zum Zeichen des kommenden Unheils«.

Verzweifelt fragten die Athener ein zweites Mal an. Und Aristonike antwortete mit dunklen Worten, vielleicht fänden die Athener hinter einer »hölzernen Mauer« Schutz vor dem drohenden Unheil.

Was war mit der »hölzernen Mauer« gemeint? Sollte man die Akropolis hinter einem Palisadenschutz verteidigen? Thukydides sah in dem Orakelspruch die willkommene Bestätigung seiner Evakuierungspläne. Die »hölzernen Mauern«, die Athen retten würden, seien ihre Schiffe, erklärte er der Volksversammlung. Und so begann man mit der Evakuierung der Stadt. Athen mochte damals zwischen 200 000 und 300 000 Einwohner zählen. So viele Menschen mit Schiffen auf dem Peloponnes oder Salamis in Sicherheit zu bringen, war eine nahezu übergewaltige Aufgabe.

Spartas Märtyrer, Persiens Gotteskämpfer

Auch Sparta versetzte seine Truppen in Alarmbereitschaft. Ihr Aufmarsch verzögerte sich wieder einmal durch die Festdekade des Karneios. Bedroht von sinkenden Geburtenziffern, scheuten sich die Spartaner, den Unwillen des Fruchtbarkeit spendenden Gottes zu erregen, wenn sie dessen Ehrenfest übergingen. Sie setzten nur eine kleine Abteilung ihrer Hopliten in Bewegung. Gerade 300 Männer. Sie stand unter der Führung von Leonidas, einem ihrer Könige, aus dem Geschlecht des Herakles. Die kleine Truppe wurde von 4 000 Kämpfern der peloponnesischen Bundesgenossen Spartas verstärkt.

Die Küstenstraße, die aus dem Norden Griechenlands hinab nach Athen führte, verlief nördlich von Attika durch einen Engpass. Er wurde »Thermopylen« genannt, das »Tor zu den heißen Quellen«, nach dem in seiner Nähe entspringenden heißen vulkanischen Schwefelwasser. In dem Engpass der Thermopylen bezog Leonidas seine Stellung.

Die peloponnesische Streitmacht verstärkten 3 000 bis 4 000 Bewaffnete aus dem Umland. Leonidas hatte also 7 000 Kämpfer den nach Hunderttausenden zählenden Persern entgegenzustellen. Ihren Kern bildeten 300 Spartiaten, Berufssoldaten, die von Jugend an fürs Kriegshandwerk ausgebildet waren.

Ihnen gegenüber schlug das persische Heer seine Zelte auf. Die Griechen sahen jetzt mit eigenen Augen, dass ihre Kundschafter nicht übertrieben

Bis in die Neuzeit pries man Leonidas als Held. Denkmal des Kämpfers auf dem Schlachtfeld der Schlacht bei den Thermopylen.

hatten. Die Zahl ihrer Geschosse würde die Sonne verdunkeln, sagte einer der Kundschafter. Woraufhin ein Spartiate erwidert hätte: Umso besser, dann kämpfen wir im Schatten!

Leonidas wusste, dass er die Stellung möglichst lange halten musste. Bis das spartanische Hauptkontingent am Ende der Karneia-Spiele ausrücken würde.

Der Kampf dauerte mehrere Tage. Und im Nahkampf fielen »unzählige Perser«. Die Phalangen aus Sparta aber ließen weiter auf sich warten. Und irgendwann musste es Leonidas klar geworden sein, dass er seine Stellung nicht mehr lange halten konnte. Jeder weitere Widerstand musste zu einem selbstmörderischen Unternehmen geraten. »Weil Leonidas den Spartanern diesen Ruhm allein zukommen lassen wollte, schickte er die Bundesgenossen nach Hause.«

Dass er nun vollends auf verlorenem Posten stand, schreckte den König nicht. Zu seiner Linken erhob sich der Berg Oite. Dort war Herakles in einer feurigen Lohe gen Himmel gefahren – von einem Scheiterhaufen, den der Ahnherr des Leonidas für sich selbst zum Märtyrtertod aufgeschichtet hatte.

Nach sechstägigem Kampf wurde die Resttruppe der Spartiaten auf einem Bergpfad umgangen. Die persische Elitetruppe der Zehntausend griff die Griechen jetzt von der Flanke her an. In diesem Moment war alles verloren. Leonidas wurde verwundet, getötet und die letzten Überlebenden fanden mit ihm zusammen den Tod.

Nach den Persischen Kriegen stellte Sparta bei den Thermopylen einen steinernen Löwen als Ehrenmal für seine Gefallenen auf. Eine Gedenktafel erinnerte an ihre Tapferkeit. Friedrich Schiller übersetzte sie mit den Zeilen: »Wanderer, kommst du nach Sparta, gib Kunde dort, du habest uns hier liegen gesehen, wie das Gesetz es befahl.« Den Stein mit der Inschrift und auch den stolzen Siegeslöwen hat der Schutt der Geschichte begraben.

Europa jedoch hat Leonidas nie vergessen. Von der Antike bis ins Mittelalter, bis in die Neuzeit pries man den Held der Thermopylen. Im 19. Jahrhundert reimte ein Poet: »Nie wird Thermopylä den Sieg der Sklaven sehn. Ewig wird Thermopylä, ein Hort der Freiheit, stehn. Da kreist er mit dem Flammenschwert als Wächter um den Pass, den er mit Blut gefeit, der Held Leonidas.« Und 1955 sponserten Amerikaner ein Ehrenmal, das heute bei den Thermopylen an das selbstmörderische Treffen erinnert. Mit einem langen Reliefband, über dem eine Bronzeskulptur den speerschwingenden Leonidas feiert.

Nach den zahllosen Selbstmord-Attentaten der jüngsten Geschichte sind wir heutzutage zögerlicher, Märtyrer als Helden zu feiern. »Ihr liebt das Leben, wir lieben den Tod«, heißt die Parole der modernen Selbstmord-Attentäter. Glauben wir Herodot, hat Leonidas ebenso gedacht.

Ein einziger Spartaner hatte sich im August 480 aus dem Staub gemacht. Ein Mann namens Aristodemos, der »Beste im Volk«. Herodot erzählt: »Bei seiner Rückkehr nach Sparta wurde er mit Schimpf und Schande überhäuft. Kein Mensch überließ dem Aristodemos Feuer von seinem Herd, niemand redete mehr mit ihm. Und nannte man seinen Namen, dann immer mit dem Zusatz: der Feigling!«

In der Schlacht von Plataiai tilgte Aristodemos seine Schuld. In dieser letzten Schlacht der Perserkriege, ein Jahr nach dem Kampf um die Thermopylen, »habe Aristodemos, offenbar wegen der auf ihm lastenden Schuld, den Tod gesucht und sei darum wie ein Rasender allein auf die persische Schlachtreihe zugerannt«, berichteten Gewährsmänner dem Historiker Herodot.

Heute fragen Historiker, ob Sparta wirklich keine Alternative hatte. Man wusste doch um die persische Übermacht. Nahm man billigend den Tod der Vorausabteilung in Kauf? Oder hoffte man etwa darauf, dass die Athener zuerst auf den Großkönig losmarschierten? Athen jedoch setzte nicht auf seine Landstreitkräfte. Es verschanzte sich hinter der »hölzernen Mauer« seiner Schiffe, wie Delphi geraten hatte.

Nachdem die Straße freigekämpft war, erreichte das persische Heer ohne weiteren Widerstand Attika. In Athen betrat Xerxes eine Geisterstadt. Nur wenige Athener hatten sich der Evakuierung entzogen, und die hielten sich notdürftig auf der Akropolis verschanzt. Dauerhaft konnten sie den Persern nicht Widerstand leisten. Oben auf dem Burgberg wurden sie niedergemacht. »Nachdem sie alle getötet hatten, plünderten die Perser das Heiligtum und zerstörten die ganze Akropolis durch Feuer.« Die Lügengötter Athens verbrannten, der Gottesfrevel von Sardis war gerächt.

Am Tag nach dem Brand hieß Xerxes die Griechen zu sich kommen, die zu ihm nach Persien geflohen waren. Unter ihnen befanden sich die Nachkommen des Peisistratos. Ihr Großvater und Urgroßvater hatte einst in Athen als Alleinherrscher regiert. Gewiss in der Hoffnung, der Großkönig werde ihrer Familie die Herrschaft über die Stadt wieder in die Hände legen, waren die Peisistratiden mit Xerxes nach Griechenland gezogen. Der Großkönig hielt sie an, zur verbrannten Akropolis hochzusteigen, um »nach ihrer heimischen Weise Opfer darzubringen«. Und die Peisistratiden verstanden. Sie hatten lange genug in Persien gelebt, um sich in der Religion Zarathustras auszukennen. Persien ließ alle Daivas gewähren, sofern sie nur die Oberherrschaft von Ahura anerkannten. Durch das Feuer war die Akropolis von aller Befleckung gereinigt, und so schritten die Peisistratiden »auf Gebot des Königs zum Opfer« hinan und unterstellten die Götter Athens den Geboten des Großkönigs als dem Sachwalter Ahuramazdas.

Die »hölzernen Mauern« von Salamis

Mittlerweile hatte die königliche Flotte Attikas Südküste umrundet. In der Wasserstraße zwischen dem Peiraieus-Hafen und der Salamis-Insel wartete die Griechenflotte auf sie. Thukydides hatte seine Schiffe in der schmalen Enge des Sunds postiert, die Persiens Armada passieren musste. Und dann schnappte die Falle zu.

Wie der Kampf bei den Thermopylen ist auch die »Schlacht bei Salamis« in die Geschichte eingegangen. In dieser Schlacht verloren die Perser über 200 Trieren, die Athener dagegen nur 40 Schiffe.

Herodot berichtet ausführlich über das Geschehen. Aber in diesem Fall sind wir nicht allein auf ihn angewiesen. Wir besitzen den Bericht eines Augenzeugen dieser entscheidenden Schlacht. Aischylos, der gefeierte griechische Verfasser vieler Bühnenstücke, hat als Mitkämpfer die Ereignisse in seiner Tragödie *Die Perser* festgehalten. Und auf ungewöhnliche Weise schildert Aischylos den Sieg der Griechen aus der Sicht der Besiegten:

»Schon stießen sie ineinander, Schiff auf Schiff, jedes mit seinem bronzenen Rammsporn. Als Erstes führte ein einzelnes griechisches Schiff den Rammstoß aus und von einem der uns verbündeten Schiffe brach das schön gerundete Heck hernieder. Geradewegs, Kiel auf Kiel, nahm jetzt Kurs unsere Flotte und anfangs hielt sie noch in Ordnung zusammen. Doch als der Schiffe Masse sich in den engen Gewässern staute, konnte keins mehr dem nächsten noch helfen. Jedes krachte mit bronzenem Schnabel gegen eins der eigenen Flotte und riss dem anderen die Ruderseite auf. Bäuchlings kenterten unsere Schiffe, das Meer verschwand vor den Augen, bedeckt von Trümmern und den im Wasser treibenden Männern. Tote trieben an die Küste, füllten die Klippen. Jedes der unsrigen Schiffe ergriff nun die Flucht, ruderte aufs Geratewohl los. Und unsere Feinde stürzten sich auf die

Ertrinkenden, als wären sie Tunfische oder sonst ein Fang, so hackten und stachen sie mit zerborstenen Rudern und anderen Wrackteilen auf sie ein. Schmerzensschreie und Gebrüll erfüllten die salzige Flut, bis endlich die dunkle Nacht über alles den Vorhang senkte. Xerxes aber jammerte laut, denn er war Zeuge des entsetzlichen Verderbens. Von seinem hohen Thron herab, nahe der Küste, umfasste sein Blick das ganze Geschehen. Und er zeriss sein Gewand, stieß einen gewaltigen Schrei aus. Darauf befahl er unseren Truppen an Land den Rückzug und unsere Leute stürzten in heillosem Durcheinander davon.« Hochmut kommt vor dem Fall, das ist die Moral der Tragödie des Aischylos: »Der Ionier Volk weicht den Speerspitzen nicht!«

Theateraufführungen der Antike werden von Privatleuten gesponsert, den sogenannten »Choregen«. Als *Die Perser* des Aischylos im Jahr 472 aufgeführt wurden, acht Jahre nach Salamis, war Perikles der Chorege. Er war damals 23 Jahre alt. Zehn Jahre später bekleidete Perikles erstmals wichtige politische Ämter der Stadt.

Als Jugendlicher von 15 Jahren, evakuiert auf die Insel Salamis, muss er Zeuge gewesen sein, wie die Akropolis gegenüber auf dem Festland in Rauch aufging. Und auch den panikartigen Abzug der Perser nach der verlorenen Seeschlacht wird er mitverfolgt haben. Später wird Perikles Athen als leuchtendes Beispiel für alle Griechen hinstellen.

Doch noch standen die Perser im Lande. Ein Teil ihrer Flotte war vernichtet, das riesige Landheer jedoch hatte bisher kaum Einbußen erlitten. Xerxes beschloss, seine Truppen in das nördliche Griechenland zu verlegen. Dort, in der Landschaft von Thrakien, konnten sich seine Leute verproviantieren und die Zugtiere fanden besseren Weidegrund als im karstigen Attika. Die Peisistratiden mussten vorerst ihre Hoffnung begraben, ihr Erbe wieder antreten zu können. In Thrakien überredeten seine Berater den König, mit dem Großteil des Heeres nach Persien heimzukehren. »Denn du hast dein Ziel erreicht, du hast Athen verbrannt«, sagten sie. Thrakien, die Landschaft Thessaliens und Makedonien waren fest in persischer Hand, ganz Zentral-Griechenland, einschließlich der mächtigen Stadt Theben, die den Persern schon immer freundlich gesinnt war. Und so folgte Xerxes den Beratern. Ein Drittel seiner Truppen beließ er, unter dem Oberbefehl seines Vetters Mardonios, in Griechenland und schlug den Weg zurück nach Persien ein. Als er den Hellespont erreichte, musste das Heer mit Schiffen übersetzen, denn ein Unwetter hatte die Schiffsbrücke zum zweiten Mal zerstört.

Seinen Sieg über die Griechen ließ Xerxes inschriftlich in Stein verewigen: »Ahuramazda hat mir die Herrschaft über die Griechen diesseits und jenseits des Meeres« gegeben. Die Daivas der Athener waren gezüchtigt, das Vermächtnis seines Vaters Dareios erfüllt.

Xerxes lebte noch 15 Jahre. Dann wurde er, 55-jährig, im Schlaf ermordet, das Opfer einer Palastintrige.

Es kann nur einen Gewinner geben

Athen strebt die Vorherrschaft an

Nach dem Abzug der Perser brachte Athens Flotte die evakuierten Einwohner zurück in die Stadt. Sie lebten in dem beklemmenden Gefühl, die Perser könnten wiederkommen. Mardonios hatte in Nordgriechenland Winterquartier bezogen. Er beabsichtigte, im kommenden Jahr ganz Griechenland unter die Herrschaft des Großkönigs zu bringen. Einschließlich der peloponnesischen Halbinsel mit Sparta und dessen Verbündeten.

In der Zwischenzeit bot er den Athenern einen Sonderfrieden an. Er sandte den verbündeten Makedonenkönig Alexander (einer der Vorfahren von Alexander dem Großen) als Sonderbeauftragten nach Athen. Alexander sprach Griechisch und bot der Volksversammlung ein Bündnis mit Persien an. Mit verlockenden Bedingungen. Mardonios wolle den Athenern alles Böse vergeben, was sie den Persern angetan hatten, sie sollten sich selbst regieren können, ihre Tempel würden aus persischer Kasse wieder aufgebaut werden und die Athener sollten ganz Attika behalten, sogar neues Land hinzugewinnen dürfen. »Ihr wäret ja verrückt, wenn ihr dieses Angebot ausschlagen würdet«, fuhr Alexander fort. »Jetzt habt ihr die beste Gelegenheit, euch mit dem Großkönig auszusöhnen, der euch seine Hand reicht!«

Zur selben Zeit hielt sich eine Gesandtschaft Spartas in der Stadt auf. »Die gerieten in große Furcht, dass sich die Athener mit den Persern einigen könnten« – auf Spartas Kosten. Die Spartaner appellierten an die Volksversammlung: »Lasst euch nicht überreden!« Und sie erinnerten daran, die Athener hätten »ganz gegen den Willen von Sparta« diesen Krieg verschuldet, »der ursprünglich nur eurem Land galt«. Und dass nun mit Hilfe Athens ganz Griechenland in Knechtschaft geraten solle, sei ein unerträglicher Gedanke!

Die Demokratie Athens war noch jung, sehr jung. Nicht mal ein Menschenalter war es her, dass die Volksversammlung zum ersten Mal zusammengetreten war. Und jetzt war sie mit einer Entscheidung konfrontiert, die über das Wohl und Wehe von ganz Griechenland verfügen sollte. Wie hätten sich wohl die Spartaner in einer ähnlichen Situation verhalten? Jedenfalls hätten sie erst nach Delphi geschickt, um den Rat der Pythia einzuholen. Und am Ende hätten sie womöglich beschlossen, die Interessen Spartas dem Schicksal Griechenlands überzuordnen. Nicht so die Athener. Sie fertigten Alexander, den Sonderbotschafter von Mardonios mit den Worten ab: »Solange nur ein einziger Athener noch am Leben ist, werden wir uns nicht mit Xerxes aussöhnen!« Ein großes Wort angesichts der militärischen Übermacht, die Persien, 250 Kilometer entfernt, in Mittelgriechenland stationiert hatte.

Griechenland bleibt griechisch

Im folgenden Frühjahr setzte Mardonios seine Heerscharen in Bewegung. Er marschierte nach Süden, hielt geradewegs auf Athen zu. Athen rief um Hilfe. Doch die Spartaner zögerten. Stattdessen verstärkten sie ihre Verteidigungsanlagen auf dem Peloponnes. »Sie nahmen auf Athen keine Rücksicht«, kommentiert Herodot. Athen schickte Eilboten auf den Peloponnes, doch die Ältesten Spartas verschoben ihre Entscheidung von einem Tag auf den anderen. »So machten sie es zehn Tage lang.« Dann endlich setzten sie, noch bei Nacht, 5 000 Spartiaten nordwärts in Marsch. Zu ihnen stießen die verbündeten Städte des Peloponnes. Vereint mit den Athenern rückten sie Mardonios entgegen.

In der Ebene von Plataiai, 50 Kilometer nordwestlich von Athen, erwartete sie der persische Feldherr. Mardonios hatte 100 000 Mann unter Waffen, die griechischen Verbündeten stellten 40 000 Hopliten. Nach zähem, mehrtägigen Ringen trugen die Griechen den Sieg davon. Mardonios verlor sein Leben. Sein Schwert bewahrten die Athener später als Siegestrophäe in der Akropolis auf.

In panischer Furcht zerstreute sich das Perserheer. Ein Teil floh nach Norden, der andere Teil verschanzte sich in dem befestigten persischen Zeltlager. »Die Verbündeten erschlugen die zu Zehntausenden Zusammengepferchten, sodass nicht einmal ein Dutzend von ihnen übrig blieb.« Von den Griechen verloren über 10 000 ihr Leben.

Die Beute war unermesslich. Ein Herold verkündete, niemand dürfe sich persönlich etwas davon aneignen. Man legte die Schätze auf einen Haufen zusammen: Golden und silbern ausgeschlagene Zelte, kostbar durchwirkte Teppiche, mit Gold und Silber verzierte Liegen, Goldbecher, Silberschalen, eine Unzahl von goldenen, silbernen Behältern, die goldenen Armbänder und Halsketten der Toten, ihre goldgeschmückten Waffen, Kisten voller Gold und Silber und noch viele andere Kostbarkeiten.

Die Kämpfer der Stadt Plataiai, deren Stadt Mardonios zerstört hatte, erhielten den Hauptteil der Beute zugesprochen. Damit erbauten sie den Tempel der Athene aufs Neue und verzierten ihn mit einem riesigen Schlachtgemälde. Auch die Spartaner und Athener brachten der Göttin Weihegeschenke dar, jeder für sich besonders.

Für Delphi stiftete Plataiai eine vergoldete Riesenschale. Sie prangte auf einem von Schlangen umwundenen Fuß von 7 Metern Höhe vor dem Heiligtum des Delphischen Gottes. Dem Leib der Schlangen waren die Namen der 31 Städte eingraviert, die an dem Befreiungskampf der Griechen teilgenommen hatten. Ihr schlangenumwundener Fuß befindet sich heute im Hippodrom von Istanbul und ist dort im Original zu besichtigen. Der Christenkaiser Konstantin hatte die »Schlangensäule« von Delphi dorthin versetzen lassen. Die vergoldete (oder goldene) Schale selbst wurde im Mittelalter von christlichen Kreuzfahrern gestohlen.

Als die Griechen nach der Schlacht von Plataiai in Delphi anfragten, wie sie Zeus, ihrem »Befreier«, danken und ihn ehren könnten, gab ihnen das Orakel Bescheid, sie sollten dem Gott ein Dankopfer bringen. Doch ehe das Opferfeuer entzündet würde, müsse man im Land alle Herdfeuer löschen. Denn Hellas sei durch die Anwesenheit der Perser verunreinigt worden. Danach solle man reines Feuer aus Delphi holen, dem »gemeinsamen Herd«, um damit die Opfer- und Herdfeuer Griechenlands neu zu entfachen.

Mit dieser großen Geste erneuerte Delphi seinen Anspruch, das spirituelle Zentrum aller Griechen zu sein. Doch die Glanzzeiten des Orakels waren vorbei. Statt die Führung im gemeinsamen Befreiungskampf der Griechen zu übernehmen, hatte Delphi Untergangsstimmung verbreitet. Und den Kretern, aber gewiss auch anderen Städten, hatte es geraten, sich aus dem Streit der Großen herauszuhalten. Ein gesamtgriechisches Bündnis gegen Persien ist darum auch nie zustande gekommen. Gerade mal 31 der mehr als 200 Städte Griechenlands waren bereit gewesen, das Wohl von Hellas über ihre Krähwinkeleien zu stellen. Nein, Delphi war nicht hilfreich gewesen. Letztendlich lief die Politik seiner Priester darauf hinaus, Athen zu isolieren.

So lässt sich auch erklären, warum Sparta seinen Bündnisverpflichtungen nur zögerlich nachkam. In Athen wurde sogar der Vorwurf laut, die Pythia

»medisiere«, also, das Orakel sei pro-persisch eingestellt. Das Renommee des Orakels war seit den Perserkriegen jedenfalls beschädigt. Und davon hat sich Delphi nie wieder erholt.

Athens schöne Demokratie

Die Siege des Mutterlands fanden ihr Echo unter den kleinasiatischen Griechen. Vor 15 Jahren hatten sie sich den Persern ergeben müssen. Nun jedoch regte sich Widerstand gegen die Besatzer: »Die Ionier brannten darauf, sich zu befreien«, schreibt Diodor. Dazu aber benötigten sie die Hilfe des Mutterlandes. Denn Xerxes befand sich noch mit seinem Heer in Sardis, wenige Tagesmärsche von der Küste entfernt.

Männer der Insel Samos, nördlich von Milet, sandten heimlich ein Schiff in die Ägäis, um die Festlandsgriechen zum Eingreifen zu bewegen. Mitten in der Ägäis, bei Delos, stießen die Samier auf die griechische Flotte. Sie zählte 250 Schiffe mit 5 000 Mann Besatzung. Es war dieselbe Flotte, die im Jahr zuvor unter Xerxes' Augen der persischen Armada die schwere Niederlage beigebracht hatte. Die Flottenkommandeure waren Leotychidas, ein Spartaner, und Xanthippos, ein Athener, die sich das Kommando teilten.

Die Samier beschworen beide Strategen, Ionien anzusteuern. Dabei beriefen sie sich auf ihre gemeinsamen Götter und drängten, »die griechischen Menschen aus der Knechtschaft zu befreien«. Auf ihr bloßes Erscheinen hin würden sich alle Ionier erheben und sie tatkräftig unterstützen. Die beiden Kommandeure willigten ein. Und die Samier schlossen ein feierliches Bündnis mit ihnen.

Gegenüber von Samos, an der Küste von Mykale, kam es zur Schlacht. Leotychidas und Xanthippos errangen mit Hilfe der ionischen Aufständischen den Sieg gegen eine persische Übermacht. Die mit dem Leben davongekommenen Perser flüchteten nach Sardis. Xerxes aber unternahm keine Gegenmaßnahmen. Er zog über die Königsstraße ab nach Susa und legte 10 000 Kilometer zwischen sich und die rebellischen Griechen.

Damit endete der persisch-griechische Krieg. Er hatte sich über ein Menschenalter hingezogen. Und danach hat nie wieder eine persische Invasion in Griechenland stattgefunden. Weder in Ionien noch auf dem Festland.

Dennoch haben die Großkönige jede sich bietende Gelegenheit wahrgenommen, sich weiter in die inneren Verhältnisse Griechenlands einzumischen. Persien finanzierte die Uneinigkeit der Griechen. Mit horrenden Geldbeträgen. Und die Griechen selbst luden die Perser, ihre Feinde von gestern, ständig dazu ein. Sie bettelten die Großkönige an, ihnen finanziell auszuhelfen, wann immer es ihnen an Mitteln fehlte, gegen andere griechische Städte aufzurüsten.

Beide Siege, der von Plataiai und der von Mykale, schreibt Herodot, fanden »am gleichen Tag und im selben Monat« statt. Darin sah der Historiker so etwas wie eine »göttliche Fügung«. Denn, so führt Herodot an anderer Stelle aus, »es missfiel den Göttern, dass Asien und Europa unter der Herrschaft eines einzigen Mannes stehen sollten«. Alexander der Große versuchte 150 Jahre darauf das Unmögliche. Der »Philosoph in Waffen«, wie ihn seine Bewunderer nannten, strebte eine Verschmelzung beider Kontinente an. Denn Alexander, schreibt Plutarch, war überzeugt, »dass er die Mission von Gott habe, als Versöhner der Welt die Menschen miteinander zu verbinden«.

Das klassische Griechenland beschwor jedoch wie Herodot den unüberbrückbaren Unterschied zwischen Ost und West. Der Brückenschlag über den Hellespont war den Göttern zuwider. Im Anschluss an den Sieg bei Mykale erwog man sogar allen Ernstes, die Ionier der Griechenküste Kleinasiens auf das griechische Festland zu verpflanzen. Denn, so sagte man sich, »wenn die Ionier weiterhin in Asien blieben, müssten sie in ständiger Alarmbereitschaft leben, seien doch ihre Feinde weitaus stärker als sie«. So argumentierte, laut Diodor, besonders der spartanische Feldherr Leotychidas. Er schlug kurzerhand vor, »das ionische Land den Persern zu überlassen«.

Dem Athener Xanthippos gefiel das nicht. Er überredete die Ionier, in Asien zu bleiben. Wenn auch ganz Griechenland sie im Stich ließe, würde Athen ihnen doch immerzu helfen, versprach er. Schließlich sei Athen die Mutterstadt aller Ionier. »Und so nahmen die Athener die Städte von Samos, Chios und Lesbos und die anderen Inselbewohner in ihr Schutzbündnis auf. Und man ließ sie heilige Treueide schwören, für immer auf der Seite Athens zu bleiben.«

Ein paar Monate darauf schlossen sich 200 griechische Städte unter der Führerschaft Athens zum »Delischen Seebund« gegen Persien zusammen und schworen sich, »dieselben Freunde und Feinde« zu haben. Die Bundesgenossen bekräftigten ihr Bündnis, indem sie unter Eiden Eisenklumpen ins

Meer versenkten. Zum Zeichen ihrer eisernen Freundschaft. Sparta und seine Verbündeten aber blieben dem »Delischen Seebund« fern.

Mit der Schlacht von Mykale im Jahr 479 endet das Geschichtswerk von Herodot. Ein Historiker der ausgehenden Antike würdigt ihn mit den Worten: »Herodot, der Ionier aus Halikarnass, wurde kurz vor den Perserkriegen geboren und lebte bis zum Peloponnesischen Krieg. Er strebte eine Geschichtsschreibung an, die sich an den Tatsachen orientiert.« Er ist unsere wichtigste Geschichtsquelle für diese Zeit. Zumal von der persischen Geschichte wüssten wir ohne Herodot so gut wie nichts. Denn die Archive der persischen Könige sind bei Alexanders Eroberung der Königsstädte Susa und Persepolis im Jahr 323 zum größten Teil verloren gegangen.

Dem ersten Wirtschaftswunder Athens unter Peisistratos folgte ein zweites während der Perserkriege und ein dritter, noch größerer Boom nach deren Ende. Der Schiffbau hatte zu Wirtschaftswachstum geführt, jetzt mussten die verlorenen Schiffskapazitäten ersetzt werden. An Geld fehlte es nicht. Das Beutegold von Plataiai beschleunigte den Geldumlauf und die Warenproduktion. Aus den Laureion-Minen kam weiterhin ein steter Zufluss an Silber, der die Eulen-Währung Athens stützte und krisenfest machte. Und dazu kam das städtische Wiederaufbauprogramm. Xerxes hatte die Stadt in Schutt und Asche gelegt. Wohnhäuser und öffentliche Gebäude wurden neu hochgezogen, ein gigantisches Vorhaben. Jetzt erweiterten die Athener auch ihren Mauerring und um den Peiraieus-Hafen zogen sie eine gewaltige Befestigungsanlage. Nur die Akropolis ließen sie als Ruine liegen. Ihre Trümmer sollten erinnern, mahnen, warnen.

Die privaten und städtischen Baumaßnahmen erzeugten einen riesigen Holzbedarf, für den Attika nicht aufkommen konnte. Handelsschiffe ankerten vor den waldreichen Küsten Nordgriechenlands, segelten durch den Hellespont ins Schwarze Meer, um Bau- und Schiffsholz zu laden. Kapitäne und Schiffseigner rekrutierten neue Sklaven, die Bevölkerung wuchs, Attika konnte längst nicht mehr von der eigenen Scholle seine Menschen ernähren. Getreideschiffe aus Ägypten, aus Sizilien und dem Schwarzen Meer löschten ihre Fracht in den Peiraieus-Häfen. Und die Überseerouten mussten gegen Piraten und feindliche Übergriffe geschützt werden. Also musste der Flottenbau noch mal forciert werden. Alles bedingte sich gegenseitig, alles beschleunigte und verstärkte das Wirtschaftswachstum der Stadt. Athen erlebte goldene Zeiten, Jahrzehnt um Jahrzehnt, 50 Jahre lang.

Merkwürdigerweise ging das alles ohne eine starke Regierungsmannschaft. Die Athener Verfassung kannte keinen Kanzler, keinen Präsidenten, keinen Premierminister, sie funktionierte ohne Staatsoberhaupt. Es fehlte auch ein Apparat von Regierungsbeamten, die auf Lebenszeit angestellt waren. Die Athener Demokratie brauchte sie nicht. Die Athener verwalteten und regierten sich selbst. Mit einer so ausgeklügelten Verfassung, wie es sie vorher und nachher in der Geschichte nicht wieder gegeben hat.

Die Einwohnerzahl Attikas umfasste in klassischer Zeit mehrere hunderttausend Menschen. Eine Stadt dieser Größe benötigte viele Ämter. Zum Beispiel ein Straßen- und Wegebauamt, eine Aufsichtsbehörde für Handel und Gewerbe, ein Eichamt, das die Maße und Gewichte beaufsichtigte, Beamte für das Stadtarchiv, Aufseher für den städtischen Friedhof, ein Wasserversorgungsamt und zahllose Ämter mehr.

Die meisten Ämter wurden im Losverfahren besetzt. Also nicht durch eine Wahl oder auf dem Bewerbungsweg. Die Amtsdauer war auf ein Jahr beschränkt. Die Auslosung der Ämter unter die Bürger sollte einer Vettern- und Klüngelwirtschaft den Riegel vorschieben. Am Losverfahren nahmen alle Bürger teil, die das 30. Lebensjahr erreicht hatten. Und Bürger war seit Perikles, wer von zwei Athener Eltern abstammte. Und wer seinen Wehrdienst abgegolten hatte.

Wie in den übrigen Städten Griechenlands war Athens Verfassung eine Wehrverfassung. Das heißt, im Kriegsfall hatte jeder Bürger aktiven Wehrdienst zu leisten. Frauen konnten darum auch kein Bürgerrecht in Anspruch nehmen. Ebenso wenig wie die in der Stadt ansässigen Ausländer oder etwa die Sklaven. Nur eine Minderheit der Einwohner besaß das Bürgerrecht und damit Stimmrecht in der Volksversammlung und in deren Gremien.

Etwa 600 Stellen der Stadtverwaltung wurden durch Losentscheid besetzt, 100 Stellen waren Wahlämter. Dazu zählte das wichtige und einflussreiche Amt der zehn Militär-Strategen. Sie wurden auf ein Jahr namentlich gewählt. Und sie konnten sich auch zur Wiederwahl stellen, was bei allen anderen Wahlämtern nicht statthaft war.

Jeder Inhaber eines Jahresamtes musste vor Amtsantritt einem Untersuchungsausschuss Rede und Antwort stehen. Er hatte seine Vermögensverhältnisse offenzulegen, und er musste sich ganz persönliche Fragen gefallen lassen, etwa, ob er auch das familieneigene Grab in Ehren halte. Nach Beendigung seiner einjährigen Amtszeit musste jeder Beamte wieder vor einem Untersuchungsausschuss erscheinen, um Rechenschaft über seine Amtsführung abzulegen.

Das Athener Parlament, die Volksversammlung, war Souverän der Stadt. Es war beschlussfähig, wenn wenigstens 6 000 der 30 000 Stimmbürger anwesend waren. Die Volksversammlung tagte unter freiem Himmel, bis zu vierzigmal im Jahr. Auf einer Anhöhe unterhalb der Akropolis, der »Pnyx«. Aus den zehn Stammesverbänden, die Kleisthenes eingerichtet hatte, wurde ein geschäftsführender Ausschuss, der Stadtrat Athens, zusammengestellt. Er zählte 500 Mitglieder.

Neben den Strategen bildeten die »Archonten« die wichtigsten Beamten der Stadt. Ihre Aufgaben waren zivilrechtlicher Art. Insgesamt neun Archonten wurden für ein Jahr ins Amt gelost. Nach der Amtszeit des führenden Archonten wurde das jeweilige Kalenderjahr benannt. Dieser Archont war gewissermaßen das Staatsoberhaupt von Athen – durchs Los ins Amt gekommen, auf ein einziges Jahr, als Einer unter Gleichen mit den übrigen Archonten.

Sparta besaß zwei Könige. In Ägypten herrschte der Pharao. In Persien der Großkönig. In griechischen Städten gab es hin und wieder Alleinherrscher. Die Athener begnügten sich mit einem Funktionär als Staatsoberhaupt, dessen Namen sie aus dem Lostopf gezogen hatten. Es scheint, als wäre die ganze Verfassung Athens darauf angelegt gewesen, niemals mehr einem Peisistratos die Chance zu geben.

Und das alles funktionierte, als organisiertes Chaos. Die Athener Demokratie war ein Erfolgsmodell. Politisch, wirtschaftlich und kulturell. Dieses Modell zog viele griechische Städte in seinen Bann. Allerdings, eins zu eins kopieren mochte Athens Verfassung keine zweite Stadt.

»Bürger sein bedeutet schlicht und einfach mitzuregieren«, schreibt Aristoteles. Solon hatte um 600 die Mitbestimmung eingeführt, Kleisthenes um 500 die Selbstbestimmung und um das Jahr 450 machte Athen unter Perikles jeden Bürger zum »Berufspolitiker«. Die Stadt besoldete nun die politische Tätigkeit ihrer Bürger. Mit hartem Geld, Drachmen und Obolen.

In Athen Bürger zu sein, war eine Vollzeitbeschäftigung. Die Teilnahme an der Volksvertretung, die Sitzungsarbeit in den Gremien, die Mitwirkung im Geschworenengericht beanspruchte viel Zeit. Also beschloss die Volksversammlung die aktive Mitarbeit der Bürger durch eine Aufwandsentschädigung zu vergüten. Der Kleinbauer, wenn er 10 oder 20 Kilometer aus den Bergen Attikas unter die Füße genommen hatte, um an einer Gremiensitzung teilzunehmen, musste jetzt keinen gravierenden Verdienstausfall mehr fürchten.

Laut Aristoteles galt im Athen seiner Zeit, um 330, folgende Tagegelder- oder Diätenregelung: »Die Besoldung der öffentlichen Dienste beträgt: Teilnahme an der Volksversammlung 1 Drachme; Teilnahme an einer Hauptversammlung 1,5 Drachmen; Jurorentätigkeit im Gerichtshof ½ Drachme; Sitzungen des Rates 5 Obolen; der Vorsitzende erhält zusätzlich 1 Obolus als Verzehrgeld; die neun Archonten erhalten zusätzlich 4 Obolen als Verzehrgeld sowie für die Anstellung eines Ausrufers und eines Trompeters.« 1 Drachme zählte 6 Obolen. Mit 2 Obolen veranschlagte man den Tagesbedarf einer vier- bis fünfköpfigen Familie, 1 Drachme betrug der Tageslohn eines Facharbeiters.

Athen ließ sich seine Demokratie etwas kosten. Eine Tagung der Volksversammlung allein summierte sich zu 6 000 Drachmen. Das vierzigmal im Jahr ergibt 240 000 Drachmen. Davon konnten zwei oder drei Kriegsschiffe gebaut und ausgerüstet werden. Aber Athen konnte es sich leisten, die Stadt befand sich mitten im Wirtschaftsaufschwung. Und die Diäten kehrten ja zurück in den Wirtschaftskreislauf. Kurzum, die Demokratie machte Athen nicht arm. Und sowieso, für die Freiheit ist kein Preis zu teuer.

Zentralistisch geführte Staaten treffen ihre Entscheidungen unter Ausschluss der Öffentlichkeit. In demokratischen Gesellschaften dagegen spielt Öffentlichkeit die alles entscheidende Rolle. Denn hier findet die Meinungsbildung statt. Elektronische- und Druckmedien stellen Öffentlichkeit her. Gesetzesvorlagen, die Staatsfinanzen, bildungspolitische Zielvorstellungen, verkehrspolitische Maßnahmen, außen- und innenpolitische Fragen werden in den Medien veröffentlicht, besprochen und bewertet.

In der Antike ist das einzige Medium die öffentliche Rede. Wer Politik machen will, muss sich als Redner einem Publikum stellen, von Angesicht zu Angesicht. Zum Beispiel den Tausenden der Volksversammlung. Sich zum Redner auszubilden, ist die unabdingbare Voraussetzung einer politischen Karriere.

Xenophon lässt in seinem *Oekonomicus* einen jungen Mann erzählen, wie er sich als Redner schult: »Zum Beispiel hole ich mir einen von meinen Sklaven. Der muss die Rolle des Anklägers oder des Verteidigers in einem Gerichtsverfahren übernehmen. Und ich versuche dann, ihn zu widerlegen. Oder ich lobe beziehungsweise ich kritisiere einen Mann vor seinen Freunden. Oder ich trete als Schlichter zwischen Bekannten auf, damit sie sich gütlich einigen. Oder ich assistiere im Spiel bei einem Kriegsgericht und verhöre einen Soldaten. Oder ich verteidige jemanden, der zu Unrecht beschuldigt wird. Ein anderes Mal verklage ich jemanden, der unverdient ausgezeichnet wurde. Oft sitzen wir zu mehreren zusammen und überlegen, wie wir am besten verfahren. Oder aber welche Strategie wir vermeiden müssen. Im Spielverlauf bin ich schon manches Mal persönlich haftbar gemacht worden und bekam eine Körperstrafe oder Geldbuße auferlegt. Meistens war es meine eigene Frau, die mich dazu verdonnert hatte.« Im Spiel, versteht sich. Im wirklichen Leben der Stadtstaaten waren Frauen und Sklaven von der öffentlichen Willens- und Meinungsbildung ausgeschlossen.

Xenophon schreibt hundert Jahre nach den Perserkriegen. Da ist das Redetraining bereits fester Bestandteil der Erziehung. Schon Homers Helden messen sich in erbitterten Wortgefechten. Man bewundert ihre Wortgewalt nicht weniger als ihre Schwertgewalt. Die Demokratie aber setzt nur noch auf die Macht des Wortes. Seine Überzeugungskraft.

Und die Eupatriden, die hochwohlgeborenen Adelsfamilien Athens, begriffen sehr schnell, was sie mit professionellen Redeauftritten erreichen konnten. Dass sie mit der Macht des Wortes ihren Einfluss nicht nur bewahren, sondern sogar noch ausbauen konnten.

Darum öffneten sie den ionischen Intellektuellen, die übers Meer in die aufblühende Stadt kamen, bereitwillig ihre Türen.

Man nannte sie die »Sophisten«. Seinem Sinn nach bezeichnet das griechische Wort *sophistes* jemanden, der über Expertenwissen verfügt. Man definiert die Sophisten am besten als professionelle »Wissensexperten«. So verstanden sie sich auch. Die ionischen Sophisten waren Intellektuelle, die sich berufsmäßig damit beschäftigten, zu lehren, wie man Wissen erwirbt, vermehrt und weitergibt.

Sie waren Wanderlehrer, zogen von Stadt zu Stadt, waren darum auf Entlohnung und Honorare angewiesen. Die manchmal geradezu schwindelnde Höhen erreichten. Doch sie sind alle bei den Sophisten in die Schule gegangen: Athens Bühnenautoren, Athens Philosophen, Athens Politiker. Die Sophisten haben die Eule Athens gelehrt, ihre Flügel zu entfalten.

Perikles, ein musterhafter Athener

Einer der eulenklugen Leute Athens war Perikles. Sein Name bedeutet »allseits berühmt«, mit anderen Worten, ein Überflieger sollte Perikles nach dem Wunsch seiner Eltern sein. Bei den Sophisten Athens, den »Lehrern

Griechenlands«, hat Perikles auch das Fliegen gelernt. Historiker haben nach ihm eine ganze Epoche benannt, sie nennen das halbe Jahrhundert, das den Perserkriegen folgte, das »perikleische Zeitalter«. In *Meyers Konversationslexikon* von 1885 heißt es: »Man kann wohl diese, freilich ganz kurze Zeit, als die schönste Periode der ganzen griechischen Geschichte bezeichnen.« Das Urteil gilt, ohne Abstriche, auch noch heute.

Die Mutter von Perikles war Agariste. Sie war mit Kleisthenes, dem Alkmaioniden, verwandt, der Athen radikal demokratisierte. Als Athen die Peisistratiden aus der Stadt jagte, war sie gerade zehn Jahre alt. Xanthippos, der Vater von Perikles, war gleichfalls ein politisch engagierter Mann. Er war nach der letzten Schlacht des Perserkrieges dabei gewesen, als die Beteiligten bei Mykale Eisen ins Meer versenkten. Perikles war also der Sohn hochwohlgeborener Eltern. Sie ließen dem Jungen die bestmögliche Erziehung zukommen. Wie alle Söhne der besseren Leute maß sich Perikles im Gymnasialsport mit seinen Altergenossen in Weitsprung, Ringen, Laufen und dem Diskuswurf, der Junge lernte in Begleitung eines Pädagogen das Lesen und Schreiben, er rezitierte im Chor mit seinen Kameraden die Werke Homers, bis er ein paar Hundert Verse des »göttlichen Dichters« auswendig hersagen konnte.

Agariste und Xanthippos taten jedoch noch mehr. Sie gaben den jungen Perikles in die Obhut eines Privatlehrers, Damon, der auch aus dem Haus der Alkmaioniden stammte. Damon war mit den führenden Sophisten seiner Zeit befreundet. Er glänzte in den musischen Wissenschaften. Platon nennt ihn »eine Koryphäe auf dem Gebiet der musischen Bildung« und auch sonst gelte Damon »in jeder Beziehung als ein hervorragender Erzieher«.

Später hörte Perikles Vorlesungen des berühmten Wissenschaftstheoretikers Zenon. Der stammte aus einer der Griechenstädte Unteritaliens. In dem prosperierenden, weltoffenen Athen hatte Zenon, wie so viele andere Intellektuelle, eine neue erfolgversprechende Wirkungsstätte gefunden. Zenon ließ sich gut bezahlen. Sein Salär betrug 10 000 Drachmen. Das war der Gegenwert von zwei Trieren im Rohbau. Dass die Athener, also auch die Eltern von Perikles, bereit waren, solche astronomischen Preise zu zahlen, zeigt, wie gefragt Bildung in der Stadt war.

Später befreundete sich Perikles mit dem Naturforscher Anaxagoras. Der stammte aus Klazomenai, einer ionischen Stadt. Beide, Perikles und Anaxagoras, waren im gleichen Alter. »Für ihn empfand Perikles eine tiefgehende Bewunderung und er schätzte Anaxagoras über alle Maßen«, schreibt Plutarch. Der ionische Forscher behauptete, »die Sonne sei eine glühende Metallmasse und übertreffe in Ausdehnung sogar den Peloponnes«, liest man bei Diogenes Laertios. Der Peloponnes misst 150 Kilometer, man ist fast eine Woche unterwegs, wenn man ihn von Ost nach West durchwandert. Und das Gesicht der Sonne bedeckte doch die Fläche einer Hand! Auf die Sinne ist eben kein Verlass, lehrte Anaxagoras. Man muss seinen Kopf, den *nous*, seine Vernunft gebrauchen, wenn man den Dingen auf den Grund gehen will. Weiter sagte Anaxagoras: »Oben auf dem Mond gebe es Städte, Hügel und Täler.« Und weiter: »Donner entstehe durch Zusammenprall von Wolken, und Blitze seien das Ergebnis von Wolken, die sich reiben.« Und die Welt als Ganzes sei kein Zufallsprodukt. Sondern das Werk einer Vernunft, die alles durchdringe. Was uns heute klar und verständlich erscheint, klang für die damalige Zeit verrückt und unerhört. Der Zwiebelbauer auf dem Markt schüttelte den Kopf, wenn ihm solche Dinge zu Ohren kamen. War es nicht der »blitzende Zeus«, der aus den Wolken den Blitzstrahl schleuderte, um den Rechtsbruch zu rächen?

Wegen seiner offensichtlichen Respektlosigkeit gegenüber dem Himmel hielten manche Anaxagoras für einen gottlosen Menschen. Perikles aber sagte: »Ich bin sein Schüler!« Spätere Zeiten wollen wissen, man habe Anaxagoras, wie nach ihm den Sokrates, wegen seiner Lehren vor Gericht gebracht. Doch das ist nicht erwiesen, sogar eher unwahrscheinlich. Das klassische Athen liebte seine Querdenker.

Anaxagoras wirkte über viele Jahre in Athen, möglicherweise 30 Jahre lang. Er starb im Alter von 71 in Lampsakos, einer Stadt in der Nähe von Troja. Als geschätzter und gefeierter Bürger. »Als der Magistrat den Sterbenden nach seinem letzten Wunsch fragte, antwortete Anaxagoras: Gebt den Kindern jedes Jahr an meinem Sterbetag schulfrei! Diesen Brauch hat man in Lampsakos bis zu diesem Tag beibehalten«, schreibt Diogenes Laertios 600 Jahre später. Was für ein liebenswerter Mann dieser Naturforscher doch war und was für eine treffliche Stadt er sich zum Sterben ausgesucht hatte!

Der Umgang mit dem kinderfreundlichen Philosophen hat Perikles nachhaltig geprägt. Und es ist fast ein sinnfälliger Zufall, dass beide Freunde im selben Jahr starben. Anaxagoras »in abgeklärter Weisheit«, Perikles an der Beulenpest, die einen großen Teil der Bevölkerung Athens dahinraffte.

Plutarch beschreibt den jugendlichen Perikles als einen in sich gekehrten Heranwachsenden, der wenig aus sich herausging. Nicht weil er sich nach innen verkroch, sondern weil der junge Mann sich beständig selbst kontrollierte. Der Beweis von Freiheit ist, sich selbst in der Gewalt zu haben, so sahen es die Philosophen. Heute würde man das »cool sein« nennen. Das legten ihm manche als Arroganz aus, berichtet Plutarch, stammte Perikles doch aus einem hoch angesehenen, reich begüterten Elternhaus.

Perikles aber hatte von Anaxagoras gelernt, dass der Geist in sich selbst ruht. Der Geist, so lehrte dieser, »verfüge über die völlige Selbstbestimmung, sei mit nichts vermischt und ordne alles, indem er alle Dinge durchdringe«. Dieser Maxime hatte sich Perikles ganz und gar verschrieben, so schildert ihn Plutarch. Denn Perikles »zeigte sich wohl im Kampf als tapferer, beherzter Soldat, doch er schlug zum Beispiel jede Einladung zu einem freundschaftlichen Umtrunk aus und enthielt sich weitgehend aller gesellschaftlicher Vergnügen«. Perikles hatte, echt philosophisch, an sich selbst genug.

Was bringt so einen Menschen dazu, sich politisch zu engagieren? Offenbar kein Ehrgeiz, nicht das Bedürfnis, sich einen Namen zu machen. Vielleicht war es das geistige Vermächtnis der Eltern. Die Verwandtschaft der Mutter mit dem Reformer Kleisthenes und das Andenken an den politisch engagierten Vater werden Perikles gedrängt haben, »der Stadt Bestes zu suchen«. In einer Rede stellt er später lakonisch fest: Bürger, die sich nicht um Politik kümmern, kennt Athen nicht. Wer sich aufs rein Private zurückzieht, hört auf, ein Bürger unserer Stadt zu sein. »Wir nennen einen solchen Mann nicht bloß einen Taugenichts, in unseren Augen ist er ein Versager.« Ein Parasit, ein Schmarotzer. Und das wollte Perikles nicht sein.

Eine ihm angeborene Redegabe war eine wichtige Voraussetzung für sein politisches Engagement. Durch »seine wohlklingende Stimme« und durch seine »gewandte und flüssige Art, sich auszudrücken« soll er schon als Junge aufgefallen sein. Und wenn Perikles später vor der tausendköpfigen Volksversammlung am Rednerpult der Pnyx stand, beeindruckte er die Bürger »mit seiner nachdenklichen Miene, den sicheren und gemessenen Bewegungen, durch seine klare und deutliche Sprechweise und dass er sich beim Reden durch nichts aus der Ruhe bringen ließ«. Anaxagoras, der bewunderte philosophische Freund, stand beim Reden sozusagen neben ihm.

Sich selbst gern reden zu hören, macht noch keinen guten Redner. Jedenfalls nicht in Athen. Aus Spaß, sich öffentlich zu produzieren, ging dort niemand ans Rednerpult. Denn in der Volksversammlung konnte man sich leicht um Kopf und Kragen reden.

Die »Boule«, der Stadtrat, hatte beispielsweise der Volksversammlung zwei gegensätzliche Anträge zur Abstimmung vorgelegt. Der eine beantragte die Ausbesserung der Wasserleitung im Stadtteil Melite, im Gegenantrag hieß es, die Stadt solle lieber mehr Geld in die Abfallbeseitigung investieren. Jeder Bürger konnte zu den beiden Anträgen Stellung nehmen. Mit Argumenten und Gegenargumenten. Ziel war es, Stimmen zu gewinnen, um den favorisierten Antrag durchzubringen und den Gegenantrag durchfallen zu lassen.

Dabei befand sich der Antragsteller mindestens 6 000 Leuten gegenüber. Von denen er die Mehrheit für sich gewinnen musste. Verlor er den Faden, brachte er seinen Beitrag nicht auf den Punkt, kostete das Stimmen. Schon ein Hustenanfall, eine plötzliche Heiserkeit konnten das Ende für seinen Antrag auf Erneuerung der Wasserleitung bedeuten. Die Athener nämlich konnten äußerst ungnädig mit einem Redner umgehen. Merkten sie, dass jemand nur Sprechblasen produzierte, schrien sie: *Kataba! Kataba!,* Abtreten! Aufhören! Schließlich war das Volk der Souverän und musste sich keine selbstgefälligen Phrasendreschereien gefallen lassen. Xenophon wusste schon gut, warum er seinen jungen Mann, der in die Politik, das heißt ans Rednerpult, wollte, so hart trainieren ließ.

Anders als heute, in einer repräsentativen Demokratie, waren Athens Politiker ständig direkt, von Angesicht zu Angesicht, mit den Stimmbürgern konfrontiert, Auge in Auge, mit dem Souverän auf Ruf- und Hörweite. Jede Abstimmung war ein Volksentscheid. Und die Volksversammlung entschied über alles und jedes. Von der Müllabfuhr bis zu einer Kriegserklärung. Ohne die Zustimmung der Bürgerversammlung konnte kein Archont oder Stratege auch nur eine Drachme ausgeben. Alles, was durch öffentliche Gelder finanziert wurde, unterlag der direkten Kontrolle von Athens Bürgerschaft.

Standen gar große Entscheidungen an, öffentliche Baumaßnahmen, zusätzliche Getreideimporte oder das Bündnis mit einer anderen Stadt, drängten sich vielleicht 10 000 oder 15 000 Bürger auf der Pnyx. Jeder einzelne von ihnen musste sich vor der Absperrung ausweisen. Mit einer Art von Personalausweis, dem »Pinax«. Der Pinax »war ein Holztäfelchen, auf dem der eigene Name sowie der des Vaters und der Wahlbezirk vermerkt war, und trug außerdem einen Kontrollbuchstaben aus der ersten Hälfte des Alphabets«, wissen wir durch Aristoteles. Manche Bürger waren auf ihr »Pinakion«, wie man es liebevoll nannte, so stolz, dass sie sogar verfügten, es solle ihnen mit ins Grab gegeben werden.

Die Athener waren wirklich einfallsreiche Leute! Sie hatten gelernt, »Ich« zu sagen, »hier bin ich!«. In der Konsequenz führte das zur Ausweispflicht, dem Personalausweis. Seit für die Teilnahme an den Sitzungen der städtischen Gremien Tagesgelder erstattet wurden, war es geboten, den Zugang zu kontrollieren, damit sich kein Nichtbürger Diäten erschlich. Das Pinakion war also Gold wert.

Athen zieht die Stiefel an

Perikles war Mitte dreißig, als er in die Politik ging. Ephialtes, ein gewählter Stratege, hatte zusammen mit Perikles die Diätenregelung durch die Volksversammlung gebracht. Beide zusammen, Ephialtes und Perikles, erweiterten im gleichen Anlauf die Rechte der Bürgerschaft. Sie machten sämtliche Ämter der Stadt für jeden Bürger zugänglich. Auch für den Tagelöhner, auch für den Lastenträger, auch für Leute von der Müllbeseitigung.

Der Areopag, das Gremium der Hochwohlgeborenen, das bisher die Richtlinien der Politik bestimmte, musste seine Befugnisse an den Magistrat beziehungsweise an die Volksvertretung abgeben. Dem Adelsrat blieben fast nur noch rein repräsentative Aufgaben.

Ephialtes hatte seit längerem auf die vollständige Demokratisierung Athens hingearbeitet. Er ließ zum Beispiel Angehörige des Areopags wegen finanzieller Unregelmäßigkeiten zur Rechenschaft ziehen. In dem jungen

Perikles, mütterlicherseits dem Erbe von Kleisthenes verpflichtet, fand Ephialtes den idealen Mitstreiter.

Der Machtwechsel stieß natürlich auch auf Widerstand. Ephialtes wurde im gleichen Jahr, als er die höchsten Ämter der Stadt für jeden Bürger öffnete, hinterrücks ermordet. Als seinen Nachfolger im Strategen-Amt wählte die Bürgerschaft Perikles. Durch die Macht seiner Persönlichkeit bestimmte Perikles drei Jahrzehnte lang die Richtlinien der Innen- und Außenpolitik seiner Stadt.

Seine erste Aktion war eine Baumaßnahme. Perikles verstärkte die Verteidigungsanlagen Athens, indem er die höher gelegene Stadt mit dem unteren Hafengelände des Peiraieus durch zwei parallel verlaufende Mauerzüge verband. Über eine Länge von 7 Kilometern. Athen wurde gleichsam zu einer Insel auf dem Festland.

Weil man zur Zeit von Perikles in Griechenland noch keine mauerbrechenden Belagerungsmaschinen kannte, war die Stadt damit gegen Angriffe feindlicher Bodentruppen unverwundbar geworden. Solange nämlich Athen mit seinem Hafen verbunden blieb, war der Nachschub für den Ernstfall sichergestellt. Schließlich konnte es zur See niemand mit den Trieren Athens aufnehmen.

Der Mauerbau zog sich über Jahre dahin. Das mit Türmen bewehrte Befestigungswerk imponierte durch seine Ausmaße. Perikles, der Stratege, hatte den Zeitpunkt des Mauerbaus gut gewählt. Von Sparta war kein Einspruch zu erwarten.

Zwar konnte es Sparta nicht gefallen, wenn Athen zu einer uneinnehmbaren Festung heranwuchs. Deswegen hatten die Spartaner bereits unter Themistokles protestiert, als Athen nach den Perserkriegen die Ringmauern seiner Stadt verstärkte. Die »Langen Mauern« mussten Sparta nun erst recht provozieren. Und unter anderen Umständen hätten die Spartaner sicher versucht, ihren Bau unter Androhung von Waffengewalt zu unterbinden. Denn vor wem, wenn nicht eben vor den spartanischen Bodentruppen, sollten die neuen Befestigungslagen Schutz bieten?

Doch Sparta hatte nicht die Kraft zu intervenieren, Spartas Hände waren gefesselt. Im Jahr vor Baubeginn der »Langen Mauern« war der Peloponnes von einem heftigen Erdbeben heimgesucht worden. »Nicht nur die Häuser fielen in sich zusammen, sondern 20 000 Menschen kamen bei dem Beben ums Leben. Und die Beben hielten noch eine ganze Zeit an. Was von der Stadt Sparta bisher noch übrig geblieben war, begruben die schrecklichen

Nachbeben«, schreibt Diodor. Man nimmt an, dass das Beben eine Stärke von 7,2 auf der Richterskala erreichte. Und das Beben wirkte in Sparta besonders zerstörerisch, weil die Stadt auf dem lockeren Boden einer Fluss-niederung erbaut war.

Und als ob ein einziges Unglück noch nicht reichte, sahen die Heloten des benachbarten Messeniens jetzt ihre Chance, sich ihrer verhassten Herren zu entledigen. Sie rückten gegen Sparta vor und nur ein entschlossenes Ein-greifen des spartanischen Königs Archidamos verhinderte eine Eroberung der Stadt durch die Aufständischen. Mit den wenigen Truppen, die ihm geblieben waren, drängte Archidamos die Messenier zurück über die Gren-ze. Jenseits der Grenze aber verschanzten sich die Heloten in einer Berg-festung.

Die Spartiaten waren zwar in offener Feldschlacht fast unüberwindlich, »doch von der Belagerungstechnik verstanden sie nichts«, schreibt Thukydi-des. Sparta bat darum seine Verbündeten um Hilfe. Und ganz besonders hoffte man dabei auf den Beistand der Athener.

Zur Zeit des Erdbebens regierte in Athen noch der Adelsrat. Und die Hochwohlgeborenen freuten sich, den Königen Spartas gefällig zu sein. Der Rat entsandte den renommiertesten Strategen mit einem Kontingent von 4 000 Hopliten nach Sparta, um Schützenhilfe zu leisten. Doch eine so ge-waltige Truppenzahl war den Spartanern nicht geheuer. Sie fürchteten, die als radikal-demokratisch verrufenen Athener könnten am Ende gemeinsame Sache mit den aufständischen Heloten machen, »sich auf deren Seite schlagen und einen Umsturz herbeiführen«, schreibt Thukydides. »Des-wegen schickten sie die Athener als einzige von den Verbündeten wieder nach Hause.« Die Athener fühlten sich rüde zurückgewiesen. Sie annullierten ihren Bündnisvertrag mit Sparta.

Sparta, das wegen seiner elitären Bevölkerungspolitik ständig unter Menschenmangel litt, brauchte mehrere Jahre, um den Helotenaufstand niederzuschlagen. Das gab Perikles in Athen freie Hand.

Sieben Jahre nach dem Erdbeben war Sparta so weit erstarkt, dass es wieder eine aktive Außenpolitik betreiben konnte. Es verbündete sich mit Theben, der bevölkerungsreichsten und mächtigsten Stadt in Mittel-griechenland. Athen dagegen fand Verbündete auf dem Peloponnes. Im Jahr 457 gerieten Athen und Sparta zum ersten Mal in der Geschichte beider Städte militärisch aneinander. Die Schlacht bei Tanagra in Mittelgriechen-land war der Auftakt zu Feindseligkeiten zwischen beiden Metropolen, die sich über ein halbes Jahrhundert hinzogen. Unter hohen Verlusten konnten die Spartiaten zwar die Schlacht für sich entscheiden, in einem nachfolgenden Treffen aber unterlagen sie den Athenern. Nach diesem ersten Kräftemessen ließen beide Kontrahenten voneinander ab und gingen einer erneuten militärischen Konfrontation vorerst aus dem Weg.

Perikles konnte sich wieder ganz der Innenpolitik widmen. Er baute Athens Seestreitkräfte zur überlegenen Flottenmacht der Ägäis aus. Sein Vater Xanthippos hatte den »Delischen Seebund« initiiert. Perikles band die Verbündeten in der Ägäis und in Ionien noch enger an Athen. Der Sitz des Bündnisses befand sich auf der dem Apollon geheiligten Insel Delos in der südlichen Ägäis. Dort fanden die Bundesversammlungen der Mitglieder statt, und dort, unter Aufsicht von Apollon, war auch die Bundeskasse untergebracht, an die jeder Verbündete seine jährlichen Beiträge entrichtete.

Die Beiträge erfolgten in Geld oder in Gestellung von Schiffen und Truppen zum gemeinsamen Verteidigungsbündnis gegen Persien. 60 Schiffe des Bündnisses patrouillierten ständig die Inselwelt, falls es die Perser gelüsten sollte, in griechische Gewässer einzufallen. Die finanziellen Beiträge der Verbündeten beliefen sich auf mehr als eine Tonne Münzsilber im Jahr. Der »Delische Seebund« stellte also eine beträchtliche Macht dar.

Aus jenen im Bündnis zusammengeschlossenen rund hundert Stadtstaaten hätte eigentlich ein politisch geeintes Griechenland hervorgehen können. Wenn sich das Bündnis eine Verfassung mit klaren Zuständigkeiten für eine zentrale Verwaltung gegeben hätte: mit der Einrichtung eines Bundesparlaments, eines Bundesgerichtshofs und der Aufstellung eines Bundeshaushalts. Dazu ist es leider nicht gekommen. Die Mitglieder hätten dafür auf einen Teil ihrer Souveränität verzichten müssen, doch dazu wäre keine einzige Stadt bereit gewesen. Hatten doch die Griechen gerade erst die autonome, sich selbst regierende Stadt erfunden – wie hätten sie ihre Autonomie dann plötzlich zugunsten eines nebulösen Bundesstaates preisgeben können!

Und so geschah das Unvermeidliche. Athen dominierte als Führungsmacht. Die Verbündeten, ob sie es wollten oder nicht, hatten sich zu fügen.

Im 25. Jahr des Attischen Seebunds verlegte Athen die Bundeskasse von Delos in seine Mauern. Damit wurde der jährliche Mitgliedsbeitrag zu einer Art von Tributzahlung, die man an die Schutzmacht abzuführen hatte. Im gleichen Zug ernannte sich die Volksversammlung Athens zum Gerichtsstand für die im Seebund vereinigten Städte. Athen war nun für alle schweren Straftaten, wie Mord und dergleichen, juristisch zuständig, für die früher jedes Mitglied selbst die Gerichtsbarkeit innehatte. Fünf Jahre nach Überführung der Bundeskasse entzog Athen den Verbündeten sogar das eigene Münzrecht. Allein die Athener Silberdrachme mit der Eule galt fortan im Seebund als gesetzliches Zahlungsmittel. Das alles waren verhängnisvolle Maßnahmen. Sie mussten Athen bei seinen Verbündeten unbeliebt machen. Es ist schwer zu sehen, dass Perikles das nicht voraussah, und noch schwerer ist zu verstehen, warum er es trotzdem tat.

Und so kam, was kommen musste. Einzelne Verbündete sprangen ab, mussten mit Gewalt befriedet, ins Bündnis zurückgeholt werden. Thukydides lässt Perikles selbst eingestehen: »Eigentlich üben wir Athener eine tyrannische Herrschaft aus. Man mag das bedauern, doch daran ist nichts zu ändern. Eine andere Politik wäre Selbstmord.« Wie Sparta es schon immer getan hatte, ordnete jetzt auch Athen gesamtgriechische Interessen rigoros seinen Eigeninteressen unter.

Erbaut aus edelstem weißen Marmor – der Parthenon
auf der Akropolis in Athen.

»Athens wachsende Macht versetzte die Spartaner in große Unruhe«, erzählt Plutarch. »Perikles aber wollte die Athener noch selbstbewusster und unternehmender machen. Er lud zu einer gesamtgriechischen Konferenz nach Athen ein. Sämtliche Griechen, sei es aus Europa oder aus Asien, sollten Delegierte nach Athen entsenden. Man wolle auf der Konferenz darüber befinden, wie die von den Persern zerstörten Tempel wieder aufzubauen seien. Außerdem sollten die Delegierten darüber beraten, wie der Überseehandel sicherer gemacht werden könne. Und schließlich, mit welchen Maßnahmen man den Frieden untereinander festigen könne.« Die Konferenz kam nicht zustande. Sparta legte sich quer und auch von den Verbündeten entsandten nur wenige Städte ihre Delegierten.

Das nach Athen überführte Bundesvermögen stand nun unter dem Schutz der Stadtherrin Athene. Deren Haus auf der Akropolis aber lag seit einem Menschenalter in Trümmern. »Wüstenkauz und Eule hausen zwischen den zerborstenen Säulen, aus den leeren Fenstern krächzen Vögel, die Türschwellen sind mit Schutt besät, die Zedernholztäfelung liegt heruntergerissen auf dem Boden.« So beschreibt Zephanja in der Hebräischen Bibel eine gebrandschatzte Stadt und so mag es auch auf Athens Akropolis ausgeschaut haben. Das war auf die Dauer ein unhaltbarer Zustand.

Die Überstellung der Bundeskasse unter die Schirmherrschaft der Göttin zwang jetzt, mit der Vergangenheit aufzuräumen.

Es galt zugleich, den Göttern Dank dafür abzustatten, »dass wir Griechenland und uns selbst gerettet haben«, sagten sich die Athener. »Denn nicht wir haben unsere Siege vollbracht, sondern unsere Götter und Heroen.« Sie haben den Perser dafür bestraft, »dass er die Heiligtümer entheiligte und die Bilder der Götter verbrannte und umstürzte«. Der fällige Dank forderte, das Haus der Göttin nicht nur wiederherzustellen, sondern ihr Haus im großen Stil neu zu planen. In glanzvollem Design.

Die Volksversammlung beschloss das Vorhaben. Sie betraute den Architekten und Bildhauer Pheidias mit der künstlerischen Gesamtleitung des Projekts.

Der Akropolis-Burgberg ragt 80 Meter über der Stadt hervor und endet in einer flachen ovalen Terrasse von der doppelten Größe eines Fußballfeldes. Unterhalb der Terrasse fällt der Fels steil ab in die Tiefe. Schon in frühgriechischer, mykenischer Zeit befand sich eine Befestigung auf dem schwer zugänglichen Felsen. Pausanias schreibt: »Es existiert nur ein einziger Aufgang zur Akropolis, einen zweiten besitzt sie nicht, weil sie ringsum sehr abschüssig ist.« Ein idealer Bauplatz also, um ein geschlossenes Ensemble von Bauwerken zu errichten.

Das gewaltige Projekt potenzierte Athens ohnehin schon beispiellose Wirtschaftskraft. Öffentliche Gelder flossen in zahllose Handwerksbetriebe. Der Bedarf an Menschen und Materialien war riesengroß, weiß Plutarch zu berichten. »Man brauchte Steine, Metall, Elfenbein, Gold, Zypressen- und Ebenholz. Und außerdem Fachkräfte, die solche Materialien verarbeiteten: Zimmerleute, Bildhauer, Kupferschmiede, Steinmetzen, Färber, Gold-arbeiter, Elfenbeinschnitzer, Maler, Sticker und Holzschnitzer. Und für den Transport benötigte man Kaufleute, Matrosen, Schiffsführer zur See und zu Lande Wagenbauer, Ochsengespanne, Fuhrleute, Seilmacher, Leinweber, Lederarbeiter, Straßenbauer und Bergleute.« Den größten Aufwand erfor-derten die Steinarbeiten. Der Marmor wurde in den Pentelikon-Bergen gebrochen, 30 Kilometer nördlich der Stadt. Das ist heute keine nennens-werte Entfernung. Doch eine Ochsenfuhre brauchte dazu mehr als eine Tageslänge. Allein für den Tempel der Athene wurden 30 000 Tonnen Marmor verbaut. Und die Baukosten des Parthenon veranschlagte man auf 1 500 Talente Silber, 1 Talent rechnet man mit 26 Kilogramm in heutigem Gewichtsmaß. Das alles sind wahrhaft schwindelerregende Zahlen.

Plutarch bestaunte noch Jahrhunderte später die Bauten Athens, die unter der Ägide von Perikles entstanden: »Sie sehen noch immer aus wie neu, so lebendig ist ihr Genius, der sie bewohnt.«

In der Goethezeit schrieb der Kunsthistoriker Winckelmann, es sei die »edle Einfalt und stille Größe«, welche die griechische Kunst allen anderen Kulturen voraushabe. Winckelmann war dem weißen Marmorglanz der grie-chischen Tempel und Statuen verfallen. »Darum die weiße Farbe diejenige ist, welche die meisten Lichtstrahlen zurückschickt, und so wird ein schöner Körper desto schöner sein, je weißer er ist.« Er hatte Recht und Unrecht zugleich. Natürlich lenkt der weiße Marmor das Auge ganz auf die Form. Doch die griechische Kunst mochte es bunt. Kunterbunt. Statuen und Tempel wurden mit satten Farben bemalt. In wilder Buntheit, die ganze Farbskala entlang, kein Quadratzentimeter blieb ausgespart. Winckelmann wäre entsetzt, abgestoßen gewesen, hätte er in perikleischer Zeit die Akro-polis betreten. Das Bemalen von Marmor nannte er »eine barbarische Sitte« und wahrscheinlich hätten wir ihm sogar zugestimmt. In der »Villa Kunterbunt« besucht man Pippi Langstrumpf, keine fernen Götter. Die siedelten schließlich auch die Griechen im weißen Firn des Olymps an.

154

Wer Bürger Athens sein darf

In Athens Nationalheiligtum, der Akropolis, erinnerte eine freistehende Bronzestatue der »Athene Promachos« (»Vorkämpfer«, maskuline Form) an Marathon. Die Volksversammlung hatte der Göttin die Statue »als Erstlingsdankesgabe für den Kampf gegen die Perser« gewidmet. Pheidias soll die 16 Meter hohe Statue der mit einer Lanze bewehrten Göttin geschaffen haben. Pausanias schreibt in seinem Reiseführer: »Von dieser Athena ist die Lanzenspitze und der Helmbusch sichtbar, wenn man südlich von Sunion kommt.« Das sind 40 Kilometer. Die Statue ist verschollen. Wahrscheinlich ist sie irgendwann zerschlagen und ihre Bronze recycelt worden. Der Sockel jedoch, auf dem die Göttin stand, ist bis heute erhalten. Er misst 5 mal 5 Meter.

Die Volksversammlung hat Perikles viele Male hintereinander in den Dienst der Göttin gestellt. Dreißig Jahre lang gestaltete er die Athener Politik. Perikles hat während seiner Amtszeiten als Stratege keine glänzenden militärischen Siege erfochten. Er konzentrierte sich in erster Linie auf die Innenpolitik. Und in der Außenpolitik ging es ihm um eine Bestandssicherung. Mehrmals zwang er aufsässige Bundgenossen zurück in den Seebund, er sicherte die Handelsrouten der Ägäis, führte mit 62 Jahren eine Flotte ins Schwarze Meer, dessen Ressourcen für Athen überlebenswichtig waren. Gegen Megara, auf der Landenge des Peloponnes, verhängte er eine Seeblockade, um die Stadt zum Abfall von Sparta zu zwingen.

Alle diese Unternehmungen zielten darauf ab, die Vormachtstellung Athens zu festigen und zu erhalten. »Er gab nicht nach, wenn die Bürger ihn zu unbedachten Aktionen drängen wollten«, liest man bei Plutarch. Im Vollgefühl der eigenen Stärke reizte es nämlich die Volksversammlung, sich militärisch auswärts zu engagieren. »Zum Beispiel drang sie darauf, im persisch besetzten Ägypten zu intervenieren, um den Großkönig niederzuhalten. Es gab sogar Leute, die sich dafür starkmachten, Athen solle in Sizilien militärisch aktiv werden, eine unselige Wahnvorstellung. Wieder andere träumten davon, sich mit den Etruskern und mit Karthago anzulegen. Die Stadt wäre dazu stark genug gewesen. Perikles jedoch zügelte die Expansionslust der Athener. Er stellte sich ihren überspannten Wünschen entschlossen in den Weg. Seine Politik war es, den Bestand der Stadt dauerhaft abzusichern.« Genug ist genug, so sah es Perikles. Statt hochfliegenden Plänen nachzuhängen, war er der Meinung, die Athener hätten schon viel gewonnen, wenn es ihnen gelänge, Sparta unter Kontrolle zu halten. Auf Sparta nämlich war Perikles nicht gut zu sprechen.

Perikles also widersetzte sich einer nimmersatten Expansionspolitik. Er hatte jedoch ein hausgemachtes Problem. Die Einwohnerzahl Athens war in den letzten Jahrzehnten dramatisch gewachsen.

Ständig drängten neue Zuwanderer in die Stadt, eine Folge ihres spektakulären Wachstums. Es waren nicht nur Lastträger und Wasserverkäufer, die am Wohlstand Athens teilhaben wollten. Gerade auch Unternehmer, kapitalkräftige Geschäftsleute, industrielle Produzenten, Schiffseigner und dergleichen ließen sich in der Stadt oder im Peiraieus-Hafen nieder. Man nannte sie die »Metöken«, die »Zugereisten«. Sie besaßen kein Bürgerrecht. Doch einem wohlhabenden zugereisten Geschäftsmann konnte es nicht schwerfallen, in eine Athener Bürgerfamilie einzuheiraten. Damit kamen die Metöken kurz oder lang in den Besitz des Bürgerrechts. Und erhielten Sitz und Stimme in den städtischen Gremien. Eine ständig wachsende Zahl von Bürgern würde aber politische Prozesse unberechenbar machen.

Aristoteles vertrat im Jahrhundert nach Perikles darum die Ansicht, die beste Stadt sei eine nicht zu große Stadt. »Zehn mal 10 000 Bürger sind keine Bürgerschaft mehr«, schreibt der Philosoph. Die Stimme des städtischen Ausrufers müsse jeden Bürger erreichen können. Wahlämter würden nach Würdigkeit vergeben, also müssten sich die Bürger persönlich kennen. Direkte Demokratie funktioniert nur auf Augenhöhe, bedarf des ständigen Blickkontakts. Eine anonyme Menge von Menschen ist nicht demokratiefähig. Also muss eine Stadt darauf achten, überschaubar zu bleiben. So sah es Aristoteles.

Ähnlich hat wohl auch Perikles gedacht. Im Jahr 451 brachte er einen Antrag in die Volksversammlung ein, der eine restriktivere Neufassung des Bürgerrechts forderte. Man diskutierte den Antrag und er wurde schließlich angenommen. Immerhin lag es im eigenen Interesse der Athener, das Bürgerrecht ihrer Stadt nicht wahllos zu verschleudern. In der Neufassung muss ein Mann zwei gebürtige Athener zu Eltern haben, um die Rechte der Stadt als Bürger in Anspruch nehmen zu können.

Die Vorrechte der Bürger bestanden darin, das aktive und passive Wahlrecht zu besitzen, dazu das Recht auf Haus- und Grundbesitz. Außerdem erbrachte die Stadt eine Reihe von Sozialleistungen, die ausschließlich ihren

Bürgern vorbehalten waren. Zum Beispiel setzte Athen den Kriegsversehrten und Kriegshinterbliebenen eine Rente aus. Auch bei Gericht verfügten Bürger über einen besseren Rechtsschutz als die Nichtbürger. Und schließlich zahlten die Athener auch keine direkten Steuern. Alles Argumente für die Volksversammlung, die Vergabe des Bürgerrechts restriktiver als bisher zu handhaben.

Perikles privat

Mehrere Jahre später stolperte Perikles über seine eigenen Gesetzeshürden. Aspasia aus Milet gebar ihm einen Sohn, der nach athenischem Recht darum kein Bürger sein konnte.

Mit 30 Jahren wird Perikles geheiratet haben. Den Namen seiner Frau kennen wir nicht. Gewiss war sie eine Eupatridin, also eine Hochwohlgeborene. Der Ehe entsprossen zwei Söhne, Paralos und Xanthippos. In seinen vierziger Jahren ließ Perikles sich scheiden, seine Frau war bald darauf wieder verheiratet. Dann lernte er Aspasia kennen. Ihre Eltern stammten aus dem reichen Milet. Vermutlich hatte die Familie ihren Wohnsitz nach Athen verlegt, um ihren Wohlstand in der Wirtschaftsmetropole zu vermehren. Eventuell waren Aspasias Eltern also Geschäftsleute.

Perikles und Aspasia lebten 20 Jahre zusammen. Athenerinnen bekamen nie eine Chance, sich intellektuell zu bilden. Das war in Milet anders. In Milet waren die »Wissensexperten« zu Hause und Aspasia muss sich bei ihnen eine umfassende Bildung angeeignet haben. Viele antike Quellen, darunter Sokrates und Platon, rühmen Apasias Begabung, Ansprachen, politische Reden und Vorträge abzufassen. Das war ein Riesenkompliment an die Frau. Denn die Redekunst umfasste damals alle Wissengebiete. Der »Rhetor« galt als eine Art Universalgelehrter. Ähnlich kompetent und intelligent muss man sich Aspasia aus Milet vorstellen. Die Frau aus Ionien, dem Geburtsland der europäischen Philosophie.

Plutarch schreibt über Aspasia in seiner Perikles-Biografie: »Sokrates besuchte Aspasia gelegentlich zusammen mit seinen Schülern.« Und weiter: »Verheiratete Männer nahmen oft ihre Frauen mit zu Aspasia, um ihren Ausführungen zu lauschen.« Platon deutet sogar an, Aspasia habe einige der berühmten Reden von Perikles verfasst, sozusagen als dessen »Ghostwriter«. Und weiter liest man bei Plutarch: »Perikles liebte Aspasia so zärtlich, dass er sie alle Tage, wenn er zur Agora ging und wenn er wieder nach Hause kam, umarmte und küsste.« Öffentlich, versteht sich. Und das war bei griechischen Eheleuten völlig undenkbar.

Das leider ist aber auch schon alles, was wir von dieser den Kopf und das Herz erfreuenden Ionierin wissen. Wenn man von dem Klatsch und dem Tratsch absieht, von der bösen Häme, mit der beispielsweise Komödienschreiber über Aspasia herziehen. Die nannten Aspasia »die Nutte mit den geilen Augen«. Jemand anderes wollte wissen, die Ionierin unterhielte im Haus von Perikles ein Bordell und sie führe dem berühmten Strategen regelmäßig frisches Mädchenfleisch zu. Derartige Reaktionen verwundern nicht. Sie waren zu erwarten, angesichts der geringen Wertschätzung, die Frauen in der griechischen Gesellschaft erfuhren. Sich über Frauen lustig zu machen, gehörte fast zum guten Ton.

Doch es gab auch einige wenige, darum umso bemerkenswertere Ausnahmen. Eine davon findet sich in Sparta, das seine Mädchen und Frauen fast den Männern gleichstellte. Und der Athener Aristophanes lässt in seiner *Lysistrata* Frauen in den Bettstreik treten. Um ihre kriegslüsternen Männer vom Töten abzuhalten. »Ich bin bloß eine Frau«, sagt Lysistrata. »Aber ich habe auch Verstand!« Doch Aristophanes bleibt in Athen eine der großen Ausnahmen. Wie auch Platon, der in seinem Experimentalstaat Männer und Frauen dieselben Rechte zuspricht. Ein Gedankenexperiment, ohne Chance zu funktionieren.

Und eben auch Perikles war anders als die Athener Männer. Er suchte und fand in der Ionierin eine Frau, mit der er sich auf Augenhöhe befand. Das machte ihn anders als die anderen. Sokrates zum Beispiel hatte die Frau gefunden, die er verdiente. Xanthippe, die ihm auf der Agora den Mantel herunterriss, dass er nackt und bloß dastand. Der Dialektiker, ein Opfer der Realdialektik seiner Ehe. Platon hatte erst gar nicht geheiratet, wie so manch anderer seiner philosophischen Kollegen. Fanden sie es unter ihrer Würde, mit einer Frau zusammenzuleben?

Geistige Partnerschaft mit einer Frau suchten die besseren Männer Athens bei den Hetären. Man findet nur, was man sucht. Darum hat Perikles auch die Frau aus Milet gefunden, Aspasia, eine Partnerin.

Sie zeugten ein Kind. Einen Sohn, der den Namen seines Vaters tragen sollte, Perikles junior. Aspasia jedoch war Ausländerin. Also würde Perikles junior niemals ein Amt in der Stadt bekleiden. Das von dem Vater restriktiv gefasste Bürgerrecht machte den Sohn zu einem Niemand. Und der Vater war eben kein alleinherrschender Peisistratos, der sich notfalls auch über geltendes Recht hinwegsetzen konnte. Perikles musste sich seinem Gesetz beugen.

Beinah 20 Jahre alt musste Perikles junior werden, bis sein Vater sich entschließen konnte, die Volksvertretung zu bitten, dem Sohn das Athener Bürgerrecht zu gewähren. Sie tat es. Wenig später wurde Perikles junior sogar zum Strategen gewählt. Fast den ganzen Peloponnesischen Krieg erlebte er mit. Dann wurde er gegen dessen Ende, zusammen mit einer Handvoll anderer Generäle, des Hochverrats beschuldigt und dazu verurteilt, den Schierlingsbecher zu trinken.

Tragik liegt über dem Leben von Perikles, einem Mann, der seinem ganzen Zeitalter den Namen gab.

Spät, fast widerwillig, so scheint es, hatte Perikles seinen Weg in die Politik gefunden. Dem politischen Erbe der Eltern verpflichtet. Lieber hätte er wohl wie sein Freund Anaxagoras den Blick in den Himmel gerichtet. Über Anaxagoras erzählt Diogenes Laertios: »Er zog sich schließlich ganz zurück und interessierte sich nicht mehr für die Politik. Als man ihm vorwarf, er kümmere sich nicht ums Vaterland, antwortete Anaxagoras: Wie sehr ich mich darum kümmere! Wobei er über sich hinauf in den Himmel deutete.« So hätte vielleicht auch Perikles gern gelebt, »nur der Erforschung von Sonne, Mond und Sternen hingegeben«. Und die innere Distanz ist ihm, Athens größtem Politiker, niemals abhandengekommen.

Perikles starb, wie seine beiden Söhne aus erster Ehe, an der Pest. In seinen letzten Jahren reihte sich ein Unheil ans andere.

Seine Hinhaltetaktik gegenüber Sparta ließ sich nicht länger durchhalten. Er hatte versucht, den Ausbruch offener Feindseligkeiten hinauszuschieben. Die Volksversammlung warf ihm daraufhin vor, »er zeige nicht genug Führungsstärke, wie man sie von einem Strategen erwarte«. Seine defensive Politik gefiel den forschen Athenern immer weniger.

Sparta gegen Athen, Athen gegen Sparta
Die Entscheidung im Peloponnesischen Krieg

Sparta war alarmiert. Das Wachstum Athens hatte bedrohliche Ausmaße angenommen. Sparta hatte stets an seinem gesamtgriechischen Führungsanspruch festgehalten. Und Delphis Priesterschaft hatte Sparta darin bestärkt. Seit ewiger Zeit. Das radikal demokratische Athen hingegen war Delphis Priestern nie geheuer. Dort galt die Stimme des Volkes offenbar mehr als die Orakelstimme des Gottes. Sparta jedoch war fromm. Fromm bis zum Aberglauben. Ohne Delphis Segen unternahm Sparta nichts. Und dessen Könige galten als die Nachkommen von Herakles. In direkter Linie. Die Athener andererseits waren womöglich keine ganz echten Griechen. Sondern Nachkommen der Pelasger, der vorgeschichtlichen Bevölkerung Attikas, die sich später erst den Griechen angeschlossen hatten. Also waren die Spartaner allein legitimiert, einen Führungsanspruch unter den Städten Griechenlands geltend zu machen. So wahrscheinlich sah man es in Delphi.

Es lag also genug Stoff zu einem gewaltsamen Konflikt zwischen beiden Städten bereit. Irgendwann musste er ausgetragen werden.

Draußen Spartaner, drinnen Pest

An einem Handelsboykott gegenüber Megara, einem Verbündeten Spartas, entzündete sich der schwelende Konflikt. In Megara, 30 Kilometer westlich von Athen, war ein Athenischer Gesandter ermordet worden. Athen hatte daraufhin ein Embargo über die Stadt verhängt. »Die Athener hatten beschlossen, die Megarer von den Märkten und Häfen des Seebundes auszuschließen. Megara wandte sich um Unterstützung an Sparta. Und Sparta schickte Gesandte nach Athen. Die befahlen den Athenern, ihre Feindseligkeiten gegenüber Megara einzustellen. Anderenfalls, so drohten die Gesandten, werde Sparta zusammen mit seinen Verbündeten gegen Athen zu Felde ziehen. Als die Volksversammlung zusammentrat, um darüber zu beraten, ergriff Perikles das Wort und warnte die Athener, dem Druck Spartas nachzugeben. Denn wenn sich Athen den Befehlen Spartas beuge, wäre das der erste Schritt, Sklaven der Spartaner zu werden«, so stellt es Diodor dar.

Die Volksversammlung folgte Perikles. Man dachte gar nicht daran, sich von Sparta Vorschriften machen zu lassen. Überdies hatten beide Städte im Jahr 445 vereinbart, in den nächsten drei Jahrzehnten strittige Angelegenheiten in Schiedsgerichtsverfahren zu klären, und die Vertragszeit war noch nicht einmal zur Hälfte abgelaufen. Die Kriegsdrohung Spartas war mithin ein eindeutiger Vertragsbruch. Und das zeigte, dass Sparta nur einen Anlass suchte, um den Athenern eine Lektion zu erteilen.

Eventuell aus der Zeit des Handelsembargos stammt folgende Anekdote. »Als die Athener ihre Schiffe bemannten und Perikles gerade dabei war, sich an Bord seiner Triere zu begeben, ereignete sich eine Sonnenfinsternis. Die Männer überkam große Angst, weil sie darin ein böses Vorzeichen sahen. Als Perikles bemerkte, wie verschreckt sein Steuermann war, nahm er seinen Umhang ab und hielt ihn dem Mann vors Gesicht. Und fragte den Mann, ob ihm das Angst mache oder ob er darin ein böses Vorzeichen sähe. Nein, antwortete der Steuermann. Was da oben passiert, erklärte ihm Perikles, ist genau dasselbe. Mit dem einzigen Unterschied, dass der Schatten, der am Himmel die Sonne verdunkelt, größer ist als mein Mantel!« Im Jahr 432 fanden zwei Teilsonnenfinsternisse am Himmel über Athen statt. Die erste morgens, am 16. April, die andere nachmittags am 10. Oktober. Beide Finsternisse erstreckten sich ungefähr über anderthalb Stunden. Perikles kannte sich am Himmel aus. Schließlich war er über Jahre mit Anaxagoras, dem Astronomen, befreundet, der sich den gestirnten Himmel zum Vaterland erwählt hatte.

Die Abweisung seiner Botschafter verstand Sparta als Kriegserklärung. Es setzte seine Truppen in Marsch. Ihr Ziel war Athen. Die Volksvertretung evakuierte das attische Umland und verschaffte den Flüchtlingen Platz in Athen. »Die Menschen kam es schwer an, Haus und Boden den Feinden zu überlassen«, schreibt Thukydides. »Denn sie hatten nach den Perserkriegen ihren Besitz gerade erst wiederhergestellt. Und als sie nach Athen kamen, besaßen dort nur wenige eine Wohnung oder konnten bei Verwandten oder Freunden unterkommen. Die allermeisten kampierten auf den freien Plätzen der Stadt. Oder in den Tempeln, mit Ausnahme der Akropolis. Die Stadt fasste die hereinströmende Menge nicht. Später teilte man sogar den Raum zwischen den Langen Mauern, die zum Hafen führen, für Wohnzwecke auf und dann auch größere Teile des Hafengeländes selbst.« Von den Mauern der Stadt aus mussten die Flüchtlinge tatenlos mitansehen, wie die Spartaner ihre Häuser in Brand setzten, Felder und Gärten verwüsteten, die Fruchtbäume fällten. Die Athener aber rückten nicht zur Schlacht aus. Sie bemannten ihre Schiffe, nahmen Kurs auf den Peloponnes und verwüsteten dort das Land. Das war die Strategie, zu der Perikles die Volksversammlung überredet hatte.

Als es Winter wurde, zogen die Spartaner ab. Doch im Frühjahr fielen sie aufs Neue in Attika ein. Wieder suchten Tausende und Abertausende Schutz hinter den Mauern. Viel fanden die Spartaner nicht mehr vor, was sie verwüsten konnten. Aber sie hielten Attika besetzt. Denn sie hofften, die Athener würden sich endlich in einer offenen Feldschlacht der Entscheidung stellen.

Dazu kam es nicht. In der hoffnungslos überfüllten Stadt brach eine Seuche aus. Pest, höchstwahrscheinlich, vielleicht aber auch Typhus oder Cholera. Thukydides schildert auf fünf eng beschriebenen Seiten die Seuche, »die furchtbarer war, als Worte es beschreiben können«. Man machte Perikles für das Desaster verantwortlich. Mit Recht. Die Volksversammlung hatte es versäumt, mit Quartieren, zusätzlichen Brunnen und einer verstärkten Abfallbeseitigung vorzubeugen.

Thukydides schreibt: »Ich selbst erkrankte. Und ich habe andere leiden gesehen. Darum will ich die Krankheit genau beschreiben, damit man sie beim nächsten Auftreten sicher erkennen kann.« Thukydides hatte Glück, viel Glück gehabt. Denn Ungezählte verendeten qualvoll in der Kloake, zu der Athen inzwischen geworden war.

Perikles wurde abgewählt. Er verteidigte sich am Rednerpult auf der Pnyx. Vergeblich. Man strengte sogar einen Prozess gegen ihn an. Wegen Veruntreuung öffentlicher Gelder. Und Perikles wurde mit einem hohen Bußgeld belegt. Er verlor seine Schwester, den jüngsten Sohn Xanthippos, schließlich auch den ältesten, Paralos. Sie wurden Opfer der Seuche. »Als er bei der Bestattung von Paralos ein Blumengebinde niederlegte, wehklagte er laut und konnte seine Tränen nicht stillen. Und so hatte ihn noch niemand jemals gesehen.« Danach zog sich Perikles vollends aus der Öffentlichkeit zurück.

Er war jetzt in seinem 72. oder 73. Lebensjahr. Sein Lebenswerk schien vernichtet. »Unser Leben währt siebzig Jahre, und wenn es hoch kommt, sind es achtzig Jahre, und was einst schön daran war, ist lauter vergebliches Mühen gewesen«, heißt es in den hebräischen Psalmen. Aber natürlich kannte Perikles keine Psalmen. Er musste mit weniger vorliebnehmen. Einem Besucher zeigte er ein Amulett, das ihm die Frauen des Hauses um den Hals gebunden hatten. »Als wollte er damit sagen – so weit ist es mit mir gekommen!« Und als Freunde seine Verdienste aufzählten, um ihn zu ermuntern, winkte er ab.

Dann aber rief ihn die Volksversammlung zurück ins Amt. Seine Freunde redeten ihm zu, die Entschuldigungen der Athener anzunehmen. Perikles schleppte sich zur Pnyx, trat an das Redepult und bat die Versammlung, seinem einzigen ihm noch verbliebenen Sohn, dem jungen Perikles, das Bürgerrecht zu gewähren. Die Volksversammlung entsprach liebend gern seiner Bitte, wenn nur Perikles, ihre letzte Hoffnung, wieder ins Amt zurückkehren würde.

Bald darauf erkrankte er selbst an der Seuche. Kein schneller Tod war dem olympischen Mann vergönnt. Seine Freunde aber saßen um ihn, als Perikles mit dem Tode rang. Sie sprachen von den goldenen Zeiten der Stadt, an die sein Name kommende Zeiten erinnern werde. Vielleicht war doch nicht alles umsonst gewesen.

Der Ausbruch des Peloponnesischen Krieges

Mit dem Handelsembargo gegen Megara beginnt der »Peloponnesische Krieg.« Der Name ist doppelt irreführend. Kriegsschauplatz ist nicht etwa die peloponnesische Halbinsel, sondern das gesamte Mittelmeer östlich von Sizilien. Die Ägäis, das griechische Festland, Ionien, das Schwarze Meer. Der Peloponnesische Krieg ist ein Weltkrieg. Und er ist auch kein konventioneller Krieg. Es ist ein Vernichtungskrieg, den Athen und Sparta miteinander führen.

»Noch nie wurden so viele Städte erobert und ihre Einwohner niedergemacht wie in diesem Krieg. Teils durch Nichtgriechen, teils durch die Kontrahenten selbst. Manche Städte erhielten nach ihrer Eroberung sogar eine völlig neue Einwohnerschaft. Und nie zuvor hatten so viele Städte ihre Mitbürger in die Verbannung geschickt, nie zuvor hat es so viel Blutvergießen gegeben. Durch Kriegshandlungen oder durch Bürgerkriege in den Städten.«

Thukydides ist der Chronist dieses Krieges, ein General, den die Athener während des Krieges in Ungnaden entlassen hatten. Ohne Partei zu ergreifen, schildert Thukydides das Geschehen. Mit der Sachlichkeit eines Gerichtsmediziners. Doch selbst ihm, dem sachlichen Berichterstatter, scheint es, als sprenge dieser Krieg alle Grenzen. Anscheinend war die Natur selbst in Aufruhr geraten: »Es suchten während dieses Krieges Erdbeben mit nie gekannter Heftigkeit ganze Landstriche heim. Sonnenfinsternisse traten in dichterer Folge auf als sonst. Manche Regionen wurden von Dürrekatastrophen heimgesucht und daraus entstanden Hungersnöte. Und zuletzt kam als Schlimmstes die Pest, die alles Leben auslöschte.«

Thukydides zählt in seinem vielhundert Seiten starken Werk mehr als zehn heftige Erdbeben auf. Auch einen Tsunami bei Euboia beschreibt er, der viele Opfer unter der Land- und Stadtbevölkerung der Insel fand. Dann kommt Thukydides auf die Ursachen eines Seebebens zu sprechen: »Dessen Ursache, so meine ich, besteht darin, dass das Beben, wo es am heftigsten war, das Meer zurückstaut und dann eine umso gewaltigere Überschwemmung hervorruft, wenn es zurückflutet. Ich denke nicht, dass ein Seebeben ohne ein vorausgehendes Erdbeben eintreten könnte.« Möglicherweise war während der drei Kriegsjahrzehnte die seismologische Aktivität im östlichen Mittelmeerraum besonders hoch. Die Zahl der Sonnenfinsternisse in der Ägäis lag dagegen zwischen 432 und 404 im normalen Mittel. Doch in diesen Unglückszeiten deutete man die Verfinsterungen der Sonne als unaufhörlich erneuerte Schreckensbotschaften.

Schrecken ohne Zahl und Ende waren über die Menschen gekommen. Selbst die religiöse Scheu ging in dem gegenseitigen Gemetzel verloren. Der Spartanerkönig Kleomenes überfiel ohne Kriegserklärung eine andere Stadt und erklärte: Gewalt geht vor Recht, und das ist bei Menschen wie bei den Göttern so! Die Athener standen ihm nicht nach. Als sie im 16. Kriegsjahr die Bewohner einer ganzen Stadt massakrierten, sagten sie: Dass uns die Götter zur Rechenschaft ziehen, müssen wir nicht fürchten, denn Fressen und Gefressenwerden ist nun mal der Lauf der Natur!

Der moralische Zerfall schreitet bis zum Kriegsende weiter fort: »Die Werte, an die man sich früher hielt, galten nicht mehr. Oder man gab ihnen eine andere, völlig entgegengesetzte Bedeutung. Unkalkulierbare Risiken eingehen nannte man jetzt heroische Tapferkeit, man diffamierte Vorsicht als Feigheit, nannte Zurückhaltung unmännlich, gab zügellose Aggressivität als mutiges Draufgängertum aus und entschuldigte infame Tricks als erlaubte

Mittel zur Selbstverteidigung.« Thukydides hat diesen Wertezerfall festgehalten. In allen Einzelheiten, von Jahrzehnt zu Jahrzehnt.

Wie brachte er die Kraft dazu auf? Ein Zeitchronist ist Bergungshelfer, er birgt Leichen aus den Trümmern. Irgendwann geht ihm dabei die Kraft aus. Auch Thukydides hat sein Werk nicht fertiggestellt. Im 21. Kriegsjahr endet sein Text. Mit einem abgebrochenen, nicht zu Ende geführten Satz.

Der Peloponnesische Krieg wütete weitere sechs Jahre. Er endete in einem Fiasko. Athen musste kapitulieren. Es streckte die Waffen, weil seine schärfste Waffe abhandengekommen war. Die Stadt verlor mit einem einzigen Schlag ihre gesamte Flotte, 160 Trieren. An der Küste des Hellesponts. In der Gegend, wo ein Xerxes seine Brücke geschlagen hatte, waren die Athener vor Anker gegangen. Die Mannschaften verteilten sich übers Land, um sich zu verproviantieren. Die spartanische Flotte bemächtigte sich der unbemannten Schiffe, nahm die zurückkehrenden Mannschaften gefangen und brachte sie um. Bis auf den letzten Mann. Tausende, Zehntausende.

Mit welchen Worten hätte Thukydides wohl das desaströse Ende der glorreichen Athener Seemacht beschrieben?

Thukydides ist Militärhistoriker. Selbst Solon oder Lykurg, die Verfassungsväter Griechenlands, geraten ihm nicht in den Blick. Weder erwähnt er Aspasia noch Pheidias, nicht Pindar, den Dichter, noch die Bühnenwerke von Aischylos, Sophokles, Euripides oder Aristophanes. Ist das Fahrlässigkeit? Oder methodische Beschränkung? Wir wissen es nicht. Thukydides verliert auch kein Wort über die Philosophen, die zu seiner Zeit in Athen wirkten. Vergeblich suchen wir bei ihm nach den Namen von Anaxagoras oder Protagoras. Kurzum, alles, was späteren Jahrhunderten an Griechenland wichtig ist, blendet er aus.

Wären wir allein auf Thukydides angewiesen, wüssten wir nicht einmal etwas über Sokrates, diesen rätselhaften Mann.

Sokrates

Sokrates und Platon sind bis heute weltweit bekannt. Irgendwann begegnet man ihren Namen und sei es auch noch so flüchtig. Etwa, wenn man ein griechisches Lokal besucht. Sokrates und Platon waren Athener, beide haben den Peloponnesischen Krieg miterlebt. Sokrates dessen ganzen Verlauf, Platon immerhin 24 Jahre davon.

Als Platon geboren wurde, war Perikles gerade gestorben. Sokrates hat die ganze Karriere des Mannes, den man einen »Olympier« nannte, mitverfolgt. Die Erinnerung an Athens goldene Jahre, das Desaster des Peloponnesischen Krieges müssen bei Sokrates, wie bei dessen Schüler Platon, Spuren hinterlassen haben. Wenn wir das auch selten konkret an Details festmachen können. Doch beider Philosophie reagiert auf die Krise Athens. Jede auf ihre besondere Art und Weise.

Sokrates begegnet uns als greifbare Gestalt zum ersten Mal in einem Lustspiel von Aristophanes.

Seinen Komödianten gewährte Athen Narrenfreiheit. Selbst die Götter Athens mussten es sich gefallen lassen, in komischen Bühnenstücken auf den Karnevalswagen gehoben, karikaturistisch verfremdet dargestellt zu werden. Entsprechend ging man wenig zimperlich mit den stadtbekannten Persönlichkeiten um. Jeden konnte es treffen, jeder konnte zur Zielscheibe des Spottes werden. Und natürlich wurden besonders die politischen Größen ins Lächerliche gezogen. Es durfte, es sollte in der Komödie gelacht werden. Über alle und über jeden. Zu Ehren von Dionysos, dem Gott, in dessen Theater man saß und der selbst gern lachte. Also war es schließlich eine Ehre, auf der Bühne kabarettistisch vorgeführt zu werden. Vor den Augen, den Ohren Tausender applaudierender Theaterbesucher.

Mit 46 Jahren traf es Sokrates. In den *Wolken* von Aristophanes wird ihm die Hauptrolle zugedacht. Wir begegnen Sokrates in einem Haus, das Aristophanes witzelnd das »Phronisterion« nennt, frei übersetzt, eine Denksportschule. Den Hintern himmelwärts gereckt widmen sich dort dessen Schüler der Himmelskunde. Andere kleben mit den Augen am Boden, Erdkunde nennt man das. Chairephon, der »Glücksbote«, rechte Hand des Sokrates, berichtet stolz von einem Messexperiment: Sokrates ist es gelungen, Flohsprünge zu vermessen! Und so geht es weiter im Text. Donner und Blitz sind himmlische Darmwinde, die sich entzünden. Nein, nicht Zeus »pisst durch ein Sieb«, wenn es regnet, sondern die Wolken, die lassen es schauern. Und auf der Landkarte der Denksportschule, aus der Vogelperspektive betrachtet, nimmt sich das große Athen erhaben aus wie ein Pünktchen Fliegenschiss.

Nephelai nannte Aristophanes sein Lustspiel, eine Vokabel, die an unser deutsches Wort »Nebel« erinnert. Dieser Sokrates, sagt Aristophanes, beschäftigt sich mit nebeligen, undurchsichtigen Sachen. Und noch viel schlimmer, Sokrates zieht Schüler in seine Denksportschule. Junge Männer, die sich besser dem Wehrsport widmen sollten. Dem Weitsprung, dem Boxkampf, dem Speer- und Diskuswurf. Mit einem Wort, Sokrates ist ein Jugendverderber. Das ist die Botschaft der *Wolken* an das Theaterpublikum.

Als das Stück uraufgeführt wurde, soll auch Sokrates im Theater gesessen haben. Und gefragt, ob er sich nicht gekränkt und beleidigt fühle, soll er geantwortet haben: »Ach was, ist doch ein Spaß unter Freunden!« Doch es war mehr als Spaß. Athen befand sich mitten im Krieg. Im attischen Umland brannten Dörfer. Sparta und seine Verbündeten schlugen die Athener in mehreren Schlachten. Athen hatte bisher Tausende seiner Soldaten verloren. Wehrsport, nicht Denksport war das Gebot der Stunde.

Wie vorauszusehen endet das Stück übel. Die Denksportschule geht in Flammen auf. Wutentbrannte Athener zünden Sokrates das Dach überm Kopf an: »Hackt das Dach zusammen, lasst die Brocken auf ihn fallen!« War das alles wirklich nur spaßig gemeint?

Entkleidet man die Komödie ihrer Komik, stellt sich die bewitzelte »Denksportschule« völlig anders dar. Nicht als spinnerte Eulenspiegelei. Sondern bei näherem Zusehen präsentiert sich das Phronisterion als Vorläuferin unserer universitären Bildung. Man findet folgende Fächer unter seinem Dach vereint: Astronomie, Meteorologie, Kartographie, Messkunde, Zoologie, Sprach- und Religionswissenschaften. Einen regelrechten universitären Fächerkanon hatte Sokrates also in seiner »Denksportschule« zusammengestellt. Und, wer weiß, vielleicht hat sein Phronisterion tatsächlich für Platons spätere Akademie das Vorbild abgegeben.

»Ich betätige den Verstand (*nous*), ich erforsche damit den Himmel«, lässt Aristophanes seinen Sokrates sagen. Genau das war das Programm von Anaxagoras, dem Mentor von Perikles.

Anaxagoras war stadtberühmt. Man konnte handschriftliche Kopien seiner Abhandlungen für eine Drachme auf der Agora erstehen. Lese ich seine Texte, die uns heute nur bruchstückhaft überliefert sind, kann ich nur staunen. Sein Weltbild kommt dem heutigen nämlich sehr nahe. Zum Beispiel sagt Anaxagoras, dass die Erdachse schief steht. Das stimmt. Anaxagoras geht aber noch einen Schritt weiter. Er behauptet, ursprünglich habe die Erdachse senkrecht gestanden. Auch das stimmt. Irgendwann muss die junge Erde ein gewaltiger Meteor getroffen haben, und unter der Wucht des Aufpralls hat sich die Erdachse geneigt. Sehr zu unserem Glück! Anders hätten wir keinen Sommer und Winter, keinen Frühling und Herbst. Die Jahreszeiten sind eine Folge der schief stehenden Erdachse. Wie viel geistige

Arbeit, wie viele Beobachtungen waren vor zweieinhalbtausend Jahren nötig, um so tief in die Gesetze der Natur einzudringen.

Sokrates, den wir mit 46 Jahren in seiner Denkwerkstatt antreffen, war ein Schüler von Anaxagoras. Platon zufolge habe er sich intensiv mit den Theorien des Perikles-Freundes beschäftigt. In den *Wolken* lassen sich zahlreiche Spuren finden, die Platons Aussage bestätigen.

Von Hause aus war Sokrates also Naturwissenschaftler. Und er versammelte Schüler um sich, die sich im Phronisterion ernsthaft mit naturwissenschaftlichen Problemen beschäftigten. Aristophanes tut Sokrates entschieden unrecht, wenn er dessen Forschungsarbeit als Flohsprung-Wissenschaft abtut.

Sokrates hat nichts Schriftliches hinterlassen. Wie auch Zarathustra, Buddha und Jesus nicht. Was wir aufschreiben, ist in demselben Augenblick, wo wir es zu Papier bringen, schon veraltet. Denn Wissen ist ein ständiges Weiterlernen. Wissen ist also kein Besitz, so sah es Sokrates. Das geht aus der Art seiner Gesprächsführung hervor, die uns Platon überlieferte.

Aber weil Sokrates nichts schreiben wollte, kennen wir ihn eigentlich nur vom Hörensagen. Eben besonders durch Platon, seinen Schüler. Der allerdings ist kein objektiver Berichterstatter. Platon benutzt Sokrates als Sprachrohr für seine eigene Philosophie.

Irgendwann in der Mitte seines Lebens hat sich Sokrates von den Naturwissenschaften verabschiedet. Platon lässt Sokrates jetzt sagen: Von der Natur, »von den Bäumen und Feldern kann ich nichts lernen, sondern von den Menschen in der Stadt«. Das ist ein völlig anderer Sokrates als der, den Aristophanes auf den Karnevalswagen setzte. Ihn interessiert nicht mehr, wie sich Sonne, Mond und Sterne vertragen, der neue Sokrates will wissen, wie sich die Menschen vertragen können. Also verlässt er sein Phronisterion. In Zukunft wird man ihn auf der Agora finden. Wo Sokrates, statt in die Wolken zu schauen, mit den Athenern über ihre Moral diskutiert.

Wie kam es zu dieser Kehrtwende? Nun, es geschieht nicht selten, dass sich Menschen in ihrer Lebensmitte neu orientieren. Und Athen befindet sich seit einem Jahrzehnt in dem mörderischen Peloponnesischen Krieg. Dreimal ist Sokrates in diesen Jahren zum Waffendienst einberufen worden, als schwerbewaffneter Hoplit hat er in der Phalanx mitgekämpft. Das entnehmen wir den Schriften von Platon, der Sokrates als Musterbeispiel mannhafter Tapferkeit darstellt. Er birgt verwundete Freunde vom Schlachtfeld, er deckt den Rückzug seiner Kameraden. Während eines Winterfeldzugs, »wenn andere die Füße in Filz und Schaffell wickelten, ging Sokrates, wie gewöhnlich nur mit einem kurzen Mantel bekleidet, mit bloßen Füßen übers Eis«. Ein anderes Mal sah man ihn, in Gedanken versunken, von morgens bis abends an derselben Stelle stehen, sogar noch die Nacht hindurch, »dann betete er zu der Sonne und ging fort«. So stellt Platon den verehrten Lehrer dar.

Platon kam zu Anfang des Krieges zur Welt. Er kennt diese Geschichten alle nur vom Hörensagen. Doch Platon erzählt sie, um seinen Lehrer vor Leuten wie Aristophanes in Schutz zu nehmen, die dem Philosophen vorwerfen, er untergrabe die Moral der jungen Leute.

Und was lehrt der Straßenphilosoph? Er hat keine Philosophie im eigentlichen Sinne. Vielmehr will er sein Gegenüber dazu bringen, die eigenen Überzeugungen, das eigene Verhalten kritisch zu hinterfragen. Wir lernen nie aus, lautet das sokratische Glaubensbekenntnis. Lernen ist wie das Rudern gegen den Strom: Sobald man aufhört, treibt man zurück. Es ist nicht einfach, sich von liebgewonnenen Überzeugungen zu verabschieden. Doch eben dazu drängt Sokrates seine Gesprächsteilnehmer. Denkblokaden aufzubrechen, sich das eigene Nichtwissen einzugestehen.

Einen Politiker, der gewohnt ist, vor der Volksversammlung zu sprechen, Anträge einzubringen, und der sich mit seinen politischen Gegnern Wortgefechte liefert, verwickelt Sokrates zum Beispiel in eine Diskussion über die Frage, was eigentlich Gerechtigkeit ist. Jeder, der auf der Pnyx einen Antrag einbringt oder darüber abstimmt, möchte natürlich, dass alles in der Stadt mit rechten Dingen zugeht. Wie aber definiert man Gerechtigkeit? Das will Sokrates von dem Politiker wissen. Und im Lauf des Gesprächs stellt sich heraus, dass der erfahrene Debattenredner gar nicht ganz genau sagen kann, was Gerechtigkeit eigentlich ist. Oder Freiheit. Oder Frömmigkeit. Oder Tapferkeit vor dem Feind. Alles Schlagworte, mit denen die politischen Wortführer ständig die Leute traktieren. Sokrates treibt seine Kontrahenten mit spitzer Logik Schritt für Schritt in die Enge, bis sie schließlich eingestehen müssen, dass sie nicht wissen, wovon sie reden.

Auch Sokrates hat keine logisch befriedigenden Definitionen parat: Er weiß es auch nicht besser als die politischen Wortführer Athens, was eigentlich genau die Gerechtigkeit, was Frömmigkeit oder was Freiheit ist. Oder eben doch. Sokrates weiß, dass wir unsere verfestigten Denkweisen aufbrechen müssen, um unser Zusammenleben wirksam zu verbessern. Er weiß, dass er nichts weiß. Das hat Sokrates den Redeführern der Volksversammlung voraus. Die mit großen Worten nur ihre handfesten politischen Interessen bemänteln.

Die Methode seiner entlarvenden Interviews nennt Platon die dialektische Methode der Gesprächsführung. Sie zielt darauf ab, wie Hegel richtig bemerkt, eine »Verwirrung des Bewusstseins« anzurichten. Die Dialektik von Sokrates demaskiert die großen Worte der Politiker als Phrasen, hinter denen sie ihre nackten Machtinteressen verstecken. Mit diesem Ergebnis enden seine meisten Straßeninterviews. Hier trifft er sich mit Thukydides, der Politiker seiner Zeit ebenfalls der verbalen Falschmünzerei bezichtigte.

Mit seinen kritischen Gesprächen macht sich Sokrates unbeliebt. Mehr noch, dieser Sokrates, das wandelnde schlechte Gewissen der Stadt, ihre außerparlamentarische Ein-Mann-Opposition, dieser Mann ist gefährlich. Indem er die Redner der Volksversammlung als Falschmünzer demaskiert, stellt er Athens Demokratie in Frage. Denn diese stützt sich auf die Macht des Wortes. Auf Argumente und Gegenargumente. Athens Demokratie ist eine Rededemokratie. Und wer ihren Wortführern die Glaubwürdigkeit abspricht, beschädigt ihre Grundlage. So gesehen ist es schon ein Wunder, dass die Athener Sokrates so lange gewähren lassen. Zwei Jahrzehnte.

Der untersetzte Mann mit seinen vorstehenden Augen, der breiten, aufgeworfenen Nase und seinen dicken Schmatzlippen ist eine umstrittene Person. Ein Hausapotheken-Philosoph ist Sokrates nicht. Er eckt an. An ihm scheiden sich die Geister. Wer ist der wahre Sokrates?

Das werden sich auch seine Schüler gefragt haben, als er seine Denkwerkstatt schloss. Womöglich hatte er auch ihnen geraten, den Himmel den Spatzen zu überlassen.

Chairephon, sein ehemaliger Hausmeister im Phronisterion, wollte es genau wissen. Er begab sich nach Delphi. Chairephon erkundigte sich bei der Pythia, wer weiser sei als Sokrates. Die Pythia antwortete, niemand sei weiser als Sokrates!

Die Pythia war solche Fragen gewohnt. Schon zur Zeit der legendären Sieben Weisen befragte man Delphi, wer der Weiseste unter den Weisen sei. Fast ein Gesellschaftsspiel, dessen Ausgang feststand: Apollon, der Delphische Gott, er allein ist weise. Doch diesmal bekränzte der Gott einen sterblichen Menschen. Chairephon kehrte nach Athen zurück und erzählte seine Geschichte jedem, der sie hören wollte: Niemand sei weiser als der querköpfige Straßenphilosoph.

Nun sollte man denken, die Athener hätten Sokrates daraufhin geehrt wie einen Olympioniken. Mit Kränzen und Geld, mit einem Freitisch auf Lebenszeit im Rathaus. Doch Athen war nicht orakelgläubig wie Sparta. Und wenn man einen wichtigen Orakelbescheid suchte, wandte man sich vielleicht lieber an das Zeus-Orakel in Dodona, im äußersten Westen. Delphi war während der Perserkriege bei den Athenern in Misskredit geraten. Man warf der Pythia sogar vor, mit Sparta, dem Erzfeind, gemeinsame Sache zu machen.

Chairephons Geschichte machte also auf die Athener keinen Eindruck. Im Gegenteil, sie schien zu bestätigen, was man schon lange vermutete, dass Sokrates ein heimlicher Parteigänger Spartas sei.

Dem Straßenphilosophen dagegen war der Beistand aus Delphi willkommen. Denn »wenn Sokrates bei seinen Gesprächen zu heftig wurde, traktierten ihn die Athener mit Fäusten, rissen ihn an den Haaren oder lachten ihn aus und ließen ihn abblitzen«, schreibt Diogenes Laertios. Jetzt aber fühlte sich Sokrates als Missionar, jetzt handelte er in göttlichem Auftrag.

Platon lässt ihn in seiner Verteidigungsrede, der *Apologie*, sagen: »Im Auftrag des Gottes überprüfe ich die Menschen dieser Stadt; … ich helfe dabei dem Gott; … weil ich dem Gott diene, bin ich in Armut geraten; … der Gott hat mich beauftragt, als Philosoph zu leben, um mich selbst und andere zu überprüfen; … ich denke, Gott hat mich dieser Stadt verordnet, um euch im Schlaf zu stören, euch zu warnen, euch zu kritisieren, jeden einzelnen von euch … ich kann euch nicht in Ruhe lassen, denn ich kann dem Gott nicht den Gehorsam aufkündigen.«

Der Gott, den Sokrates zum Zeugen anruft, ist der Delphische Apollon. Ein Freund der Spartaner. Und es ist nicht von der Hand zu weisen, dass Sokrates tatsächlich mit Sparta sympathisierte. Der Straßenphilosoph kleidete sich spartanisch. Seine ganze Lebensführung war anspruchslos und frugal, eben spartanisch. Seine Schüler rekrutierten sich aus den Familien der Hochwohlgeborenen. Und vielen der Adeligen missfiel die Verfassung Athens, die einem Lastenträger, zumindest theoretisch, dieselben Rechte einräumte wie einem von ihnen.

Mitbestimmung fürs Volk, doch keine Selbstbestimmung, das war das politische Credo der Hochwohlgeborenen. Mit anderen Worten, die Athener Aristokraten votierten mehrheitlich für die eingeschränkte Demokratie. Wenn Sokrates bei seinen dialektischen Duellen einen der Radikaldemokraten bloßstellte, werden sie applaudiert haben. Deswegen vertrauten sie dem Straßenphilosophen auch ihren Nachwuchs an.

Sokrates lehnte ganz klar die Demokratie in ihrer Athener Form ab. Darum hat er sich wahrscheinlich auch nie auf der Pnyx sehen lassen.

Die Volksversammlung tagte mindestens vierzigmal im Jahr. Seit Absolvierung seiner Rekrutenzeit hätte Sokrates tausendfach Gelegenheit gehabt, dort zu reden. Oder sich für ein öffentliches Amt zur Verfügung zu stellen. Hat er es je getan? Eventuell in seiner Jugend, später aber bestimmt nicht. Wenigstens ist uns nichts darüber bekannt. Perikles hatte bei Gelegenheit gesagt: Wer sich nicht als Bürger engagiert, der ist ein Parasit, er nimmt die Rechte und Vergünstigungen der Stadt in Anspruch, ohne eine Gegenleistung dafür zu erbringen.

Als Parasit hat sich Sokrates aber nicht gefühlt. Im Gegenteil, als Missionar. Als außerparlamentarische Opposition auf zwei Beinen. Um seinen Gesprächspartnern ins Gewissen zu reden.

»Lieber Mann, du bist doch ein Athener! Und Athen, das ist die größte und berühmteste Stadt. Wegen ihrer Intelligenz, auf Grund ihrer Macht. Dir aber geht es nur darum, möglichst viel Geld zu machen, prominent und populär zu sein. Das sage ich jedem ins Gesicht. Und wenn mir einer widerspricht, das Gegenteil behauptet, lasse ich ihn doch nicht gleich laufen. Ich verschwinde nicht eher, bis ich den Mann gründlich ausgeforscht und examiniert habe. So verfahre ich bei Jung und Alt, bei Zugereisten und Bürgern. Und seid gewiss, dieses alles befiehlt mir der Gott«, so lässt Platon Sokrates in seiner *Apologie* sagen.

Sokrates ist ein lästiger Mann. Lästig wie eine »Schmeißfliege«. Er ist ein Getriebener, das schlechte Gewissen der Stadt.

Politiker brauchen die Stimme des Volkes, die sie legitimiert. Sokrates braucht die Volksversammlung nicht. Seine »innere Stimme«, das »Daimonion«, das sich in kritischen Situationen bei ihm meldet, ist seine Legitimation. Sein Rückhalt. Das Daimonion ist eine Art inneres Orakel. »Ich habe das von Kindesbeinen an«, lässt Platon ihn sagen. Die innere Stimme liegt ihm in den Ohren. »Sie warnt mich, wenn ich etwas verkehrt anfasse. Und mein Daimonion ist es, das mir abrät, mich politisch zu betätigen.«

Das Daimonion ist etwas Göttliches, sein Name verrät es. Zu Ende gedacht heißt das: Der Volksvertretung fehlt die göttliche Legitimation, die jedoch Sokrates hat. Und noch einen Schritt weitergedacht, entwertet das Daimonion Athens Demokratie insgesamt. Indem es Sokrates davon abhält,

sich der öffentlichen Diskussion in der Volksversammlung zu stellen. Nun rauchen die Altäre Athens vor jeder öffentlichen Veranstaltung, die Beschlüsse der Volksversammlung werden schriftlich »im Namen der Götter« ausgefertigt. Sokrates aber beansprucht das Recht auf Privatreligion. Da geht er über dünnes Eis. Es ist beispiellos in der ganzen Antike, dass jemand seine private Frömmigkeit gegen die Staatsreligion ausspielt. Wenn Sokrates das tut, ist er ein toter Mann.

Desaster in Sizilien. Athen erliegt Sparta

Im 16. Jahr des Peloponnesischen Krieges beschloss Athen, mit einem beispiellosen Kraftakt das Kriegsgeschehen endgültig zu seinen Gunsten zu wenden. Man schickte eine riesige Armada übers Meer nach Sizilien. Die Insel sollte erobert werden, um Sparta vom Westen her in die Zange zu nehmen. Es war Alkibiades, ein Mann aus dem Schüler- und Freundeskreis des Stadtphilosophen, der die Volksversammlung überredet hatte, jetzt alles auf eine Karte zu setzen. Sizilien dem Imperium Athens anzugliedern.

Auf der Insel hatten Griechen im 8. Jahrhundert die ersten Kolonialstädte gegründet. Die hatten sich zu blühenden, wohlhabenden Gemeinwesen entwickelt. Die mächtige Hafenstadt Syrakus nahm unter ihnen den ersten Platz ein. Pindar nennt Syrakus »die gewaltige Ernährerin eisengepanzerter Männer und Rosse«. Schon zur Zeit von Perikles hatten Athener begehrliche

Blicke auf Sizilien geworfen. Perikles hatte sich solchen Wunschträumen entgegengestellt. Die Überdehnung von Athens Machtbereich würde die Stadt schwächen, warnte er.

Alkibiades sah das ganz anders. Genug ist nicht genug, war sein Credo. Nur die Ausdehnung bis ins westliche Mittelmeer könne die Macht Athens auf Dauer erhalten. »Eine untätige Stadt geht zu Grunde«, heizte er der Volksversammlung ein. »Wir sind stark genug, ganz Hellas zu beherrschen!« Und Karthago. Und Italien, fügte Alkibiades hinzu.

Was für eine Vision! Wäre sie Wirklichkeit geworden, hätte es Rom niemals gegeben. Und die Amtssprache des Vatikans wäre statt Latein heute Griechisch.

Alkibiades war ein Hochwohlgeborener aus dem Haus der Alkmaioniden. Mehrfacher Olympionike, ein Strahlemann und charismatischer Politiker. Nirgends anders als in Athen hätte er sein Charisma entfalten können, die Athener küssten ihn. Und sie schlugen ihn, schickten Alkibiades in die Verbannung und riefen ihn wieder zurück, wenn die Not groß war. Auf sein Drängen brachen sie mit der Defensivpolitik. Die Volksversammlung legte ihr Schicksal in die Hände des unwiderstehlichen Charismatikers und vertraute Alkibiades und dem altgedienten Strategen Nikias ihre Flotte an.

Die Ironie der Geschichte wollte es, dass Alkibiades unter der Obhut von Perikles aufgewachsen war. Mit sechs Jahren war der Junge Waise geworden und Perikles hatte die Vormundschaft für ihn übernommen. Ausgerechnet also sein Ziehsohn musste die Politik von Perikles, die dieser jahrelang gegen Abenteurer der Volksversammlung verteidigt hatte, demontieren und makulieren.

Und wie reagierte Sokrates auf die Großmachtträume des ehemaligen Schülers? Der in jungen Jahren sogar sein »Eromenos«, ein Geliebter des Straßenphilosophen gewesen sein soll? Hatten sich beide im Lauf der Jahre auseinandergelebt? Jedenfalls trat Sokrates dem Alkibiades nicht öffentlich entgegen. Sonst hätte Thukydides davon berichtet. So schreibt dieser nur: »Die Athener waren wie trunken von den Dingen, die Alkibiades ihnen in Aussicht stellte. Manche, denen die Pläne nicht gefielen, trauten sich nicht, den Mund aufzumachen. Denn sie hatten Angst als Volksfeinde verschrien zu werden, wenn sie öffentlich Einwände vorbringen würden.« Schade drum, hätte Sokrates laut und vernehmlich Alkibiades Paroli geboten, wäre ihm ein Platz im Geschichtswerk des Thukydides sicher gewesen.

Also stach im Sommer 415 die Armada in See. Sie wurde später noch einmal verstärkt. Insgesamt befanden sich vor Syrakus über 200 Kampfschiffe der Athener und ihrer Verbündeten. Mit 40 000 Mann Schiffsbesatzung, 10 000 Hopliten und Tausenden von Leichtbewaffneten. »Nur wenige von ihnen kehrten nach Hause zurück«, schreibt Thukydides. Die Athener wurden vollständig aufgerieben. Und starben unter entsetzlichen Leiden. Der Großmachtstraum der Athener war ausgeträumt.

Athen ist keine Schönwetter-Demokratie. Sie übersteht auch Turbulenzen. Nach dem Desaster in Sizilien stellte sich die Stadt neu auf und bündelte ihre Ressourcen. Ein neues Flottenprogramm wird aufgelegt, neue Rudermannschaften werden trainiert. Ausländer, die Metöken ohne Bürgerrecht, sitzen jetzt mit auf den Ruderbänken. Sogar Sklaven, denen die Stadt Freilassung verspricht. Nach einer Handvoll Jahren beherrscht Athen wieder die Ägäis. Der Kraftakt straft alle jene Lügen, die Athens Volksvertretung als teure Schwatzbude verunglimpfen. Wie es auch Sokrates tut.

Allerdings, Sparta sieht nicht tatenlos zu. Zum ersten Mal in seiner Geschichte legt sich Sparta, ein typischer Binnenstaat, eine Flotte zu. Finanziert mit dem Gold des Großkönigs. Persien mischt während des ganzen Peloponnesischen Krieges mit. Es spielt mit Geldzuwendungen die Städte gegenseitig aus. Und profitiert davon. Ein geeintes Griechenland wäre eine Gefahr für den Großkönig, das weiß er. Und dem beugt er vor. Skandalös ist nur das Verhalten der Spartaner. Die sich stets als Vorkämpfer der Freiheit ausgeben, doch ihre Staatskasse mit persischem Gold auffüllen.

Im Jahr 406, ein Jahrzehnt nach der sizilianischen Katastrophe, erringt Athen bei den Arginusen-Inseln vor der kleinasiatischen Küste einen klaren Sieg über Sparta und dessen Verbündete. Sparta verliert zwei Fünftel seiner Flotte, 77 Trieren. Auf Seiten der Athener gehen 25 Kampfschiffe verloren. Die griechischen Kommandeure nehmen die Verfolgung der Spartaner auf. Ohne sich, so heißt es später, um die schiffbrüchigen Landsleute zu kümmern. Die hilflos, dazu noch einem aufkommenden Sturm ausgeliefert, im Wasser treiben.

Wegen unterlassener Hilfeleistung zieht die Volksversammlung die Flottenkommandeure in Athen vor Gericht. In einem Sammelprozess sprechen die Juroren die Angeklagten für schuldig und verurteilen sie allesamt zum Tode. Die siegreichen Kommandeure müssen den Schierlingsbecher trinken. Sie sterben in Athens Gefängnis, sechs Strategen, darunter ist der letzte Sohn von Perikles, der auch den Namen seines Vaters trägt. Damit ist das »Perikleische Zeitalter« definitiv zu Ende.

Euryptolemos, ein Athener Bürger, hatte sich vor der Jury gegen ein Kollektivverfahren ausgesprochen. Nach geltendem Recht, argumentierte Euryptolemos, stehe jedem Angeklagten ein eigenes Verfahren zu. Einige Mitglieder des geschäftsführenden Ausschusses unterstützen den Antrag, darunter auch Sokrates. Doch trotz der Gegenstimmen wird das Todesurteil vollstreckt.

Das Gefecht bei den Arginusen-Inseln war der letzte Sieg Athens im Peloponnesischen Krieg. Ein bitterer Sieg. Im Jahr darauf kaperte Sparta die gesamte Flotte der Athener am Hellespont, nahm die Mannschaften gefangen und metzelte sie nieder.

Im Jahr 404 kapituliert Athen. Sparta lässt »unter Musik und Gesang« die Langen Mauern niederlegen, gibt Athens Werften zum Abriss frei und verlangt von der Stadt eine Verfassungsrevision.

Doch wirklich am Sieg erfreuen kann sich Sparta nicht. Ein Menschenalter lang hatten sich Athen und Sparta wie zwei Pitbulls zerfleischt. Bis einer aufgab, der andere sich gerade noch auf seinen Beinen halten konnte. Noch Jahrhunderte darauf schreibt Pausanias: »Die an dem Krieg der Spartaner gegen Athen Mitbeteiligten haben mit eigner Hand ganz Hellas fast in seinem Blut ertränkt.« Pausanias ist parteiisch. Seine Sympathie liegt bei Athen. Auch die Geschichte ist parteiisch. Von Sparta ist nichts geblieben. Das geistige Erbe Athens hingegen hat alle Zeitläufte überstanden.

Auf Geheiß Spartas löste sich die Volksversammlung auf. Eine Gruppe von 30 Männern nahm es in die Hand, eine Revision der basisdemokratischen Verfassung auf den Weg zu bringen. Unklar ist, unter welchen Umständen dieses Gremium der »Dreißig«, wie es genannt wurde, zu Stande gekommen war. Wurden die Dreißig gewählt? Von wem? Oder wurden sie von den Spartanern ernannt? Wir wissen es nicht. Doch ihre Legitimität war unbestritten.

Und auch ihr Arbeitsauftrag. Die Dreißig sollten die »althergebrachte« Verfassung wiederherstellen.

Als Erstes setzten sie das geltende Bürgerrecht außer Kraft. An die Stelle der Volksversammlung trat eine Volksvertretung. 3 000 handverlesene Bürger gehörten ihr an. Männer, so muss man annehmen, die immer schon einer verkleinerten Beteiligung des Volkes das Wort geredet hatten. Zu den 3 000 Vertrauensleuten gehörten auch Sokrates und der junge Platon. Die übrigen Bürger wurden entwaffnet. Der starke Mann unter den Dreißig war Kritias, ein entfernter Verwandter von Platon.

Die Dreißig verstanden sich als Übergangsregierung. Doch Kritias nahm gleich die Zügel fest in die Hand. Nach der Devise »neue Besen kehren gut« setzte Kritias eine beispiellose Säuberungsaktion in Gang. Die Dreißig ließen 1 500 Bürger kurzerhand umbringen. Ihr Vermögen wurde beschlagnahmt. Weitere 5 000 Bürger wurden der Stadt verwiesen. Die neugeschaffene Volksvertretung ließ diese Maßnahmen passieren.

Wenigstens einer aber erhob Einspruch. Ein bekannter Politiker namens Theramenes. Theramenes, zu Deutsch etwa »Tierbändiger«, war Mitglied des Gremiums der Dreißig. Er legte sich mit Kritias an, indem er sich öffentlich den Säuberungsmaßnahmen widersetzte. Unter den Augen der Volksvertretung.

Kritias strich daraufhin den unbotmäßigen Mann von der Bürgerliste. Und befahl seiner Leibwache, den Dissidenten zu ergreifen. Theramenes flüchtete an den Altar der Gottheit vor dem Rednerpult der Pnyx. Er flehte seine Mitbürger in der Runde um Hilfe an. Doch keine Hand unter den 3 000 rührte sich. Die Männer der Leibwache von Kritias rissen Theramenes vom Altar, ein Sakrileg. Er wurde abgeführt, gefangen gesetzt und musste den Schierlingsbecher trinken.

Und wo blieb Sokrates? Später erzählte man, Sokrates habe im Verein mit anderen Bürgern versucht, dem Unglücklichen zur Hilfe zu kommen. Doch habe er nichts ausrichten können.

Jahrhunderte nach Sokrates' Tod konnte man sich den Philosophen als schweigenden Mittäter eines eklatanten Rechtsbruchs einfach nicht vorstellen. Diesem Gefühl verdankt die Legende ihre Entstehung. Mir geht es bis heute so. Mir einzugestehen, dass Sokrates dem Unrecht am Altar der Pnyx seinen Lauf ließ, bereitet mir Schwierigkeiten. Anders als Theramenes hatte der Philosoph nicht versucht, Kritias in den Arm zu fallen. Das ist ein bitteres Resümee.

Dann wurde Sokrates doch noch persönlich von der mafiosen Politik der Dreißig eingeholt. Zusammen mit vier anderen Männern der Volksvertretung sollte er Leon, einen reichen Geschäftsmann, auf der Insel Salamis verhaften.

Platon lässt Sokrates dazu Folgendes berichten: »Die Dreißig ließen mich und vier andere ins Rathaus kommen und befahlen uns, den Salaminier Leon zur Hinrichtung herbeizuschaffen. Und als wir das Rathaus verließen, machten sich die vier auf den Weg und brachten den Leon aus Salamis nach Athen. Ich aber gehorchte nicht und ging heim.« Sokrates weigerte sich, nach Platons Worten, »einem Unrecht, einer Gottlosigkeit« die Hand zu leihen. Leon war 66 Jahre, so alt wie der Philosoph. Und der Mann, denke ich, tat ihm einfach auch leid.

Ob er jedoch versucht hat, die Dreißig umzustimmen oder die anderen Häscher zurückzuhalten, das wissen wir nicht. Vermutlich hätte er Leon warnen können, doch auch das tat er nicht. Sonst hätte Platon darauf verwiesen.

Also hatte Leon keine Chance. Er wurde hingerichtet. Sokrates hatte sich bei dem Coup wenigstens keine dreckigen Hände geholt. Das war aber auch schon alles.

Wenn das schon alles war, was Sokrates für den Unschuldigen tun mochte, ist das zu wenig. Das Recht verteidigte Sokrates damit nicht, wie Platon seinen Lesern suggerieren möchte.

Das Regime der Dreißig konnte sich nur gerade acht Monate behaupten. Die aus der Stadt verwiesenen Bürger organisierten sich und vertrieben nach ein paar Scharmützeln die Gewaltherrscher. In kleinen Gruppen kamen die Bürger zurück und nahmen wieder Besitz von ihrer Stadt. Die Athener stellten die bisherige Verfassung wieder her, opferten der Göttin und schworen einander, Vergangenes auf sich beruhen zu lassen. Von der General-Amnestie ausgeschlossen blieben die Dreißig.

Die Demokratie wird wiederhergestellt. Sokrates vor Gericht

Die vieltausend Vertriebenen und die 3 000 Gebliebenen hielten sich an die Amnestie. Ein Erfolg nationaler Versöhnungspolitik. Vergebung in so großem Stil war eigentlich nicht zu erwarten, nach den zahllosen mörderischen Übergriffen, denen Athens Bewohner während der Herrschaft der Dreißig ausgesetzt gewesen waren. Der 4. Oktober des Jahres 403 ist eines der großen Daten Athens.

Vier Jahre nach der Amnestie wird Sokrates vor Gericht zitiert. Man beschuldigt ihn, religiöse Neuerungen einzuführen und die jungen Männer Athens zu demoralisieren.

Athens Verfassung kennt keinen Staatsanwalt, der gegen Bürger im Namen des Volkes Klage erhebt. Alle Klagen werden von Privatklägern eingebracht. Im Fall von Sokrates ist es ein Mann namens Meletos. Wir wissen kurioserweise von ihm nur, dass er »langes Haar, spärlichen Bartwuchs und eine gebogene Nase« besaß.

Meletos musste seine Klage schriftlich bei dem fürs Gerichtswesen zuständigen Archonten einreichen. Dem Archonten oblag es zu prüfen, ob die Klage Chancen hatte, eine Verurteilung des Beklagten herbeizuführen. Denn jeder Kläger ging in Athen ein finanzielles Risiko ein. Konnte der Kläger nicht mindestens ein Fünftel der Juroren auf seine Seite bringen, zahlte er ein Bußgeld von 1 000 Drachmen. Der oberste Gerichtshof hatte die Klage von Meletos angenommen. Die Klageschrift wurde Sokrates ausgehändigt, ein Gerichtstermin für einen Tag im Mai (oder Juni) des Jahres 399 angesetzt. Sokrates muss sich vor 501 ausgelosten Bürgern Athens verantworten. Meletos hat die Todesstrafe für den 70-Jährigen beantragt.

Wir haben nicht den geringsten Anhaltspunkt dafür, warum Meletos und mit ihm zwei Nebenkläger aktuell zu diesem Zeitpunkt seine Klage gegen Sokrates angestrengt hatte.

Dafür, dass er mit den verhassten Dreißig sympathisiert hatte, konnte er nach dem Amnestiegesetz vom Jahr 403 nicht mehr belangt werden. Also müssen wir annehmen, dass Sokrates unfolgsam und unbelehrbar die Legitimität der demokratischen Einrichtungen Athens weiterhin in Frage stellte. Unter Berufung auf seine innere Stimme, das Daimonion, das er höher stellte als die Stimme der Bürgerschaft Athens. In den Augen von Meletos hat Sokrates nichts hinzugelernt. Nach dem Sturz der Dreißig vertritt er weiterhin deren Ansichten. Er untergräbt also die Autorität von Athens politischen Institutionen. Und arbeitet damit verbotenerweise auf einen neuen Umsturz hin.

So ähnlich mag Meletos argumentiert haben. Es ist unbefriedigend, dass uns seine Anklageschrift nicht erhalten ist. Plutarch hat sie zu seiner Zeit noch im Archiv der Stadt einsehen können. Danach ist sie verschwunden. Leider. Denn so sind wir bei der Rekonstruktion eines der bekanntesten Prozesse der Geschichte ganz überwiegend auf bloße Vermutungen angewiesen.

Und auf Platon und Xenophon, die beide fiktive Verteidigungsschriften zugunsten von Sokrates verfassten. Jahrzehnte nachdem sein Prozess stattgefunden hatte. Wir befinden uns mithin in der misslichen Lage, nicht recht einschätzen zu können, ob alles in dem Prozess gegen Sokrates mit rechten Dingen zugegangen ist. Ein griechisches Sprichwort sagt: »Urteile erst, wenn du beide Seiten gehört hast!« Das ist uns heute nicht mehr möglich.

Und so müssen wir uns mit den paar wenigen gesicherten Fakten begnügen.

»Mehrere Autoren haben schon über den Prozess des Sokrates geschrieben, und alle haben auf den aggressiven Ton hingewiesen, den Sokrates bei seiner Verteidigung anschlug«, heißt es bei Xenophon. Und in der Tat ist auch Platons *Apologie* ganz auf diesen Ton gestimmt.

Für seinen Ankläger Meletos hat Sokrates nur Ironie übrig. Praktisch lässt er ihn links liegen, der Mann ist seines Zornes nicht wert. Der Kläger ist nur gerade ein Strohmann.

Athen, die Stadt ist es, die ihn anklagt! Schon dass der Oberste Gerichtshof die Klage überhaupt zugelassen hat, empfindet Sokrates als Affront. Der zuständige Archont hätte dem Kläger gleich die Tür weisen müssen! Denn er, Sokrates, hat sich um Athen verdient gemacht wie kein anderer, lässt Platon seinen Lehrer sagen. Statt ihn vor Gericht zu stellen, hätte Athen ihm Ehrenkränze flechten müssen.

Sokrates provoziert. Er will provozieren. Dass ihm die Todesstrafe droht, schert ihn nicht. Seine innere Stimme hat ihn heute Morgen nicht gewarnt, als er sich auf den Weg zum Gerichtshof machte. Sein Daimonion hat ihn auch jetzt beim Reden nicht zurückgehalten. Zum Tode verurteilt zu werden, schreckt ihn also nicht.

Sokrates bestreitet die Zuständigkeit des Gerichts. Und bestätigt damit ungewollt die Anklage, er untergrabe die Autorität der Stadt. Sokrates wollte sterben, sagt Xenophon. Und in der Tat läuft alles darauf hinaus.

Vielleicht hat Xenophon recht: Sokrates wollte sterben. Jedenfalls lieber, als das Gericht um Gnade zu bitten. Damit hätte der Philosoph die Zuständigkeit des Gerichts anerkannt, seinen Anspruch, das schlechte Gewissen der Stadt zu sein, hätte er damit zur Farce gemacht. Er übernimmt stattdessen die völlige Verantwortung für sein Leben. Im Guten wie im Bösen.

Die Geschworenen befanden am Ende mit überwältigender Mehrheit auf Todesstrafe. Im letzten Monat des Athener Jahres, im Juni 399, leert Sokrates den Schierlingsbecher. Im Beisein seiner Freunde entschläft er im Stadtgefängnis sanft und ohne Schmerzen.

Der Philosoph hatte reiche Freunde. Die den teuren Schierlingstrunk bezahlten. Sonst wäre Sokrates mit Händen und Füßen ans Kreuz gebunden worden. Kinder hätten ihn womöglich mit Steinen beworfen, Passanten hätten ihn verhöhnt. Aufs Kreuz gebunden zu werden, war die übliche Hinrichtungsart in Athen. Am Ende erdrosselte ein barmherziger Henker den

Delinquenten mit einer eisernen Schlinge. Seinen Freunden sei es gedankt, dass sie dem Straßenphilosophen ein derart schmähliches Ende ersparten.

Sokrates überlebte seine Ankläger. Er wurde zur Ikone. Diogenes Laertios notiert: »Als Sokrates nicht mehr unter den Lebenden weilte, änderten die Athener alsbald ihr Urteil. Sie schlossen ihre Sporträume und Sportanlagen, schickten mehrere Leute in die Verbannung und sie verurteilten Meletos zum Tode. Sokrates aber ehrten sie mit einer Bronzestatue, die sie an einem besonders würdigen Platz aufstellten.« Das sind fromme Legenden. Die der Tatsache Rechnung tragen, dass Sokrates schon bald zu einem philosophischen Märtyrer wurde, den alle Welt verehrte. Niemand hatte mehr dazu beigetragen als Platon.

Platon und die Akademie

Platon wurde in eine dunkle Welt geboren. Im Jahr 423, dem elften Jahr des Peloponnesischen Krieges. Im selben Jahr ging das »Wolken-Lustspiel« über die Bühne, in dem wutentbrannte Athener dem Sokrates das Dach überm Kopf anzünden. Sokrates war mit der wohlhabenden Familie Platons befreundet. Bereits seine beiden älteren Brüder pflegten den Umgang mit ihm. Platon hatte sich im Alter zwischen 16 und 20 dem Freundeskreis des Straßenphilosophen angeschlossen. Als er 20 war, gehörte Platon mit Sokrates zu den 3 000 handverlesenen Vertrauten der Dreißig. Mit 24 verfolgte er den Prozess gegen Sokrates und bürgte finanziell mit anderen Freunden für ihn.

Er ist ein Kriegskind. Platons Vater Ariston muss bald nach der Geburt des Jungen gestorben sein. Die Mutter Periktione wird wenig später mit Pyrilampes, ihrem Onkel mütterlicherseits, verheiratet. Ohne männlichen Vormund, dem Vater oder dem Gatten, ist eine Athenerin keine Rechtsperson. Pyrilampes, der Stiefvater Platons, war mit dem berühmten Perikles befreundet. Beruflich war er oft unterwegs, meist als Botschafter Athens am persischen Hof.

Der Großkönig muss den Athener geschätzt haben. Denn er schenkte Pyrilampes bei Gelegenheit ein Pfauenpärchen. Die Pfauenzucht wurde zur Liebhaberei des Diplomaten. Es waren, soweit wir wissen, die ersten Exemplare des exotischen Prachtvogels in Europa. Laut Plutarch kamen die Leute von weit her gereist, um die bunten Geschöpfe zu bestaunen. Sokrates sagte man nach, er könne die Augen rollen wie ein Pfauenhahn, wenn er sich zum Kampf aufstellt.

Der kleine Platon wird die persischen Prachtvögel bestaunt haben. Um die Idee des Wahren, Schönen und Guten kreist später die ganze Philosophie Platons. Das Gute jedoch und die Wahrheit bekommen wir, dem Irdischen verhaftet, niemals in ihrer reinen Form zu Gesicht. »Allein das Schöne zeichnet sich dadurch aus, dass es uns so klar vor Augen tritt, dass wir uns ihm nicht entziehen können«, sagte Platon in seinem *Phaidros*. Und so weckt die Begegnung mit dem Schönen und der Schönheit in uns die Sehnsucht nach einem geglückten Leben.

Diese Sehnsucht hat ihn sein Leben lang begleitet. Viel Schönes hatte seine Welt nicht zu bieten und nach dem Guten, nach der Wahrheit musste man lange erst suchen. Im Jahr 432, während seine Mutter Periktione mit ihrem ersten Sohn niederkommt, belagert Athen Potideia. Wo Sokrates gleichmütig der Kälte trotzte. Zwei Jahre drauf besetzen Spartas Truppen Attika, das ganze Land geht in Flammen auf. Dann wütet die Pest in Athen. Periktione erzählt ihren Kindern davon: »Die Menschen starben wie das Vieh dahin. Tote und Sterbende lagen übereinander. Halbtot wälzten sich Menschen bei dem Brunnen, in wildem Verlangen nach Wasser. Die Tempel, in denen sie hausten, lagen voller Leichen.« Im ersten Pestjahr kommt Glaukon, der zweitälteste zur Welt. Athen prozessiert gegen Perikles, Perikles stirbt mit seinen beiden ersten Söhnen an der Seuche. Erst um das Jahr 426 erlischt die Pest. Da reißt im benachbarten Euboia ein Tsunami ungezählte Menschen in den Tod. Nicht viel später wird Platons Schwester Potone geboren. Als Potone drei ist, fallen die Spartaner schon wieder in Attika ein. Sie lassen bei ihrem Abzug nur die verbrannte Erde zurück.

In diesem Jahr erblickt Platon das Licht der Welt, aber wo ist noch Licht zu sehen? Der Vater, Ariston, kommt um, vielleicht bei irgendwelchen Kampfhandlungen. Eventuell hat er den kleinen Jungen gerade noch in den Armen halten können. Jetzt wird Periktione neu verheiratet. Mit ihrem Onkel Pyrilampes. Der wird in der Schlacht von Delion, an der Nordgrenze Attikas, verwundet. In dieser Schlacht setzten die Verbündeten Spartas Flammenwerfer gegen die Athener ein. »Die Luft strömte durch die Röhre in einen Kessel, der mit glühenden Kohlen, Pech und Schwefel gefüllt war, und entzündete sich in einer gewaltigen Stichflamme«, berichtet Thukydides. Tausend Hopliten der Athener kommen in der Schlacht um. Das ist die Welt, die das vierte Kind der Periktione empfängt.

Als Platon neun Jahre ist, bricht die Armada Athens nach Sizilien auf. Vor Syrakus wird die ganze Streitmacht der Stadt zerrieben. Athen mobilisiert seine letzten Reserven. Mit 18 Jahren leistet Platon seinen Rekrutendienst ab. Er verfolgt den Prozess gegen die Flotten-Kommandeure nach der Schlacht bei den Arginusen-Inseln. Es sind Männer darunter, die in Platons Elternhaus aus und ein gingen. Sie werden verurteilt, den Schierlingsbecher zu trinken. Dann schließlich verliert Athen seine ganze Flotte am Hellespont. Die Stadt kapituliert.

Der 20-Jährige wird in das Gremium der 3 000 berufen, das die Verfassungsrevision der Dreißig begleitend beraten soll. Platon schildert Jahrzehnte später, in seinem sogenannten *7. Brief*, seine Erfahrung mit diesen Leuten: »Einige von diesen Dreißig waren meine eigenen Verwandten und Bekannten. Sie erwarteten von mir, dass ich mit ihnen zusammenarbeite. Doch schon bald gingen mir die Augen auf. Verglichen mit dem, was die neuen Machthaber anstellten, erschienen mir die bisherigen demokratischen Verhältnisse geradezu als paradiesisch. Mit einer derartigen Politik wollte ich nichts zu tun haben.«

Diese ganze Folge verstörender Ereignisse hat bei dem jungen Mann Spuren hinterlassen. In seinen jungen Jahren habe ihn »nie jemand richtig lachen gesehen«, lese ich bei Diogenes Laertios. »Er lebte meist zurückgezogen.« Vor diesem Hintergrund muss man Platons spätere philosophische Arbeit sehen. Unverlierbar ist seiner Philosophie die traumatisierende Kindheitserfahrung eingeschrieben: Etwas außerhalb des Furchtbaren muss es doch geben.

Mit 24 Jahren verliert Platon seinen geistigen Vater, Sokrates. Die jüngste in einer langen Reihe von bitteren Erfahrungen.

Was hat Platon an dem Straßenphilosophen so fasziniert? Diogenes Laertios erzählt von einer frühen Begegnung mit Sokrates: »Platon wollte an einem Wettbewerb der Tragödiendichter teilnehmen. Beim Herausgehen aus dem Dionysos-Theater hörte er Sokrates draußen diskutieren. Da verbrannte er seine Texte. Denn bis dahin hatte sich Platon mit der Malerei beschäftigt und er hatte auch Gedichte geschrieben, zuerst Oden, dann auch Lyrisches und Tragödienstücke.« Die Episode wirkt glaubhaft. Denn Platon ist immerzu Dichter geblieben. Auch als Philosoph.

Platon hat keine einzige lehrbuchhafte philosophische Abhandlung hinterlassen. Sein vieltausendseitiges Werk besteht aus Gesprächen, die er auf mehrere Rollen verteilt und dramatisch in Szene setzt. Er selbst, Platon, taucht darin nie als Sprecher auf. Wie auch Shakespeare sich nie als Person auf die Bühne brachte. Platon ist ein dichtender Philosoph. Oder ein philosophischer Dichter. Niemals nur eins von beiden, sondern immer beides zusammen.

Seine literarischen Versuche, sich für den Theaterwettbewerb zu qualifizieren, sind sein erster Anlauf, das beschworene Außerhalb des Furchtbaren in Worte zu fassen. In der Begegnung mit Sokrates vor dem Theater muss ihm, mit den Worten Adornos gesagt, aufgegangen sein: Es gibt kein echtes Leben im falschen! Es sei denn, man lebte wie Sokrates. Besessen vom Wahrheitsdrang wie sonst nur Kinder. Die nicht aufhören zu fragen, aus jeder Antwort eine neue Frage machen. Und hatte nicht auch Sokrates, der stupsnasige Gnom, ein Kindergesicht? Also verbrannte Platon seine literarischen Produkte. Um an der Seite des wahrheitshungrigen Kindskopfs sein Leben neu zu erfinden.

Diogenes Laertios erzählt eine schöne Legende: »Sokrates habe im Traum ein Schwanenküken auf seinem Schoß gesehen, das sogleich befiedert war und mit süßem Gesang aufgeflogen sei. Am nächsten Tag sei Platon zu ihm gekommen, und Sokrates habe erklärt, dieser sei der Schwan, den er im Traum gesehen habe.« Platon hat Sokrates unsterblich gemacht, indem er seinen Lehrer zur Symbolfigur seiner späteren Akademie erhob.

In beinahe allen »Dialogen«, die Platon verfasste, ist Sokrates der Hauptakteur. Dabei hat Platon seinen Lehrer immer mehr zum Idealbild eines Philosophen stilisiert, sodass Sokrates selbst bemerkt haben soll: »Was hat der Junge da bloß über mich zusammengelogen.« So jedenfalls steht es bei Diogenes Laertios. Und weiter: »Platon hat vieles geschrieben, was Sokrates niemals gesagt hat.« Die moderne Platonforschung bestätigt diesen Sachverhalt. Und nicht zu vergessen: Erst viele Jahre nach dem Tod seines Lehrers im Stadtgefängnis von Athen beginnt Platons literarische Karriere als Dichterphilosoph.

Mehrere Sokratesschüler verließen nach dem Tod des Lehrers Athen. In dem 30 Kilometer westwärts gelegenen Megara fanden sie sich zu einem neuen Studienkreis zusammen, der das geistige Erbe des Philosophen weiter pflegte. Auch Platon scheint die nächsten Jahre dort verbracht zu haben. Dann verließ er die Freunde in Megara. Der jetzt 30-Jährige begab sich auf Reisen.

»Er zog nach Kyrene zu dem Mathematiker Theodoros, von dort reiste er nach Italien zu den Pythagoräern, und dann begab er sich nach Ägypten, wo er sich bei den Orakelpriestern aufhielt.« Diese Notiz zeigt, wo Platons Interessen zu dieser Zeit liegen. An ihrer Spitze liegt die Mathematik. Auch Sokrates hatte seine Schüler angehalten, sich mathematisch fortzubilden. Zu praktischen Zwecken, wie zu kalendarischen Berechnungen zum Beispiel. Ein Zuviel an Mathematik jedoch, befand der Straßenphilosoph, verwirre den Kopf.

Bei den Pythagoräern wurde Platon eines Besseren belehrt. Von ihnen lernte Platon, dass die Welt aus Zahlen besteht. Zur Zeit des Peisistratos, vier Generationen zuvor, hatte Pythagoras in Unteritalien und Sizilien gewirkt. Die Zahlenwelt übte auf ihn eine magische Anziehungskraft aus. Eine ingeniöse Intuition sagte Pythagoras, dass die geordnete Welt aus Zahlenordnungen besteht. In der unendlichen Vielfalt der Dinge machte die Zahl alles klar. »Wenn man von den Dingen die Zahl wegnimmt, verlieren sie ihre Gleichheit, ihre Quantität und ihre Qualität«, belehrten Platon seine neuen philosophischen Freunde.

Die Welt verdankt Pythagoras viel. Was wären wir ohne Zahlen? Von der Handynummer, der Pin-Zahl angefangen bis zu den Datenströmen der Navigationssatelliten? »Wenn man die Zahl wegnimmt von den Dingen«, was bleibt von unserer Welt? Ein undenkbares Chaos. Wir wären verloren.

Für Sokrates war das Mühen um Wahrheit schon die ganze Wahrheit. Wahrheit war allein dem Gott, war Apollon vorbehalten. Platon reichte das nicht. Der Weg genügte ihm nicht als Ziel. Er suchte nach der ganzen, der ewigen Wahrheit. Dem Gegenteil von Beliebigkeit.

In Athen kursierte zu Herodots Zeit folgende Anekdote: »Als in Persien Dareios König war, ließ er einmal die Griechen seiner Umgebung zusammenrufen. Und er fragte die Griechen, um welchen Preis sie bereit wären, die Leichen ihrer Väter zu verspeisen. Die Griechen gaben zur Antwort, das würden sie um keinen Preis tun! Darauf rief Dareios die indischen Kalatier zu sich, welche die Leichen ihrer Väter verspeisen, und fragte sie, um welchen Preis sie ihre verstorbenen Väter, wie es die Griechen taten, verbrennen würden. Die Inder schrien laut auf und baten den König inständig, solche gottlosen Reden zu unterlassen!« Daraus zogen die aufgeklärten Athener den Schluss: Es gibt Wahrheiten, aber keine Wahrheit. Es kommt eben alles auf den jeweiligen Standpunkt an. Alles ist relativ.

An dem Satz des Pythagoras jedoch, $a^2 + b^2 = c^2$, ist nichts beliebig. Die Gleichung ist eine unbezweifelbare Wahrheit. Die zu jeder Zeit, ob in Athen oder in Indien, gültig ist.

Seit seiner Begegnung mit den Pythagoräern ist Platon davon überzeugt, dass es die Wahrheit, die ganze Wahrheit tatsächlich gibt. Das Wahre, Gute und Schöne existiert nicht nur als Idee in unserem Kopf.

Die Welt selbst ist der Entwurf eines solchen Ideenprogramms. Der Anblick des Schönen, die Wahrheit der Mathematik, das Tun des Guten um des Guten willen, weisen über sich hinaus. Auf ein ewiges, auf ein ideales göttliches Sein. An dem wir, wie recht und schlecht auch immer, Anteil haben. Sonst stürzte die Welt ein.

Nach jahrelanger Abwesenheit zurück in Athen sammelte Platon einen philosophischen Freundeskreis um sich. In einem öffentlichen Park mietete man ein Gebäude und traf sich dort nach dem Vorbild der Pythagoräer zu philosophischen Gesprächen. Der Park war nach dem urzeitlichen Heroen Akademos genannt, dem dort ein kultisches Gedenken gewidmet war. Die Gedenkstätte lag eine kurze Wegstrecke westlich von Athen, außerhalb des Mauerrings unter schattigen Bäumen am Kephissos-Fluss im Grünen.

Platons akademischer Freundeskreis ließ sich in das Vereinsregister der Stadt eintragen. Und im Lauf der Zeit erwuchs aus den philosophischen Gesprächen ein regulärer Lehrbetrieb. Vermögende Eltern schickten ihre Söhne zum Studium in die »Akademie«, wie sich die Schule bald nannte. Der akademische Unterricht umfasste alle damals bekannten Wissensgebiete.

Das Herzstück der Akademie jedoch war die philosophische Grundlagenforschung. Mit dem Ziel, die verwirrend vielgestaltige Welt durchsichtig zu machen. Ihre Ausrichtung an dem Ideal des Wahren, Schönen und Guten ins Licht zu rücken.

Platon hatte seine Ziele hoch gesteckt. Die Akademie verstand sich als eine Art Flugschule. In ihr sollten den Schülern Flügel wachsen, die sie hinauftrugen zu dem Ideenhimmel des idealen Seins.

Das Reich des ewigen Seins, lehrte Platon, war die eigentliche Heimat der Seele. Von dort hatte es sie auf die Erde verschlagen und nach dorthin sehnte sie sich zurück. Wer nicht fliegen kann, ist kein Mensch. Der Vogel flattert im Käfig, die Seele will nach Hause. Wie gut passt dieser Traum vom Fliegen zum Traum des Sokrates. Dem es träumte, ein Schwanenküken habe auf seinem Schoß gesessen und sei dann »mit süßem Gesang« aufgeflogen.

Weltflüchtig jedoch waren die Akademiker nicht. Das Reich der schönen Ideen musste seine Entsprechung hier auf Erden finden. In einem wahrhaft guten und schönen Zusammenleben der Menschen.

Über eine solche optimale Verfassung hat Platon sein Leben lang mit seinen Freunden nachgedacht. Das Leben ist keine Spaßveranstaltung, das Leben ist der Ernstfall. Es braucht die Anspannung aller Kräfte, damit es glücken soll. »Der innere Mensch des Menschen muss den ganzen Menschen leiten«, lautet Platons Kategorischer Imperativ.

Platon schrieb zwei umfangreiche Bücher über die bestmögliche Verfassung eines Staates. Das Ziel der staatlichen Fürsorge ist es, seinen Bürgern ein glückliches Leben zu gewährleisten. Und glücklich ist erst der Mensch, wenn ihn die Idee des Wahren, Schönen und Guten beflügelt. Der Staat soll seinen Bürgern zu diesem Glück verhelfen. Mit anderen Worten: Platons Staat ist ein vergrößertes Spiegelbild seiner Akademie. Eine Flugschule also wie diese, eine Art von weltlichem Kloster.

Zwischenzeitlich reiste Platon nach Sizilien. Um sich von dem dortigen Alleinherrscher Dionysos eine Stadt zu erbitten, die er nach seinen Ideen einrichten könnte. »Kallipolis«, die »schöne Stadt«, sollte Platons Wunschtraum heißen. Mit dem Gedanken an eine Philosophenstadt vor seiner Haustür aber konnte sich Dionysos nicht anfreunden. Verständlicherweise. Womöglich würden die Philosophen dort Ideen ausbrüten, die seiner Herrschaft gefährlich werden konnten. So blieb die schöne Stadt ein schönes Luftschloss. Das Kallipolis-Projekt war verlockend, einen Versuch wert gewesen. Mit Widerständen musste Platon gerechnet haben.

In seinem Buch *Der Staat* führt Platon aus, warum die meisten Menschen lichtscheu sind. Er vergleicht sie mit Gefangenen in einer Höhle, die noch nie etwas vom Sonnenlicht gehört oder gesehen haben. Ihre dunkle Welt wird von einem Feuerschein beleuchtet und die Schatten der Dinge halten die Gefangenen für die reale Wirklichkeit. Dass es ein Außerhalb geben könnte, kommt ihnen gar nicht in den Sinn. Die Höhlenbewohner sind das Schummerlicht gewohnt, sie wissen es nicht besser. Wollte sie gar jemand mit Gewalt dazu zwingen, der oberen Welt einen Besuch abzustatten, würden sie den Mann umbringen. Wie die Athener den Sokrates.

Ein surreales Gleichnis. Doch so sind die Menschen nun mal. Sie blenden die Realität aus. Statt das Licht zu suchen, das ihnen Flügel wachsen ließe, lieben sie das Zwielichtige, um weiterhin ihre zwielichtigen Dinge zu betreiben. Mit der Realität haben die meisten Menschen ein reales Problem. So sieht es Platon.

Mehr als 35 Jahre wirkte Platon an seiner Akademie. Mit 76 verließ ihn das Leben. Während seine Finger den Takt zu der Melodie einer Flöten-

spielerin schlugen. Die Freunde bestatteten ihn in seinem Garten, der an den Park des Akademos stieß.

Im heutigen Athen liegt das ehemalige Akademiegelände inmitten von Häusern und Kirchen, eingezwängt zwischen Straßenzügen. Verschiedene Fundamente sind archäologisch gesichert, außerdem ein Grenzstein, datiert aus der Peisistratoszeit. Platons Grab hingegen ist verschollen. Doch jede Universität ist seine virtuelle Gedächtnisstätte.

Platons Buch über den Staat ist mit zahllosen Details darüber vollgepackt, was dem guten Zusammenleben förderlich ist. Zum Beispiel, welche Art von Musik dem Gemeinwesen bekommt. Oder es finden sich Bemerkungen darin wie diese: Das Große geht an sich selbst zu Grunde. Oder: Gaumengelüste sind Bleigewichte der Seele. Platon philosophiert über eine Gleichstellung der Geschlechter, über die Notwendigkeit von sportlicher Betätigung, über religiöse Rechte und Pflichten, über die Abschaffung von Geld und allem Besitz. Die Themenliste ist schier endlos.

Nur eins gerät Platon nicht in den Blick: die Notwendigkeit eines gesamt-

Platons Akademie lebte vom freien Meinungsaustausch. Die Akademie der Wissenschaften im heutigen Athen, mit Sitzstatuen von Platon und Sokrates.

griechischen Staates. Um der mörderischen Rivalität zwischen den griechischen Stadtstaaten ein Ende zu bereiten. Weder Platon noch andere Verfassungstheoretiker, wie etwa Aristoteles, haben jemals über die Schaffung eines griechischen Nationalstaates nachgedacht. Ihr Interesse gilt ausschließlich und allein dem kommunalen, dem städtischen Lebensbereich. Das war verhängnisvoll. Auch Philosophen haben mit der Realität mitunter reale Probleme.

Spartas bitteres Ende

Als Platon von seiner Welt- und Bildungsreise nach Athen zurückgekehrt war, hatte die Stadt ihre Mauern wieder hochgezogen und befestigt. Sogar die

Langen Mauern, die hinab zum Hafen führten. Sie waren bei der Kapitulation Athens im Jahr 404 unter Flötenklang und Gesang auf Geheiß der Spartaner niedergelegt worden. Jetzt sicherten sie aufs Neue den Hafenzugang. Und Sparta hatte es nicht verhindern können. Athen war wieder zu Kräften gekommen.

Auf der Agora, zu Füßen einer zwei Meter hohen Bronzestatue der Friedensgöttin, hatte die Volksversammlung »Eirene« einen Altar errichten lassen. Eine marmorne Kopie der Friedensgöttin ist in der Münchener Glyptothek zu besichtigen. Eirene schaut mit einem zärtlichen Lächeln auf einen kleinen Nackedei in ihrem Arm. Es ist Plutos, der Gott des Reichtums. Aus seinem übervollen Trinkhorn beschenkt er die Bürger mit üppigem Wohlstand.

Nach einer Schätzung der Athener Behörden betrug das private Barvermögen der Athener im Jahr 387 an die 5750 Talente in Silbergewicht. Das sind in heutiger Währung ungefähr 30 Millionen Euro. Ein stattlicher Betrag. Plutos hatte nach dem Peloponnesischen Krieg die Reichen Athens noch einmal reich gesegnet.

Athen hatte Glück gehabt, sehr viel Glück. Im Verlauf von mehreren hundert Jahren war die Stadt nur einmal gebrandschatzt worden, ihre Bürger wurden niemals umgesetzt oder in die Sklaverei verkauft, wie es das Schicksal so vieler anderer Stadtbevölkerungen war.

Und Athens Wirtschaftskraft war immer noch beträchtlich. Ihre militärische Führungsposition im östlichen Mittelmeer hatten die Athener freilich eingebüßt. Sparta war an ihre Stelle getreten. Die ehemaligen Verbündeten Athens waren Zwangsverbündete Spartas geworden, zahlten Sparta ihre Tribute und mussten es hinnehmen, dass Sparta ihre Autonomie einkassierte.

Die Sieger hatten sich als Befreier ausgegeben und führten sich auf wie Eroberer. Auf der Goldinsel Phasos, in der Nordägäis, hatte ein spartanischer General die Bewohner aus ihrem Tempelasyl gelockt und ließ sie, entgegen aller feierlichen Eide, aufgreifen und allesamt umbringen. Alle demokratischen Stadtverwaltungen der früheren Bundesgenossen Athens wurden aufgehoben. An ihre Stelle traten Zehn-Männer-Kollegien, die mit unbeschränkter Vollmacht über Leben und Eigentum der Bürger entschieden. Kurzum, Sparta errichtete eine Militärdiktatur in der Ägäis. Nur gerade noch 2 000 Menschen zählten die Spartiaten nach dem Peloponnesischen Krieg. Im Bewusstsein ihrer zahlenmäßigen Unterlegenheit agierten sie mit brutaler Härte. Und zogen sich damit den ungeheuren Hass der ihnen assoziierten Städte zu.

Um seine Staatskasse für den Flottenbau zu füllen, hatte Sparta persisches Geld in Anspruch genommen. Im Gegenzug hatte es Persien die Herrschaft über die kleinasiatische Griechenküste zugestanden. Jahre darauf ersuchten die Ionier Sparta um Hilfe gegen die Perser. Sparta sah sich in der Pflicht, wollte es nicht vollends sein Gesicht verlieren. Über drei Jahre lieferten sich die Spartaner vereinzelte Gefechte mit den Satrapen Kleinasiens. Im Jahr 394 verlor Sparta in der Nordägäis eine entscheidende Seeschlacht gegen die Perser. Die spartanische Seeherrschaft war damit beendet. Sie war von kurzer Dauer gewesen, nur ein Jahrzehnt hatte sie sich behaupten können. Sparta war von Haus aus eben eine typische Landmacht.

Jetzt fielen reihenweise die Bundesgenossen ab. Den noch unentschlossenen Städten half der Großkönig mit Gold nach. Athen, Theben, Korinth verbündeten sich gegen Sparta. Erst unter Vermittlung des Großkönigs kam im persischen Susa ein Waffenstillstand zu Stande. Ein wackeliger Friede von Persiens Gnaden.

Athen nutzte die Schwäche Spartas, seinen Seebund zu reaktivieren. Hundert Jahre nach Errichtung des ersten Bündnisses. 60 Städte traten dem neuen Seebund bei. Und dieses Mal schafften es die Verbündeten, den Bund institutionell abzusichern. Ein Bundesorgan wurde geschaffen, das sogenannte »Synhedrion«, das regelmäßig tagte, um anstehende Entscheidungen zu treffen. Jedes Mitglied verfügte über eine Stimme, Athen allerdings stand über dem Synhedrion. Immerhin, die Griechen waren über ihren Schatten gesprungen. Sie hatten ein überstädtisches, ein nationales Beschlussgremium installiert.

Wo das Aas ist, sammeln sich die Geier. Theben hatte in Mittelgriechenland Gebietsansprüche an Sparta zu stellen. Es besetzte Straßen und Pässe, die Sparta zu seinen Territorien zählte. Sparta reagierte umgehend und entsandte eine Streitmacht.

Bei Leuktra, westlich von Theben, kam es im Jahr 371 zur Schlacht. Spartas Phalanx unterlag der überlegenen Taktik Thebens. Sparta verlor ein ganzes Tausend seiner Kämpfer. Seit der selbstmörderischen Verteidigung der Thermopylen im Jahr 480 hatten die Spartiaten als unbesiegbar gegolten. Jetzt war der Mythos zerplatzt.

Xenophon, vermutlich ein Augenzeuge der folgenden Begebenheit, schildert die Ankunft der Schreckensnachricht in Sparta: »Als die Nachricht von der Niederlage in der Stadt eintraf, fanden gerade Sportwettkämpfe statt. Die Ephoren unterbrachen die Spiele nicht. Erst als der Wettbewerb beendet war, ließen sie die Freunde und Familien der Gefallenen benachrichtigen. Und man gebot den Frauen, schweigend ihren Schmerz zu tragen und nicht in laute Trauer auszubrechen. Am nächsten Tag bot sich ein ungewöhnlicher Anblick in der Stadt. Man sah, wie sich jene Leute, die einen Verwandten unter den Gefallenen hatten, mit leuchtenden Augen in der Öffentlichkeit bewegten. Diejenigen aber, deren Freunde und Verwandten die Schlacht überlebt hatten, trauten sich nicht an die Öffentlichkeit. Und wenn, dann mit gesenktem Blick und finsteren Brauen, so als ob sie sich schämten.« Mit dieser Geste besiegelte Sparta seinen Abschied aus der Geschichte Griechenlands. Im darauffolgenden Jahr errang der benachbarte Sklavenstaat Messenien seine Freiheit. Und ohne seine Heloten war Sparta nicht überlebensfähig.

Die anderen griechischen Stadtstaaten, ständig von inneren Unruhen bedroht, neideten Sparta seine stabile Verfassung, »die sie nun schon seit 400 Jahren unverändert beibehalten hatten«, schreibt Thukydides. Doch Spartas versteinerte Verfassung wurde sein Mausoleum.

»Die Athener dagegen sind ständig darauf aus, Neues zu entwickeln, sie denken spontan«, heißt es weiter bei Thukydides. Der Historiker konnte nicht in die Zukunft schauen. Doch er sah bereits, dass letztendlich Sparta im Wettstreit mit Athen wegen seiner Unbeweglichkeit den Kürzeren ziehen würde. Er hatte recht behalten.

Auch Platon bewunderte die stabilen politischen Verhältnisse der Spartaner. Er wusste aber auch, dass man seine Akademie dort nicht geduldet hätte. Ein geflügeltes Wort der Athener sagte: In Athen darf man die Spartaner loben, in Sparta nur die Spartaner!

Sparta war eine geschlossene Gesellschaft. Die Akademie aber lebte von der Diskussion. Vom freien Meinungsaustausch. Es ist kein Zufall, dass alle Schriften Platons in Dialogform abgefasst sind. Jeder Dogmatismus ist Platon fremd. Seine Schriften sind virtuelle Diskussionsforen. Das ist ihr sokratisches Erbe. Daran hat die Akademie weiter festgehalten, wenn auch Platon sich inhaltlich je länger, je mehr von seinem Lehrer entfernt hatte.

Makedonien, die neue Führungsmacht

Aristoteles, Alexander und was darauf folgte

Sparta hatte in der langen Auseinandersetzung mit Athen den Kürzeren gezogen. Es war an seinem unflexiblen System regelrecht erstickt. Doch auch die Vormachtstellung der attischen Demokratie war keinesfalls sicher. Denn ständig drohte die Gefahr aus dem Osten, vom riesigen Perserreich her. Allein würde Athen dieser Großmacht auf Dauer nicht standhalten können. Der allmähliche Aufstieg eines neuen möglichen Bündnispartners im Norden Griechenlands wurde daher mit Hoffnung, wenngleich nicht ohne Sorge betrachtet. Philipp II. von Makedonien hatte große Pläne für sein Reich und für seinen Sohn Alexander. Für ihn rief er einen Lehrer an seinen Hof, der dem großen Sohn bis heute nicht an Ruhm nachsteht.

Aristoteles und seine Geschichte

Als Bildungsstätte zog Platons Akademie junge Männer aus ganz Groß-Griechenland an. Sogar einige Frauen sollen unter Platons Hörern gewesen sein. Diogenes Laertios führt zwei von ihnen, Lastheneia und Axiothea, namentlich auf. Als Platon Mitte fünfzig war, ließ sich Aristoteles in das Vereinsregister der Akademie eintragen. Die Akademie nahm längst nicht jeden. Doch Aristoteles hatte Glück. Der 17-Jährige bestand das Vorstellungsgespräch und durfte bleiben. Die Akademie wurde seine Heimat. Erst 20 Jahre später, nach dem Tod Platons, sollte Aristoteles sie wieder verlassen.

Er stammte aus Stageira, an der ägäischen Nordküste. Dort hatten sich griechische Kolonisten vor einem Jahrhundert niedergelassen, bereits Herodot erwähnt Stageira. Seine Jugend verbrachte Aristoteles im Hinterland, in Makedonien mit seiner Hauptstadt Pella. Auch die Makedonen waren Griechen. Die aber noch lange in Klan-Gesellschaften und losen Stammesverbänden lebten. Den Athenern galten sie als »Halbbarbaren«. Makedonien war für Athen vor allem als Holzlieferant interessant. Dort wurden Weißtannen geschlagen, das begehrte Bauholz für die athenischen Trieren.

Der Makedonen-König Archelaos verstand es, dem Königtum innerhalb der rivalisierenden Klans festen Bestand zu geben. Während des Peloponnesischen Krieges, als das übrige Griechenland in Blut ertrank, brachte Archelaos Makedonien vermehrt als Rohstofflieferant ins Spiel. Er verwandte die Einnahmen dazu, feste Plätze, Städte und Straßen anzulegen und verbesserte so die Infrastruktur des bis dahin verschlossenen Landes. »Er tat in allem mehr für Makedonien, als die acht Könige vor ihm«, bemerkt Thukydides. Den Königssitz in Pella baute Archelaos zu einer modernen griechischen Stadt aus und er zog neben den griechischen Handwerkern auch Dichter und Künstler aller Art in sein Reich. Seine Zeitgenossen priesen ihn als den reichsten und glücklichsten Menschen der ganzen Welt.

Der Vater von Aristoteles, Nikomachos, war Leibarzt der makedonischen Könige. Von ihm erbte Aristoteles das naturwissenschaftliche Interesse. Allein die zoologischen Vorlesungsnotizen von Aristoteles umfassen Tausende von Seiten. Er beschreibt Säugetiere, Vögel, Kriechtiere, Lurche, Fische, Insekten, Tausendfüßler und Spinnen mit einer akribischen Genauigkeit. Dabei muss man sich vor Augen halten, dass Aristoteles weder Mikroskop noch Fernglas noch ein modernes Sezierbesteck besaß. Dass er dennoch all dies beobachten konnte, verwunderte schon seine Zeitgenossen in der Antike.

Alles und jedes interessiert Aristoteles. Besonders die »Kinderfragen«. Zum Beispiel, warum mehr Männer als Frauen kahlköpfig sind. Oder wieso der Regenbogen bunt ist. Oder warum Bäume nur an Land und nicht auf dem Meeresgrund wachsen. Das naturwissenschaftliche Werk von Aristoteles setzte Standards, die erst in der Neuzeit überboten wurden. Noch der Klassiker des Tierlexikons, Alfred Brehm, zitiert im 19. Jahrhundert den »vortrefflichen Naturforscher« Dutzende von Malen.

Die beschreibende Zoologie ist nur ein Teilgebiet seiner wissenschaftlichen Untersuchungen. Mit einem Team von Mitarbeitern erforscht Aristoteles die Geschichte der Olympischen Spiele, erstellt eine Chronik des Athener Theaters. An anderer Stelle beschreibt er verschiedene Methoden des Gedächtnistrainings. Unter seinen Schriften findet sich auch eine tiefschürfende Abhandlung darüber, warum und wieso Menschen träumen.

Und Aristoteles beschäftigt sich eingehend mit den Sozialwissenschaften. In einem Handbuch stellt er 158 Staatsverfassungen seiner Zeit vor, analysiert und bewertet sie nach ihren Stärken und Schwächen. Kurz gesagt, Aristoteles lässt kaum ein Wissensgebiet aus. Seine uns erhaltenen Vorlesungsnotizen enthalten Bemerkungen über den Magnetismus, die Meteorologie, die Optik, die Astronomie und so weiter. Es ist unglaublich, dass so viel in ein einzelnes Menschenleben hineinpasst!

Dabei ist das alles erst die Hälfte seines Werks. Die andere Hälfte ist logischen Untersuchungen, den Sprachwissenschaften und besonders der philosophischen Grundlagenforschung gewidmet. Mit der gleichen Hingabe, wie Aristoteles das Fortpflanzungsverhalten des Tunfischs im Schwarzen Meer untersucht, geht er den letzten philosophischen Fragen auf den Grund.

Irgendwann gehörte er dann dem Lehrkörper der Akademie an. Zusammen mit Platon und anderen Kollegen führte er die jungen Leute ins akademische Denken ein.

Aus dieser Zeit stammen seine ersten Schriften. Wie sein Lehrer schreibt er damals noch in Dialogform. Spätere antike Autoren loben deren »goldenen Redefluss«. Uns sind diese Erstlingsschriften leider nur bruchstückhaft erhalten geblieben. Doch aus ihnen geht hervor, dass Aristoteles zu dieser Zeit noch ganz in den Fußstapfen seines Lehrers wandelt. Wie dieser schildert er das Heimweh der Seele nach dem göttlichen Sein, dem Wahren, Schönen und Guten.

Doch schon zu Platons Lebzeiten beginnt Aristoteles sich von Platons Überwelt zu verabschieden. Dabei bleibt er dem »göttlichen Platon«, wie man ihn jetzt schon nennt, in Bewunderung und Hochachtung zugetan. In seinen vielen Texten findet sich keine einzige herabsetzende Äußerung über seinen verehrten Lehrer. Obwohl er sich immer deutlicher von ihm abgrenzt.

Für Platon ist die Welt Fremde, Heimat ist sie für Aristoteles. Platon glaubt an die unsterbliche Seele, dem Aristoteles passt sie nicht ins Konzept. Platon und seine Akademiker forschen nach dem Anfang der Welt, Aristoteles interessiert das nicht. Er will nicht erklären, warum es die Welt gibt, er versucht zu begreifen, wie die Dinge funktionieren.

Für Aristoteles ist die Welt, wie sie ist. Von Ewigkeit zu Ewigkeit folgt sie den ewig gleichen Gesetzen. Die Welt ist, was sie ist, ein Perpetuum mobile. Was aber soll das Perpetuum mobile der Welt in ewiger Bewegung halten? Aristoteles antwortet: »Es gibt etwas, das unaufhörlich alles Bewegte bewegt, nämlich der erste Beweger.« Und dieser »erste Beweger« ist seiner Natur nach »ein ewiges, unbewegliches und von allen wahrnehmbaren Dingen abgehobenes Sein. Daraus ist deutlich, dass jenes Sein ohne körperhafte Ausdehnung ist, nicht zerlegbar und unteilbar.« Dieses Sein also ist es,

Platon zeigt auf die »Ideen«, Aristoteles verweist auf die Dinge in der Welt. Ausschnitt aus dem Fresco »Die Schule von Athen« (1510 – 1511) von Raffael.

das bewegende Kraft in den Dingen auslöst und zwar von Ewigkeit zu Ewigkeit.

Und wer bewegt den ersten Beweger? Nichts bewegt ihn. Denn er ist Sein, das in sich selbst ruht. Und dieser »unbewegte Beweger« ist Gott, »ein ewiges und bestes Lebendigsein«, das nur Schönes und Gutes denken kann, also »sich selber denkt«. Dies ist die höchste Spitze der aristotelischen Metaphysik. An seinem Dasein »hängt Himmel und Erde«. Und an jenem Sein wollen alle Dinge teilhaben. Sehnsucht nach dem in sich ruhenden, glückseligen Sein hält sie in immerwährender Bewegung.

Liebe durchzieht die Welt, Liebe hält sie in Bewegung, die Sehnsucht des Werdens, im Sein zur Ruhe zu kommen. Das ist ein tiefer und schöner Gedanke.

Als Platon stirbt, ist Aristoteles 36 Jahre. Die Akademie muss einen neuen Leiter wählen. Aristoteles kommt dafür nicht in Frage. Die Akademie ist ein eingetragener Verein der Stadt. Und sein Vorsitzender muss Athener Bürger sein. Das aber ist Aristoteles nicht, obwohl er jetzt schon 20 Jahre in Athen lebt. Das Bürgerrecht in Athen kann nur innehaben, wer zwei Athener Eltern hat. Das ist seit Perikles so. Also müssen sich die Akademiker nach einem Vollathener umsehen. Ihre Wahl fällt auf Speusippos, den Neffen Platons.

Hermias, Fürst von Assos, einer griechischen Küstenstadt Kleinasiens, ersucht Aristoteles, dort eine Zweigstelle der Akademie einzurichten. Aristoteles nimmt die Einladung an. In Begleitung einer Handvoll anderer Akademiker reist er nach Assos. Die Freunde verbringen einige Jahre in der Stadt, Aristoteles heiratet dort Pythias, eine Nichte des Herrschers.

In ein antipersisches Komplott verwickelt, wird Hermias an den Königshof zitiert und hingerichtet. Aristoteles und seine Gefährten siedeln nach Lesbos über. Die Insel liegt in Sichtweite von Assos, der junge Theophrast ist dort zu Hause. Theophrast ist auch Akademiker, in späteren Jahren wird er die Nachfolge von Aristoteles als Schulleiter des Lykeions von Athen antreten.

Auf der Insel Lesbos verbringt Aristoteles mehrere Studienjahre, angefüllt mit naturwissenschaftlicher Forschung. Dann beruft ihn der Makedoner-König Philipp zum Erzieher seines 13-jährigen Sohnes Alexander. Aristoteles folgt im Jahr 342 der Einladung Philipps.

Aristoteles kannte Pella, die makedonische Königsstadt. Er hat dort in seiner Jugend mit den makedonischen Adelssprösslingen auf der Schulbank gesessen, in Pellas Sportstätten trainiert. Wahrscheinlich kennen sich Aristoteles und Philipp aus dieser Zeit, beide waren Altersgenossen.

Aristoteles als Lehrer

Philipp regierte seit dem Jahr 359 vor unserer Zeitrechnung das Land in Griechenlands Norden. Der Vater von Alexander war ein König mit großen Visionen. Und zugleich besaß er ein ungewöhnliches Organisationstalent. Philipp reorganisierte die Armee, leitete Wirtschaftreformen ein, gründete neue Städte, ließ Sümpfe trockenlegen, steigerte den Ertrag seiner Gold- und Silberminen. Und vor allen Dingen, Philipp gliederte die bisherigen Stammesfürstentümer seiner Herrschaft ein und schuf in Makedonien einen straff gelenkten Zentralstaat. Bald war Makedonien zu klein für ihn. Jahr für Jahr weitete der unternehmungslustige König seinen Herrschaftsbereich nach Osten und Westen weiter aus.

Einflussreiche Politiker Athens sahen in Philipp einen Hoffnungsträger.

Makedonien, vereint mit Athen und dessen Verbündeten, könnte ein Gegengewicht zum persischen Großreich schaffen. Isokrates, ein athenischer Redner, appellierte an die Griechen: »Vergessen wir unsere inneren Streitigkeiten! Lasst uns mit vereinten Kräften gegen die Perser zu Felde ziehen. Die Reichtümer Asiens müssen wir zu uns nach Europa holen!« Und an Philipp persönlich adressiert sagte Isokrates: »König, es ist deine Pflicht, dass du dich für die Griechen einsetzt! Wenn du die Perser unter deine Herrschaft bringst, werden alle Griechen dir dankbar sein.« Manchen Athenern war das recht aus dem Herzen gesprochen.

Die Volksversammlung allerdings mahnte zur Vorsicht, ja zur Wachsamkeit gegenüber Philipp. Dessen expansive Politik berührte Athens wirtschaftliche Interessen in Nordgriechenland. Denn aus dem Norden bezog Athen viele seiner lebenswichtigen Rohstoffe. Und an den kommerziellen Schiffsrouten ins Schwarze Meer hing vor allem die Getreideversorgung der Stadt.

Sprecher der antimakedonischen Fraktion war Demosthenes. Aristoteles kannte den Redner, er hatte dessen Auftritte in Athen persönlich miterlebt. Demosthenes bezeichnete Philipp als den »ärgsten Feind Athens«. Er votierte in der Volksversammlung sogar dafür, dem Makedonen den Krieg zu erklären. So weit wollten die Athener nicht gehen, doch die antimakedonische Stimmung in der Stadt wuchs. Man bezeichnete Philipp als »Barbaren«. Und man wäre froh gewesen, wenn jemand den umtriebigen König umgebracht hätte, was das gewöhnliche Schicksal der Makedonen-Herrscher war.

Aristoteles begab sich also auf dünnes Eis, wenn er nach Pella ging. Dennoch, er entschied sich für Makedonien. Die nächsten sechs oder sieben Jahre verbrachte er in der Residenz. Davon war er zwei, drei Jahre als Erzieher des jungen Alexanders tätig. Danach fungierte er wohl als politischer Berater Philipps.

Lernte Alexander die Welt mit den Augen seines Lehrers zu betrachten? Aristoteles war ein genauer Beobachter mit scharfem Blick fürs Detail, zugleich verstand sich der Philosoph darauf, in großen Zusammenhängen zu denken, die bewegte Welt als Ganzes zu sehen. In dieser Hinsicht konnte Alexander sicher eine Menge von seinem Lehrer lernen. Strategisches, methodisches Herangehen an eine Sache war eine der Hauptstärken des aristotelischen Denkens, und Alexander, selbst ein geborener Stratege, wird davon profitiert haben.

Hat Aristoteles mit seinem Zögling auch politische Fragen diskutiert? »Die Politikwissenschaft ist nichts für junge Leute«, befindet der Philosoph in späteren Jahren. »Sie haben keine Lebenserfahrung und hören zu sehr auf ihre Gefühle.« Und überhaupt, das Politikverständnis von Aristoteles orientiert sich an den selbstständigen griechischen Stadtstaaten. Doch deren Zeit war passé.

Die Zukunft gehörte großen Flächenstaaten wie Makedonien. Auf die jedoch ließen sich die demokratischen Spielregeln der Stadtstaaten nicht übertragen. »Ein Bürger muss sich darauf verstehen, regiert zu werden und selbst zu regieren«, verlangt Aristoteles in seiner *Politik*. Und das bedeutet, dass ein Bürger auf die Politik seiner Stadt Einfluss nehmen kann. Durch Wahlen, Ämterbesetzung, durch öffentliche Diskussionen. Das glückte in den überschaubaren griechischen Städten. Die laut Aristoteles darum nicht größer sein sollen, als der »Ruf eines Herolds« reicht. Wie aber soll das alles in großen Flächenstaaten funktionieren?

Organisationen, in denen sich Bürger mit gleichen politischen Zielen zusammenschließen, Parteien also, als Medien politischer Willensbildung, kannte die Antike noch nicht. Erst im christlichen Byzanz nahmen die Parteien der »Blauen« und der »Grünen« tatsächlich Einfluss auf die Politik. Danach brauchte es noch einmal tausend Jahre, bis sich in den westlichen Staaten Parteien als Organe der Volksvertretung institutionell etablierten.

Wie also sollten in den Flächenstaaten der Antike Bürger politisch aktiv werden können? Schon die Frage lag außerhalb des politischen Denkhorizonts von Aristoteles. Die Barbaren, das heißt jene Menschen, die nicht in selbstverwalteten Städten leben wie die Griechen, müssen sich eben damit abfinden, als Sklaven regiert zu werden. Wie bei den Persern, wo der Großkönig nach Belieben schaltet und waltet, ohne dass ihm jemand dazwischenredet.

Ob Aristoteles dem jungen Alexander darlegte, wie eine griechische Stadt funktioniert? »Bürger sein bedeutet schlicht und einfach mitzuregieren«, heißt es in seiner *Politik*. Doch Begriffe wie »Selbstverwaltung« oder »Ämterrotation« waren seinem Zögling völlig fremd. Schließlich regierte auch Philipp als unumschränkter Alleinherrscher und beriet sich allenfalls mit einer Handvoll ausgesuchter Adeliger.

Alexander führte, laut Plutarch, seinen Stammbaum bis auf Achilleus zurück. Weil er sich als Vollblut-Grieche fühlte, hat er gewiss begierig aufgenommen, was sein Erzieher ihn über die griechische Wesensart lehrte.

»Die Völker, die in einem rauen Klima leben, sind Draufgänger. Wie beispielsweise die Europäer. In intellektueller und künstlerischer Hinsicht bringen sie allerdings nur wenig zuwege. Deshalb leben sie zwar in Freiheit, doch sie finden nicht zu einer politischen Ordnung. Und das macht sie unfähig, sich ihre Nachbarn zu unterwerfen. Die Völker Asiens sind zwar intellektuell wie künstlerisch begabt, doch sie sind keine Draufgänger. Deshalb herrscht keine Freiheit bei ihnen und sie leben nach Sklavenart. Das Volk der Griechen hingegen hält zwischen beiden Extremen die Mitte. Sie sind beides, Draufgänger wie Denker, sie leben in Freiheit und sind bestens politisch organisiert. Das befähigt sie, über andere Völker zu herrschen, vorausgesetzt, sie schaffen es, vereint aufzutreten«, so lesen wir bei Aristoteles.

Seine Träume also hat Alexander nicht einfach ins Blaue auf Reisen geschickt. Griechischer Erwählungsglaube inspirierte ihn, sich den Erdkreis untertan zu machen. Schon einmal, so sah es der zukünftige Eroberer, waren die Griechen zu einem Rachefeldzug gegen die asiatischen Nachbarn aufgebrochen: Vor Troja stellten sie die Ehre der Griechen wieder her. Und der löwengleiche Achilleus war ihr Vorkämpfer gewesen. Ihn ließ das Schicksal zwischen Heimkehr und Ruhm wählen, unsterblichen Ruhm um den Preis eines frühen Todes. Wie Achilleus wählte Alexander den Ruhm.

Die virtuelle Wirklichkeit seines waffenglänzenden Helden nahm unwiderstehlich von Alexander Besitz. Plutarch berichtet, Aristoteles habe Alexander eine Homerauswahl als Geschenk vermacht. Sie soll ihn auf seinem ganzen Asienfeldzug begleitet haben und der junge König habe diese Schriftrolle als seinen kostbarsten Besitz gehütet.

Den 16-jährigen Alexander ernennt Philipp zu seinem Stellvertreter. Der König sorgt vor. Die Pläne liegen schon fertig auf dem Tisch, Philipp will den Persern Kleinasien entreißen. Seit 200 Jahren ist die Halbinsel in persischem Besitz und sie zählt zu den mächtigsten und wohlhabendsten Provinzen des Großkönigs. Jetzt will Philipp sie seiner Herrschaft eingliedern. Das Invasionsheer ist aufgestellt. Es verfügt über die besttrainierten und bestbewaffneten Truppen der westlichen Welt, in ihrem Gefolge befinden sich modernste Belagerungsmaschinen, Techniker und Ingenieure aus ganz Griechenland. Philipp hat an alles gedacht. Während Philipp in Kleinasien kämpft, soll Alexander die Heimatfront, Makedonien, sichern.

Der Erziehungsauftrag des Philosophen war ausgelaufen. Aristoteles hätte jetzt nach Athen zurückkehren können. Aber was sollte er da? Die antimakedonische Stimmung in Athen war stark. Und Speusippos, Platons Nachfolger, galt als galliger, unberechenbarer Mann. Mit dem wollte er lieber nichts zu tun haben. Also blieb Aristoteles in Pella.

Und dann passierte, was Demosthenes vorausgesehen hatte. Philipp bemächtigte sich Stück um Stück des griechischen Mutterlands. Zuerst agierte er als Bündnispartner, dann marschierte er in voller Heeresstärke in Mittelgriechenland ein. Es galt, Griechenland zu befrieden, die Flanke zu sichern, ehe sein Heer nach Kleinasien übersetzte. Athen und Theben warfen Philipp ihre Truppen entgegen. Bei Chaironeia in Mittelgriechenland unterlagen die Verbündeten 338 unter hohen Verlusten. Alexander soll maßgeblich am Sieg der Makedonen beteiligt gewesen sein. Der Sieg war hart erkämpft. 3 800 Soldaten verlor Philipp, 5 000 die Verbündeten, 3 000 gefangene Griechen wurden auf den Sklavenmärkten Makedoniens verkauft.

Wir wissen nicht, wie Aristoteles auf die Niederlage von Athen und Theben reagiert hat. Vielleicht ist es seiner Fürsprache zu verdanken, dass der Stadt Platons harte Strafmaßnahmen erspart blieben. Athen wurde nicht dem Erdboden gleichgemacht wie Theben, ihre Einwohner wurden nicht in die Sklaverei geschickt, Athen durfte sogar seine demokratische Verfassung behalten. Die weisheitsliebende Eule hatte über die Athener ihre Flügel gebreitet.

Noch im selben Jahr beorderte Philipp Gesandte aller Griechenstädte nach Korinth. Er rief sich dort zu deren Führer aus und kündete einen gesamtgriechischen Heereszug gegen Persien an. Die Städte des »Korinthischen Bundes« wurden verpflichtet, sich mit Truppenkontingenten zu beteiligen.

In Delphi ließ der König die Pythia nach einem glücklichen Ausgang seines Perserzuges befragen. Die Pythia antwortete: »Bekränzt bereits ist der Opferstier und alles gerichtet, schon steht einer bereit, dem Opfer den Todesstoß zu versetzen.« Philipp verstand das als glückverheißendes Omen.

Anlässlich der Heirat seiner Tochter gab Philipp ein großes Staatsbankett. Botschafter aus ganz Griechenland waren geladen, Philipp wollte sich von seiner besten Seite zeigen. Und im vollen Glanz seiner Macht. Athens Botschafter überreichte ihm einen goldenen Kranz. Mit dem Versprechen, die Volksversammlung werde keine antimakedonischen Unruhestifter in ihren Mauern dulden.

Der Höhepunkt der Festlichkeiten fand in einem riesigen Freilufttheater der Königsstadt statt. Die Statuen der zwölf Olympischen Götter hielten Einzug ins Theater: »Künstlerisch gestaltet und prächtig aufgemacht, dass die

Zuschauer von ihrem Anblick überwältigt waren. Und dem Aufmarsch der Götter folgte eine dreizehnte Statue, Philipp in göttlichem Ornat, als throne er mit in dem Rat der Götter.« So schildert Diodor die Szene.

Während des Aufmarsches wurde Philipp von einem seiner Offiziere mit einem Stoß ins Herz erdolcht. »Schon steht einer bereit, dem Opfer den Todesstoß zu versetzen«, hatte die Pythia geweissagt. Jetzt verstanden alle den versteckten Sinn ihrer Worte.

Mit Hilfe des mächtigen Staatsekretärs Antipatros kann sich der knapp 20-jährige Alexander den Thron sichern. Drei, vier, fünf mögliche Rivalen werden beseitigt. Darunter Philipps fünfte Frau Kleopatra und ihre beiden kleinen Kinder. Alexander belohnt Antipatros und ernennt ihn zum Vize-könig Griechenlands.

Antipatros ist zehn Jahre älter als Aristoteles. Der Philosoph hatte sich mit ihm in den Jahren am Königshof befreundet. So stand Aristoteles jetzt unter dem Schutz des Vizekönigs. Er konnte Pella verlassen und nach Athen zurückkehren. Ohne fürchten zu müssen, dass die Athener ihm als makedonischen Sympathisanten die Tür weisen würden.

Aristoteles ist jetzt 50 Jahre. Im Jahr 334 trifft er in Athen ein und gründet als Konkurrenzunternehmen zur Akademie Platons eine eigene Schule, das »Lykeion« oder »Lyzeum«. Es lag im Osten vor dem Mauerring der Stadt, noch der antike Reiseschriftsteller Pausanias hatte es im 2. Jahrhundert unserer Zeit besucht und seine Lage beschrieben. Bei späteren Stadterweiterungen wurde es überbaut. Unweit des heutigen Parlamentsgebäudes wollen Archäologen auf seine Fundamente gestoßen sein.

Neben dem Heiligtum des Apollon besaß das Lykeion Sportstätten, Säulengänge, Gartenanlagen und Alleen. Theophrastos, der Nachfolger von Aristoteles, erwähnt als besondere Sehenswürdigkeit eine Platane, die ihre Wurzeln in einem Umkreis von 10 Metern ausschickte. Was für ein gewaltiger Baum muss das gewesen sein! In seinem Schatten und unter dem Dach der Säulengänge soll Aristoteles auf- und abgehend seine Schüler unterrichtet haben. Deshalb wurden seine Schüler »die Peripatetiker« genannt, »jene, die sich in der Wandelhalle ergehen«. Später konnte der Philosoph wohl ein festes Gebäude als Hörsaal anmieten.

Wahrscheinlich war das für ihn als Mann ohne Bürgerrecht juristisch gesehen nicht so ganz einfach. Athen nämlich wachte streng über sein Vereinswesen, damit es in den Vereinen nicht zu unerwünschten Aktivitäten kam. Doch irgendwann muss Aristoteles ein Hörsaal zugestanden worden sein. Der Philosoph hatte ja die besten Verbindungen nach ganz oben. Zu Antipatros, dem Regenten, seinem Freund.

Und ein Hörsaal wurde bald nötig. Aristoteles zog Schüler aus ganz Groß-Griechenland an, aus Sizilien, Kleinasien und von den Ägäischen Inseln. Unter Theophrastos soll das Lykeion 2 000 Studenten gezählt haben.

Ein Dutzend Jahre lehrt Aristoteles im Lykeion. Seine Studenten mögen ihn. Denn er drückt sich klar und verständlich aus, geht in seinen Vorlesungen auf die Hörer ein. Dazu notiert er:

»Eine Vorlesung muss sich dem Verständnis der Hörer anpassen. Wir alle haben unsere Hörgewohnheiten, und eine Vorlesung muss das berücksichtigen. Ungewohntes empfinden wir als lästig, und weil es ungewohnt ist, verwirrt es uns und befremdet. Denn nur das Gewohnte ist verständlich. Die einen hören jemandem, der nach Art der Mathematiker redet, erst gar nicht zu. Die anderen wollen, dass man ihnen die Sache anhand von Beispielen erklärt. Wieder andere erwarten, dass man seine Ausführungen mit Zitaten belegt. Die einen wollen alles in logischer Abfolge vorgetragen haben, andere dagegen schüchtert eine solche Vortragsart ein, weil sie dem Gedankengang nicht folgen können oder weil es sie als Haarspalterei langweilt. Beiden Anliegen auf einmal, sachgerecht zu argumentieren und dabei doch verständlich zu bleiben, kann man nur schwer gerecht werden. Am besten ist es, sich klarzumachen, dass man nicht in allen Wissensbereichen mathematische Genauigkeit verlangen kann.«

Mit der Lektüre von Aristoteles-Texten tun wir uns heute schwer. Man muss sich dabei vergegenwärtigen, dass Aristoteles sie in dieser Form auch nicht veröffentlicht hätte. Wir stöbern in den Vorlesungsnotizen des Philosophen, die nicht für fremde Augen bestimmt waren. Aristoteles kam nicht mehr dazu, sie in eine literarische Form zu bringen.

Alexanders Tod kam dazwischen. Am 11. Juni 323 starb Alexander, 33 oder 32 Jahre alt, im fernen Babylon. In Athen löste die Todesnachricht eine Welle von Euphorie aus. Binnen kurzem formierte sich bewaffneter Widerstand gegen die makedonische Besatzungsmacht. Delphi machte seine Ehrenbeschlüsse für Aristoteles rückgängig und man zerbrach mit einem Fluchzeremoniell seine Ehrentafel in der heiligen Stadt. Über Nacht war jeder, der als Sympathisant der Makedonier galt, zur Unperson geworden.

Aristoteles fürchtete um sein Leben. Er floh nach Chalkis auf die Insel Euboia, wo er aus dem Erbe seiner Mutter ein Anwesen besaß. Antipatros schrieb er: »Ich bin jetzt ganz auf mich allein angewiesen. Mein letzter Halt sind nun die Mythen.« Dachte Aristoteles dabei an Platons Erzählung von der gefiederten Seele, die den Körper abstreift und heimkehrt ins Licht? Er starb 63-jährig noch im gleichen Jahr, dem Todesjahr Alexanders.

In zwölf Jahren entwarf Aristoteles eine geistige Welt, die ihn Jahrtausende überdauerte. Sein ehemaliger Schüler Alexander schuf im selben Zeitraum ein Großreich, das beinahe die ganze damals bekannte Welt umspannte. Sein Reich überlebte ihn nicht. Nicht ein einziges Jahr. So gehört Alexander in der Tat zu den Verlierern der Geschichte. Trotz seiner wahrhaft schwindelerregenden Erfolgskarriere.

Alexander der Allzugroße

Im Jahr 334 begann Alexander seinen Eroberungszug. Mit 38 000 Makedonen, 7 000 Griechen und anderen Söldnern setzt er nach Kleinasien über. Im selben Jahr siegt er am Granikos-Fluss, östlich von Troja. Im Folgejahr triumphiert er über ein persisches Heer in Nordsyrien bei Issos. Wieder ein Jahr später nimmt er nach langer Belagerung die syrische Hafenstadt Tyros ein, stößt weiter nach Süden vor, durchzieht Palästina und trifft in Ägypten ein. Die Ägypter begrüßen ihn als Befreier vom persischen Joch. Das Ammon-Zeus-Orakel, im nordafrikanischen Libyen, erhebt ihn zum Gottessohn. Im Jahr 331 ist Alexander zurück im Zweistromland. Bei Gaugamela, in der Nähe des Tigris, vernichtet er das Heer des Großkönigs. Dareios III. flüchtet. Alexander zieht weiter hinab ins Zweistromland, nimmt Babylon, danach die beiden Königsstädte Susa und Persepolis. In den Jahren 330 bis 327 durchquert er den heutigen Iran, erreicht Afghanistan, überwindet das Hindukusch-Gebirge und dringt 326 bis zum Indus vor, dem mächtigen Strom, der heute durch Pakistan fließt, und der dem Subkontinent Indien seinen Namen gab. Dann aber wollen Alexanders Truppen nicht mehr weitermarschieren, sie verweigern dem König ihren Gehorsam. Quer durch die Todeswüste von Südafghanistan kehrt er im Jahr 325 nach Susa zurück. Er lässt sich in der Königsstadt als Gottkönig feiern und löst sein Heer auf. Nicht lange darauf, mitten in der Vorbereitung eines Feldzugs nach Arabien, stirbt Alexander im Juni des Jahres 323 vor unserer Zeitrechnung in Babylon.

Von damals bis heute zeichnen Historiker den Siegeszug Alexanders in Tausenden und Abertausenden von Abhandlungen nach. Mit unermüdlichem Fleiß, akribisch bis ins letzte Detail. Sie kennen jede Wunde, die

Alexander davontrug. Dass jede Wunde nur das geringste Entgelt für jene zahllosen Leichenberge ist, die Alexander hinter sich aufhäuft, gerät dabei kaum jemals wirklich in den Blick.

Die Geschichte der Opfer Alexanders müsste erst noch geschrieben werden. Die Historie der Abertausenden von Kriegstoten aus Makedonien und Griechenland, die Geschichte der ungezählten Schlachtenopfer des persischen Vielvölkerstaates. Und wie viele Menschen seines Beuteguts wurden in die Sklaverei verkauft, die Männer in Bergwerke, Frauen, Mädchen und Jungen in die Bordelle. Wer hat versucht nachzurechnen, wie viele Menschen während Alexanders 12-jährigem Triumphzug zu Tode gefoltert, reihenweise gekreuzigt wurden. Man wird ihre Zahl nicht berechnen, nicht einmal mit hinreichender Sicherheit abschätzen können. Auch nicht die Zahl der geschändeten und vergewaltigten Frauen und Kinder, der verwüsteten Felder, der gefällten Bäume, die Summe der sogenannten Kollateralschäden.

Viele Züge mischen sich in Alexanders Charakterbild. Da ist sein Elan, die Rastlosigkeit, die den »Rächer der Griechen« treibt, die Fähigkeit, spontan zu entscheiden, sein extrem überhöhtes Selbstbewusstsein. Aber daneben finden sich geistige Interessen, Forscherneugier; Alexander hat Sinn für Musik, Sinn für Philosophie, er interessiert sich für Geografie, macht sich die Ingenieurskunst seiner Zeit zu Nutze. Zugleich ist er tief im religiösen Heroenkult verwurzelt, sucht gläubig bis zum Aberglauben den Entscheid von Orakeln und Vorzeichen. Als Feldherr teilt er jede Last mit seinen Soldaten, ist maßlos im Kampf wie im Alkoholkonsum, feiert Blut- und Bußorgien. Er ist bisexuell wie viele andere Männer der Antike und so weiter und so fort.

Der Makedonier Alexander der Große feierte viele Eroberungserfolge, doch sein Großreich zerfiel schon kurz nach seinem Tod. Römische Kopie einer Büste, um Christi Geburt.

Alexander ist nicht anders als andere Menschen auch, nur ist alles bei ihm bis ins Extrem gesteigert. Und kein Einzelzug von Alexanders Charakter erklärt, warum seine Zeitgenossen wie berauscht von seiner Nähe waren.

Nach seinem Tod treffen sich die Heerführer Alexanders in dessen verwaistem Zelt, um die Neuregelung des Reiches zu besprechen. Zwei Jahre nach seinem Tod sind vergangen. Doch im Zelt befindet sich der Thron Alexanders, seine Herrscherinsignien liegen auf dem Sitz. Der Gottessohn ist präsent. So groß ist seine postume Autorität, dass seine Generäle ihn zum Zeugen ihrer Vereinbarung machen.

Rational zu erklären ist sein Charisma nicht. Alexander hatte freilich selbst nach Kräften dazu beigetragen, seine Person mit mythischem Glanz zu umkleiden. Durch immer neue Selbstinszenierungen. In Troja lässt er sich von den Priestern mit den Waffen des Achilleus ausstatten. Mit seinem Schwert durchhaut er den Knoten des Zeus-Orakels in Gordion, stilisiert sich damit zum Bevollmächtigten des Weltvaters. Denn das Gottes-Orakel hatte prophezeit, dass derjenige, dem es gelänge, den Knoten zu lösen, die Herrschaft über Asien erringen würde. Der Kriegsberichterstatter des Königs will gesehen haben, wie die Wellen des Meeres ehrfürchtig vor ihm zurückwichen. Deinokrates, ein berühmter Architekt, schlägt dem König vor, die 2 000 Meter hohe Steilflanke des Berges Athos als Alexanders Abbild zu behauen. Vom lybischen Orakel lässt er sich zum Sohn Gottes erklären. Während seines ganzen Feldzugs gründet Alexander Städte, 24 an der Zahl, davon tragen 14 der Neustädte seinen Namen. Die Welt sollte seinen Namen tragen, so wollte es Alexander. Und noch heute können wir diesen Anspruch in Städten wie Alexandria in Ägypten, Kandahar in Afghanistan und Iskenderun im Süden der Türkei erkennen.

In Susa, der Königsstadt, lässt sich Alexander nach orientalischer Art von seinen auf dem Bauch liegenden Höflingen verehren. Am Rand des Indischen Ozeans errichtet er Altäre, bringt Opfer- und Weihegaben dar, um seine Inbesitznahme des Erdkreises symbolisch darzustellen. Im Iran erstattet Alexander dem Grab des Kyros seine Reverenz und ernennt den großen Perser zu seinem Verwandten. In Persepolis setzt er den Königsplast in Flammen. Wie später Nero in Rom, weidet sich Alexander an dem Flammeninferno, überwältigt von der Machtfülle seiner göttlichen Person.

Man wagt sich nicht vorzustellen, auf welche Selbstinszenierungen Alexander noch verfallen wäre, hätte er noch Jahre oder gar ein Jahrzehnt länger gelebt.

206

Vergeblich suche ich, mir ein Gespräch zwischen Alexander und Sokrates vorzustellen. Die Selbsterforschung war Mittelpunkt der sokratischen Philosophie. Aber ein Gott hat kein Innenleben. Womöglich hätte sich Sokrates überhaupt nicht auf ein Gespräch mit Alexander eingelassen. Sicher hätte sein Daimonion, eine innere Stimme, ihn vor dem Mann gewarnt. Denn auch Alexander hat ein Daimonion, doch das ist ein Dämon. Auch in einem Dialog Platons finde ich keinen Platz für den neuen Achilleus. Der Achilleus Homers, so Platon, ist ein »skrupelloser und machthungriger Mensch«. Eben einer jener Höhlenbewohner, der seine virtuelle Schattenwelt für die Wirklichkeit hält.

Aus dem Wettstreit mit Achilleus war Alexander längst als Sieger hervorgegangen. Er war über sein Idol hinausgewachsen. Am Ende lag Alexander nur noch im Kampf mit sich selbst. Und diesen Kampf konnte er nicht gewinnen. Es war sein ins Mythische überhöhter Größenwahn, an dem Alexander schließlich erstickte. Alexander war ein Selbstdarsteller. Der sein eigenes Skript schrieb, sich selbst in Szene setzte, sich selbst applaudierte. Er war ein einsamer Mann.

Es brauchte einen Tragödiendichter wie Sophokles, um die Tragödie Alexanders nachzuzeichnen. »Vieles ist nicht geheuer, aber am ungeheuerlichsten ist der Mensch«, schrieb einst Sophokles. Sophokles, Aischylos und Euripides hatten in ihren Stücken die delphische Warnung und Mahnung in Szene gesetzt, das »Nichts im Übermaß« und das »Erkenne dich selbst«. Doch seit Delphi verstummte, war auch die Zeit der Tragödiendichtung aus und vorbei.

Der junge Plutarch, ein Bewunderer des Makedonen, diktierte seinem Schreibsklaven: »Alexander war überzeugt, dass er eine göttliche Mission habe. Seine Aufgabe sei es, die Menschheit zu vereinen, ein Versöhner der ganzen Welt zu sein. Aus allen Enden der Erde brachte er die Menschen zu einer Einheit zusammen. Er mischte wie in einem Bundeskelch ihre Lebensarten und Lebensgewohnheiten, ihre Ehen und Bräuche. Allen befahl er, die ganze bewohnte Erde als gemeinsame Heimat zu betrachten, seine Soldaten als ihre Verteidiger.« Plutarch hat diese Lobeshymne auf den Makedonen in jugendlicher Begeisterung geschrieben. In einer späteren Alexander-Biografie geht er sparsamer mit seinem Lob um. Vielleicht belehrt durch ein verbessertes Quellenstudium.

Nirgends nämlich findet sich in den antiken Quellen zu Alexanders Leben ein Hinweis darauf, dass der »Philosoph in Waffen« sich als Menschheitsbeglücker ausgegeben hätte. Die Idee einer geeinten Menschheit war Alexander fremd. Aus rein praktischen und taktischen Gründen musste Alexander Griechen und Perser integrieren. Durch Mischehen, durch multinationale Besetzung der Staatsämter, durch gemeinsame Opferfeste. Anders wäre sein Riesenreich nicht zu verwalten gewesen.

Persien war ohnehin schon immer ein Vielvölkerstaat. In seinen *Gesetzen* schreibt Platon: »In Persien lebt eine Mischung von Völkern. Die Bevölkerung ist uneinheitlich und die Menschen müssen schlecht und recht miteinander auskommen. Das ist ein bejammernswerter Zustand.« Alexanders Griechen waren nur die letzten in einer langen Folge von Eroberern, die sich in Persien eingenistet hatten. Gewiss beförderte die Gründung vieler griechischer Städte die Verbreitung der griechischen Sprache im Osten. Das aber war nicht allein das Werk Alexanders. Seit Jahrhunderten schon verdingten sich griechische Söldner außerhalb des Mutterlandes. In Persien, in Ägypten, es waren Tausende. Und griechische Händler bereisten schon Persien, ehe noch die Eroberungspläne von Alexanders Vater Gestalt annahmen. Und griechische Wissenschaftler studierten vor Ort persische Sitten und Gebräuche, lernten Mathematik in Babylon, Astronomie und Ingenieurskunst. So gesehen war Alexander kein Wegbereiter einer griechischen Internationale, des Hellenismus. Er verstärkte nur gerade die expansive Kraft der Griechenkultur.

Nicht zuletzt die Wirtschaft profitierte von Alexander. Direkt und indirekt. Der junge König fand in den Schatzhäusern der Großkönige die unvorstellbare Summe von 6,5 Millionen Tonnen an Gold und Silber. »Sie hatten sich seit der Zeit von Kyros, dem ersten persischen König, angesammelt«, schreibt Diodor. Alexander ließ die Schätze an sichere Orte transportieren. Allein um das Schatzhaus von Persepolis zu leeren, »wurden zahllose Maultiere und 3 000 Kamele benötigt«. Persiens Geldwirtschaft war, gemessen an griechischen Standards, völlig unterentwickelt. Münzgeld war im persischen Großreich kaum im Umlauf, man wirtschaftete weitgehend noch auf der Ebene des Tauschhandels. Die Großkönige ließen ihre Tribute an Gold und Silber in Barren einlagern. Wozu? Es war totes Kapital. Damit hatte man während der Perserkriege und im Peloponnesischen Krieg griechische Politiker bestochen, den Bau einer Schiffsarmada für Sparta finanziert. Alles, um die Griechen zu entzweien und zu schwächen. Nun floss das tote Kapital aus den königlichen Schatzkammern in den Mittelmeerhandel.

208

6,5 Millionen Tonnen an Edelmetall entsprechen vielleicht einem heutigen Geldwert von 1 Billion Euro. Die gewaltigen kriegerischen Aufwen-
dungen von Alexanders Nachfolgern und deren unmäßige Prachtentfaltung
finanzierte persisches Beutegold.

Alexanders Nachahmer

Auf die Frage, wem er sein Reich überlasse, soll der sterbende Alexander
geantwortet haben: »Dem Stärksten!« Damit war ein blutiger Ausschei-
dungskampf unter seinen Gefolgsleuten vorprogrammiert. Alexanders
Generäle kämpften um die Thronfolge. Dabei verwandelten sie die Lände-
reien von Persien bis Ägypten, die Ägäis und das griechische Mutterland in
ein einziges Schlachtfeld.

Und weil jeder der potenziellen Nachfolger sich irgendwie behaupten
konnte, kämpften deren Söhne und Enkelsöhne weiter um den Preis der
Macht. Die konkurrierenden Streitmächte bohrten ganze Flotten in den
Grund, verheerten die Städte des Reiches, ermordeten die Zivilbevölkerung
und verkauften Überlebende als Sklaven. Mittlerweile war das Reich, um das
sie kämpften, längst zerfallen. Drei Regionen standen sich schließlich gegenüber. Europa, mit Griechenland und Makedonien, Asien, im Umfang des
ehemaligen Perserreiches, Afrika, mit Ägypten und dem libyschen Küstenstreifen. Sie wurden von drei dynastischen Herrscherhäusern regiert. Die sich
in wechselnden Kombinationen gegeneinander verbündeten, eine unsägliche Geschichte. Die erst endete, als die neue Ordnungsmacht des Westens,
als Rom ein Königreich nach dem anderen in römische Provinzen verwandelte.

Von Alexanders Tod bis zur Befriedung durch Rom vergingen 200 Jahre
dieses kannibalischen Treibens.

Jeder der Nachfolger Alexanders, griechisch »Diadochen«, nahm Alexander für sich in Anspruch. Und sie beerbten dessen manischen Drang zur
Selbstvergrößerung. Aus dem Plan von Deinokrates, den Berg Athos in ein
Bildnis Alexanders umzuwandeln, wurde nichts. Der König plante jedoch,
laut Diodor, »ein Grabmal für seinen Vater Philipp, das so gewaltig sein sollte wie die Pyramiden Ägyptens, die man zu den Sieben Weltwundern zählt«.
Diodor zählt noch eine Handvoll weitere Großprojekte auf, die Alexander
durch seinen unerwarteten Tod nicht mehr in Angriff nehmen konnte.

Darunter eine Küstenstraße durch ganz Nordafrika, von Ägypten bis zu den »Säulen des Herakles«, die antike Bezeichnung für die Meerenge von Gibraltar, »mit Häfen und Schiffswerften an den geeigneten Stellen«. Auch daraus wurde nichts. Doch zwei der Sieben Weltwunder entstanden während der Diadochenzeit. Dabei zählte allein die Monumentalität.

Die verkörperte beispielhaft der »Kolossos« im Hafengelände der südägäischen Insel Rhodos. Eine 32 Meter hohe Statue des Sonnengottes Helios. 20 Tonnen Metall wurden dabei verarbeitet.

Demetrios, einer der makedonischen Nachfolger-Könige, belagerte die Stadt Rhodos. Ingenieure konstruierten einen Belagerungsturm, den man »Helepolis«, den »Städtefresser«, nannte. Die 160 Tonnen schwere Maschine bewegte sich auf acht Rädern, jedes 4 Meter hoch, und der Turm erreichte eine Höhe von 41 Metern. Von jedem der neun Stockwerke aus konnten Schleudersteine, bis zu 80 Kilogramm schwer, in die Stadt katapultiert werden. Ein Rammbock in Bodennähe, 55 Meter in der Länge, wurde von 1 000 Mann angeschoben. Demetrios musste dennoch unverrichteter Dinge abziehen. Seine »Städtefresser« ließ er zurück. Daraus schufen die Leute von Rhodos ihre dem Helios geweihte Hafenstatue.

Zwei Generationen nach Demetrios gab der Herrscher von Sizilien, Hieron, bei dem berühmten Archimedes ein Superschiff in Auftrag, das viele moderne Luxusjachten in den Schatten gestellt hätte. Die »Syrakusa« maß 55 mal 14 mal 12 Meter. 142 Passagier-Kabinen fanden in dem Schiff Platz. In einem anderen Deck befanden sich eine Bibliothek, ein Sportstudio, ein Gottesdienstraum sowie Bäder und Speiseräume. Auf dem Oberdeck waren Kabinen für 400 Soldaten, Wassertanks und außerdem Pferdeställe untergebracht. Über dem Oberdeck erhoben sich acht Turmkonstruktionen, von denen aus das Schiff verteidigt werden konnte. Sogar an einen Gerichtssaal hatte Archimedes gedacht. Die »Syrakusa« konnte 4 000 Tonnen Fracht laden, sie bewegte sich mit Segel- und Ruderkraft. Nur der Große Hafen von Alexandria konnte dem Superschiff einen Ankerplatz bieten.

Den Hafeneingang der von Alexander gegründeten Stadt markierte seit dem Jahr 282 vor unserer Zeitrechnung der »Pharos-Leuchtturm«. Dessen Leuchtfeuer war schon in 55 Kilometer Entfernung auszumachen. Der Turm erreichte eine Höhe von ungefähr 150 Metern und damit Pyramidenhöhe. Bis ins hohe Mittelalter erfüllte der »Pharos« seine Funktion. Anderthalb Jahrtausende, bis ihn ein Erdbeben 1323 zerstörte. Die Antike zählte den »Pharos« unter die Sieben Weltwunder.

Philopator, einer der ägyptischen Diadochenkönige, ließ in den Werften von Alexandria das größte Schiff der Antike auf Kiel legen. Es maß 130 mal 22 mal 18 Meter. »Seine Besatzung betrug 4 000 Ruderer, 400 Ersatzleute, an Deck befanden sich 3 000 Marine-Soldaten und unter Deck waren große Mengen von Proviant und sonstigem Zubehör untergebracht«, schreibt Athenaios. Zum Vergleich: Die »Santa Maria«, mit der Kolumbus Amerika erreichte, maß in der Länge gerade mal 25 Meter, ein Zwerglein verglichen mit dem ägyptischen Kampfschiff.

Die Beispiele genügen, um die Gigantomanie der Diadochen und ihrer Zeitgenossen zu illustrieren. Demetrios, Hieron, Philopator hatten alle an Alexander dem Großen Maß genommen und wollten ihn übertreffen. Die Liste ihrer Extravaganzen ist endlos, eine Olympiade der Skurrilitäten. Von ihrer exzessiven Lebensführung, von ihren Morden, Folterorgien, ihren bösartigen Launen ganz zu schweigen.

Mit Alexanders Nachfolgern war kein Staat zu machen. Nur ein despotisches Regime. Platon hatte in seinen *Gesetzen* vor Leuten gewarnt, die sich »als Titanen aufspielen«, wie die persischen Könige, und »die als Despoten nur an ihren Machterhalt denken«. Unter den Diadochen kommt es im östlichen Mittelmeer zu einer Orientalisierung aller politischen Verhältnisse.

Für den Großteil der Bevölkerung machte es keinen Unterschied, unter welchen politischen Verhältnissen sie lebten. Denn zwei oder drei Fünftel der Menschen waren Sklaven. Oder unfrei. Und das Leben einer Sklavin in Ägypten, Griechenland oder im Zweistromland folgte hier wie dort dem ewig gleichen Tagesrhythmus: die steinerne Getreidemühle drehen, Wasser tragen, Kochen, Feld- und Gartenarbeit verrichten, die Kinder der Herrschaft versorgen, Holz holen, Ställe ausmisten. Ob ihre Herrschaft unter einem Pharao oder in einer demokratisch regierten Stadt lebte, das hatte für die ägyptische Wabet oder die griechische Alysia nicht die geringste Änderung ihrer Lebensumstände zur Folge. Die Plackerei blieb dieselbe. Für Wabet und Alysia zählte allein, ob sie es mit ihren Herrschaften einigermaßen erträglich getroffen hatten. Für beide Frauen war es normal, in Hörigkeit zu leben. Fast alle Leute, die sie kannten, waren ebenfalls Sklaven. Entweder so geboren oder durch Umstände dazu geworden. Durch Krieg und Kriegsgeschehen, durch Schuldhaft oder indem man sie geraubt und dann verkauft hatte. Jedenfalls, Wabet oder Alysia hatten kein Problem damit, Sklaven zu sein. Also kein Eigentumsrecht an der eigenen Person zu besitzen. Wie die Ziegen, die beide Frauen melkten, gehörten die Frauen zum Haus. Der Ochse hinterm Pflug oder die Äffchen, wenn sie in Ägypten Datteln für ihre Besitzer pflückten, fragte man schließlich auch nicht, ob sie als Haustiere gehalten werden wollten oder nicht. Dass es Haustiere gab, war die natürlichste Sache der Welt. Und auch, dass es Sklaven gab. Wabet und Alysia hatten noch nie von einer Gesellschaft gehört, die ohne Sklaven lebte. Eine solche Gesellschaft existierte auch nicht, nirgends in der ganzen Antike.

Und auch die Herrschaften der ägyptischen Wabet oder der griechischen Alysia hatten keinerlei Problem damit, Sklaven zu besitzen. Im Gegenteil, wer ohne Sklaven lebte, der war kein freier Bürger. Sogar Diogenes, der Philosoph in der Tonne, besaß Sklaven. Als Manes ihm weglief, zuckte er aber nur die Schultern. Die Leute fragten den Weisen, wieso er nichts unternähme, seinen Sklaven wieder zurückzubekommen. Und Diogenes antwortete: Das wäre doch komisch, wenn Manes ohne Diogenes leben könnte, aber Diogenes nicht ohne Manes!

Natürlich liefen Sklaven fort, wenigstens dann und wann, man konnte Manes oder Alysia ja schließlich nicht in Ketten halten. Doch es passierte selten genug, dass ein Sklave Besitzanspruch auf seine eigene Person erhob und die Freiheit suchte. Was suchte ein Sklave auch in der Freiheit? Frei war, wer das Eigentum an seiner Person verfechten und verteidigen konnte. Das konnte ein Manes nicht. Und so würde er bei nächstbester Gelegenheit als herrenloses Gut aufgegriffen werden und landete dann vielleicht in einem Silberbergwerk. Entlaufene Sklaven hatten keine Chance. So wenig wie eine ausgerissene Ziege, die bald einen neuen Stall finden würde. Und wie sollten Frauen oder Mädchen entlaufen können? Das Eigentum an ihrer eigenen Person vermochten sie erst recht nicht zu verteidigen.

Kurzum, frei war nur, wer seine Freiheitsrechte auch geltend machen konnte. Und das konnten nur wenige. Also bestanden antike Gesellschaften in der Regel aus ein paar wenigen Freien und sehr vielen Unfreien. Und so war es immer schon gewesen. So weit die geschichtliche Erinnerung zurückreichte, war Unfreiheit die Norm, Freiheit die Ausnahme von der Regel.

Weil man in der Antike kein angeborenes Recht auf Freiheit kannte, empfanden Sklaven ihre Situation nicht als widernatürlich. Darum hat es in der ganzen Antike auch kaum Sklavenaufstände gegeben. Obwohl doch der unfreie Bevölkerungsteil größer war als der freie. Sklaven wie Sklavenhaltern fehlte das Problembewusstsein.

Oder doch nicht? Benötigten nicht auch die Olympischen Götter eigene Sklaven, die ihnen zur Hand gingen? Doch, denn auch sie konnten ohne Sklaven nicht existieren. Es war allerdings unter ihrer Würde, lebende Sklaven zu halten. Also schuf der große Techniker Hephaistos, der göttliche Schmied, kunstfertige Roboter, die den Göttern aufwarten sollten. »Automaten« (*automatoi*), so heißt es wörtlich bei Homer, die sich zwischen den Göttern bewegten und den Himmelsbewohnern zu Diensten waren. Und Hephaistos hatte angeblich zum Hausgebrauch zwei Maschinenmenschen konstruiert, »die Vernunft besaßen und sogar sprechen konnten«.

Welche Perspektiven im 8. Jahrhundert vor unserer Zeit: Lernfähige Automaten treten an die Stelle von »lebenden Arbeitsgeräten«. Der Traum der Menschheit von der Maschine, die ihm alle Arbeit abnimmt, ist in der Tat schon sehr alt. Aristoteles bemerkt zu der Homer-Stelle: »Wenn jedes technische Gerät entweder auf Kommando oder von selbst seine Arbeit täte, wie die Automaten (*automatoi*) von Hephaistos, dann würden die Webstühle von selbst weben, der Handwerker brauchte keine Mitarbeiter mehr noch die Herren irgendwelche Sklaven.« Und das ist schließlich geschehen. Menschliche Arbeit wurde auf Maschinen übertragen.

Niemand in der Antike zählte die Bibliothek von Alexandria unter die Sieben Weltwunder. Doch sie hätte es wahrlich verdient. In der »Königlichen Bibliothek« waren wahrscheinlich bis zu 700 000 Schriftrollen eingelagert. Die besten Bücher in griechischer Sprache wurden hier gesammelt, gesichtet und immer aufs Neue abgeschrieben. Mit peinlicher Sorgfalt, damit keine einziges Wort, kein einziger Buchstabe verloren ging.

Die Bibliothek konnte jeder benutzen. Gelehrte der ganzen Mittelmeerwelt forschten in Alexandrias Bibliotheken und vermehrten explosionsartig den Umfang des Wissens. Über alles und jedes.

Techniker nahmen sich Hephaistos zum Vorbild und schufen voll funktionierende Automaten. Aristarchos bewies, dass sich die Erde um die Sonne dreht. Eratosthenes berechnete den Erddurchmesser. Euklid, der Vater der Geometrie, lehrte in Alexandria. Genau wie Archimedes, der scharfsinnigste Mathematiker der antiken Welt. Er berechnete den Umfang des Kosmos bereits in Lichtjahren. Diophantes, sein Zeitgenosse, erfand eine revolutionäre Zahlentheorie. Mediziner diskutierten mit Zoologen und Botanikern. Die Wissenschaftler Alexandrias schufen in der »Königlichen Bibliothek« einen geistigen Kosmos, wie es ihn bisher noch nie in diesem Umfang gegeben hatte.

Ptolemaios, einst General unter Alexander, hatte die Bibliothek gegründet. Er war ein Jugendfreund Philipps und hatte Alexander während seines ganzen Feldzugs als General begleitet. Ein Schüler von Aristoteles hatte Ptolemaios dazu angeregt, Alexandria zum Bildungszentrum der griechischen Welt zu machen. Die »Königliche Bibliothek« wurde mehrfach ein Raub der Flammen. Doch ihrer Tätigkeit ist es zu verdanken, dass uns Hunderttausende von Druckseiten der antiken Kultur erhalten sind. Für mich ist darum die Bibliothek Alexandrias das größte der antiken Weltwunder.

Rom interveniert in Griechenland

Die Diadochenzeit Griechenlands ging durch das Eingreifen Roms zu Ende. Griechenland wurde im Jahr 146 vor unserer Zeitrechnung als Provinz dem römischen Reich eingegliedert. Und wieder hatte Athen Glück. Die weisheitsliebende Eule hielt schützend ihre Flügel über die Stadt gebreitet: Rom mochte nicht als Barbar in die Geschichte eingehen, indem es sich an Athen vergriff. Die Römer bewunderten Athen. Von ganzem Herzen. Es erhielt Privilegien wie sonst keine andere Stadt ihres Reiches. Die Senatoren sandten ihre Söhne zum Studium in die Eulenstadt.

Nur einmal versuchte Athen, im Jahr 86 vor unserer Zeit, sich gegen Rom zu erheben. Die Stadt wurde belagert, Athens Mauern von den römischen Katapulten zerschmettert.

Unter der kostbaren Beute, die der römische Konsul Sulla aus Athen entführte, befanden sich die Texte von Aristoteles. Es waren Hunderte von Schriftrollen. Sie hatten unsägliche Irrwege hinter sich, bis sie in Rom landeten. Dort kopierte und veröffentlichte man seine Texte und Aristoteles meldete sich in der philosophischen Diskussion mit einem sensationellen Comeback zurück. Hätte Sulla Athen nicht erobert, wäre das Andenken an Aristoteles eventuell spurlos in der Geschichte verschwunden. Mit unabsehbaren Folgen für die Wissenschaftsgeschichte Europas.

Anders als Persien hatte Rom sich nur widerwillig in die inneren Angelegenheiten Griechenlands eingemischt. Es musste fast an den Haaren herbeigezogen werden, um seine Legionen nach Griechenland in Marsch zu setzen. Hatten die griechischen Städte ehedem Persien um Intervention angerufen, wandten sie sich jetzt an die neue aufstrebende Militärmacht am Tiber. Nicht damit sie Frieden stifte, sondern um mit Roms Hilfe ihre endlosen mafiosen Kriege in dem ausgepowerten Land weiter fortzusetzen. Wie sie es mit Hilfe Persiens getan hatten, das bestrebt gewesen war, jeden gegen jeden auszuspielen. Rom aber machte kurzen Prozess. Es befriedete die Städte. Ließ ihnen die innere Autonomie, erklärte sich als Schutzmacht jedoch für die Friedenswahrung zuständig.

Damit endet die Geschichte des antiken Griechenlands. Die Griechen hatten es bei all ihrer Größe und Macht nie verstanden, national zu denken, das war ihre Tragödie. Die selbstregierten Städte waren zu verliebt in sich, um ein Stück ihrer Autonomie preiszugeben. Rom dagegen dachte national. Es achtete die Souveränität der von ihm eroberten Städte und Königreiche, band sie aber strikt ein in sein rechtsstaatliches Gesamtkonzept. Die Griechen hatten die Freiheit erfunden und die Römer den Staat. Beides zusammen ergab den Begriff des Staatsbürgers. Der beiden verpflichtet ist, der Freiheit des Bürgers und zugleich dem staatlichen Gesamtinteresse.

»Vom Erbe der Griechen lebt bis heute die Welt.«

Aus ihnen erwuchs das, was wir heute den »freiheitlich demokratischen Rechtsstaat« nennen. Das ist eine schwierige, spannungsreiche Formel. Sie verdankt sich dem mühseligen Prozess einer Geschichte, die in den Köpfen der antiken Griechen begann. Mit ihrer Entscheidung, Politik in viele Hände zu legen. Diese Entscheidung ist gleichbedeutend mit der Freiheit, »Ich« statt »Man« sagen zu dürfen. Und zu können.

Vom Erbe der Griechen lebt bis heute die Welt. Mykene brachte die ersten Städte nach Europa. Griechen erfanden unser Alphabet, sie schufen damit den öffentlichen Meinungsaustausch. Solon legte die Staatsgewalt in viele Hände, er gab der Stimme des Volkes Gewicht. Pythagoras entdeckte die Zahlenwelten. Das perikleische Zeitalter machte den Menschen zum Maß aller Dinge, meißelte in Marmor die unvergängliche Schönheit seiner Skulpturen. Sappho auf Lesbos gab der Liebe ihre Sprache. Griechisches Theater lebt fort in unseren Schauspielhäusern. Griechische Naturwissenschaftler schickten ihre Gedankensonden in kosmische Weiten. Öffentliche Bibliotheken der Griechenstädte vervielfältigten Wissen und machten es zum Allgemeinbesitz. Sokrates und Platon forderten authentisches Leben ein, Aristoteles schreibt Wissenschaftsgeschichte. Überall ist Griechenland in unserer Welt präsent bis heute. Europa und die Welt ohne Griechenland – das wäre eine völlig andere Welt, als wir sie kennen. Eine Welt, in der nichts mehr stimmt.

Nachwort

Während ich über die antiken Griechen schrieb, hat mich der folgende Text des Philosophen Walter Benjamin begleitet:

»Es gibt ein Bild von Klee, das Angelus Novus heißt. Ein Engel ist darauf dargestellt, der aussieht, als wäre er im Begriff, sich von etwas zu entfernen, worauf er starrt. Seine Augen sind aufgerissen, sein Mund steht offen und seine Flügel sind ausgespannt. Der Engel der Geschichte muss so aussehen. Er hat das Antlitz der Vergangenheit zugewendet. Wo eine Kette von Begebenheiten vor uns erscheint, da sieht er eine einzige Katastrophe, die unablässig Trümmer auf Trümmer häuft und sie ihm vor die Füße schleudert. Er möchte wohl verweilen, die Toten wecken und das Zerschlagene zusammenfügen. Aber ein Sturm weht vom Paradiese her, der sich in seinen Flügeln verfangen hat und so stark ist, dass der Engel sie nicht mehr schließen kann. Dieser Sturm treibt ihn unaufhaltsam in die Zukunft, der er den Rücken kehrt, während der Trümmerhaufen vor ihm zum Himmel wächst. Das, was wir den Fortschritt nennen, ist dieser Sturm.«

Ich wollte dem Engel helfen. Zu verweilen, die Toten zu wecken, das Zerschlagene zusammenzufügen. Es ist recht, Engeln zu helfen. Und sie warten, dass wir es tun.

Arnulf Zitelmann

Zeittafel
Antikes Griechenland

2600–1425	Minoische Kultur auf Kreta
1850–1600	Indoeuropäer wandern nach Griechenland
~ 1600	Vulkanausbruch auf Santorin
1600–1150	Mykenische Kultur in Griechenland mit Zentren u. a. in Mykene, Argos, Pylos, Theben und Athen
~ 1425	Zerstörung von Knossos
1200–1000	Neue Einwanderung von griechischen Indoeuropäern
1200–1000	Griechische Ionier besiedeln die Westküste Kleinasiens
~ ab 1200	Seevölker brandschatzen im östlichen Mittelmeer
~ 1150	Zerstörung der mykenischen Burgen
~ 900	Gründung von Sparta auf dem Peloponnes
~ 800	Griechisches Alphabet
740–640	Sparta bekriegt Messenien und macht die Bevölkerung zu Staatssklaven (Heloten)
~ 700	Homers Dichtungen Ilias und Odyssee in Ionien, Hesiods Dichtungen in Mittelgriechenland
750–550	Griechische Städte gründen Handelszentren und Tochterstädte rund ums Mittelmeer und ums Schwarze Meer
~ 600	Beginn der Geldwirtschaft in Lydien (Kleinasien)
600–450	Ionische Naturforscher: Thales, Anaximander, Anaximenes, Pythagoras, Empedokles, Anaxagoras
590–530	Kyros schafft das Persische Großreich
ab 594	Solon in Athen setzt soziale und demokratische Reformen durch
~ 6. Jh.	Spartas Mischverfassung (Große Rhetra). Wird Lykurg zugeschrieben
560	Kroisos von Lydien unterwirft das griechische Ionien
560	Peisistratos Alleinherrscher in Athen
549–486	Dareios I. Großkönig in Persien
546	Perser erobern Lydien mit seiner Hauptstadt Sardis
527–514	Die Peisistratossöhne Hippias und Hipparchos regieren in Athen
514	Ermordung von Hipparchos
510	Vertreibung von Hippias mit Hilfe Spartas
508	Kleisthenes erneuert und erweitert die demokratischen Rechte der Bürger
500–494	Ionischer Aufstand gegen Perser
495–429	Perikles
494	Milet zerstört durch Perser
490	Erster Perserzug durch Griechenland unter Datis
Sept. 490	Griechischer Sieg bei Marathon
487–483	Athens Flottenbauprogramm unter Themistokles
480	Zweiter Perserzug durch Griechenland unter dem Großkönig Xerxes

Aug. 480	Spartaner verteidigen Thermopylen
Sept. 480	Griechischer Seesieg bei Salamis
479	Perser unterliegen zu Land bei Plataiai in Mittelgriechenland
479	Perser unterliegen bei Mykale in Ionien
478	Delischer (Attischer) Seebund mit Sitz in Delos (bis 404). Athen wird Schutzmacht der Griechen in Ionien und der Ägäis
470–399	Sokrates
464	Schweres Erdbeben auf dem Peloponnes. Heloten revoltieren gegen Sparta
463	Beginn der politischen Karriere von Perikles
462	Vollendung der Athener Demokratie unter Ephialtes
461	Einführung von Tagegeldern in den Athener Beschlussgremien
459	Bau der Langen Mauern zwischen Athen und dem Peiraieus-Hafen
455–400	Thukydides, der Historiker des Peloponnesischen Krieges
454	Verlegung der Seebundskasse nach Athen
451	Exklusives Athener Bürgerrecht
447	Von Athen einberufener Friedenskongress in Athen kommt nicht zu Stande
445	Dreißigjähriger Friede zwischen Sparta und Athen vereinbart
442	Die ersten Sophisten kommen nach Athen. Darunter der mit Perikles befreundete Anaxagoras. Aspasia, die Lebensgefährtin von Perikles in Athen
um 440	Perikleisches Zeitalter. Athen wird zum Sozialstaat. Bau der Akropolis unter technischer Leitung von Pheidias, Iktinos, Kallikrates. Bühnenautoren Aischylos, Sophokles, Euripides, die Komödien von Aristophanes. Herodots Geschichtswerk
431–404	Peloponnesischer Krieg
431	Zwei spartanische Invasionen Attikas. Pest in Athen, ein Drittel der Einwohner stirbt
429	Perikles und seine Söhne aus erster Ehe sterben an der Pest
423	Aristophanes karikiert Sokrates in dem Lustspiel *Die Wolken*
424–348	Platon
415–413	Sizilianische Expedition endet mit Verlust der Athener Land- und Seestreitkräfte
406	Sieg der Athener Flotte bei den Arginusen-Inseln. Arginusen-Prozess in Athen
405	Athen verliert seine Flotte am Hellespont
404	Athen streckt die Waffen. Abriss der Langen Mauern. Beauftragung einer verfassungsgebenden Versammlung unter den sogenannten »Dreißig«. Die Bürgerschaft wird entwaffnet. Das Bürgerrecht erhalten 3 000 ausgesuchte Männer, die als Beirat der »Dreißig« fungieren
403	Die »Dreißig« werden vertrieben. Wiederherstellung der Demokratie. Große Amnestie beschworen
399	Sokrates vor Gericht (Mai-Juni). Der Philosoph wird zum Tode verurteilt

400	Sokrates-Schüler, darunter Platon, in Megara
~ 384	Platon bereist Kyrenaika (Nordafrika), Sizilien und Ägypten
384–322	Aristoteles, geboren in Stageira (Nordgriechenland)
383	Platon gründet die Athener Akademie
371	Theben besiegt Sparta in Leuktra (Mittelgriechenland). Sparta büßt seine gesamtgriechische Führungsrolle ein
358	Einigung Makedoniens unter Philipp
356–323	Alexander der Große
348	Platon stirbt. Nachfolger wird sein Neffe Speusippos
342	Aristoteles kommt als Erzieher Alexanders und als politischer Berater Philipps nach Makedonien
338	Philipp besiegt Hellenenbund in der Schlacht von Chaironeia
337	Korinthischer Bund ernennt Philipp zum Führer der Griechen. Krieg gegen Persien wird beschlossen
336	Philipp wird ermordet. Alexander folgt ihm auf den Thron. Antipatros Vizekönig von Griechenland
334	Aristoteles gründet in Athen das Lykeion
335	Aufstand mehrerer griechischer Städte gegen Alexander. Alexander lässt Theben zerstören
335	Alexanders Feldzug beginnt in Kleinasien
333	Alexander besiegt Dareios III. bei Issos. Der Großkönig flieht. Alexander erobert den Nahen Osten
332	Alexander zieht nach Ägypten. Wird als neuer Pharao willkommen geheißen. Das Ammon-Zeus-Orakel in Libyen erklärt ihn zum Gottessohn
332	Alexander zurück in Mesopotamien. Schlacht bei Gaugamela. Der Großkönig flieht erneut
331	Die Verfolgung von Dareios III. im heutigen Iran. Der Großkönig wird von seinen Leuten umgebracht
330	Alexander am Hindukusch
326	Überquerung des Indus. Meuterei des Heeres zwingt Alexander zur Rückkehr
325	Der Gewaltmarsch durch die Wüsten Südafghanistans fordert 45 000 Tote
324	Massenhochzeit in der persischen Königsstadt Susa. Alexander heiratet ins persische Könighaus ein. 10 000 seiner Soldaten werden mit persischen Frauen verehelicht, ihre Kinder sollen kaserniert erzogen werden
323	Rückkehr nach Babylon. Alexander stirbt
nach 323	Diadochenkriege. Kämpfe der Generäle um die Nachfolge. Zerfall von Alexanders Reich
ab 215	Rom interveniert militärisch mehrmals in Griechenland
146	Griechenland wird römische Provinz

Glossar

Agora
Der Mittelpunkt der griechischen Stadt, der öffentliche Versammlungsplatz. Dort befanden sich die Sitze der Ältesten. Politiker und Feldherren, Bürger und Philosophen hielten hier ihre Reden und auf den Drehtafeln (Axones) waren die Gesetze festgehalten.

Akropolis
Zu jeder griechischen Stadt gehörte eine Akropolis, eine Festung, die auf dem höchstgelegenen Punkt errichtet wurde. Die bekannteste unter ihnen ist die Akropolis in Athen; um 440 vor unserer Zeit neu erbaut, galt sie als Nationalheiligtum. → Perikles erhob die Akropolis mit prachtvollen Bauwerken, Theatern und Tempeln (Parthenon, Erechtaion, Nike-Tempel) zum Sitz der Götter und Zentrum der griechischen Welt – bunt bemalt und nicht in strahlendem Weiß, wie man es sich in unserer Zeit lange vorstellte. Der Perserkönig Xerxes ließ die Tempel 480 in Flammen aufgehen.

Alexander der Große
Alexander der Große (356–323) war der Sohn Philipps II. von Makedonien und ein Zögling des → Aristoteles. Mit ihm begann das »hellenistische Zeitalter«. Seine Eroberungszüge führten ihn nach Ägypten, Syrien, Persien, Mesopotamien, schließlich bis nach Indien. Das Griechentum wird zur Leitkultur der Alten Welt.

Archonten
Die höchsten Beamten Athens aus den Reihen des Adels, die den → Areopag (die Adelsvertretung) bildeten. Es gab Archonten für religiöse Angelegenheiten, die Finanzverwaltung, die Rechtssprechung, als militärische Oberbefehlshaber und für alle anderen Bereiche des innen- und außenpolitischen Lebens. Der führende Archont, durch Los für ein einziges Jahr gewählt, galt für diese Zeit als Staatsoberhaupt von Athen.

Areopag
Die Vertreter der Hochwohlgeborenen, die → Archonten, kamen auf dem »Hügel des Ares« zusammen und führten im Areopag die Staatsgeschäfte.

Sie waren allesamt hohe Adelige und angesehene Bürger und, im Gegensatz zu den Mitgliedern des Stadtrats (→ Boule), die wirklich einflussreichen Politiker der Stadt. Im Verlauf der Reformen des 5. Jahrhunderts verliert der Areopag seine Machtstellung.

Aristoteles

Neben → Platon der größte Gelehrte der Antike, Mitglied in dessen Akademie, seit 342 Berater Philipps II. und Erzieher → Alexanders des Großen im makedonischen Pella. Im Jahr 334 gründete Aristoteles in Athen das »Lykeion« (Lyzeum) mit Säulengängen und Gartenanlagen, in denen der Universalgelehrte auf und ab gehend seine Schüler (»Peripatetiker«) unterrichtete. Aristoteles (384–322) schuf eine geistige Welt, die die Jahrtausende überdauerte und bis heute unser Verständnis von den Wissenschaften prägt.

Boule

Der Stadtrat in Athen, dem 400 Vertreter der Bauern, der Handels- und Gewerbetreibenden und der Tagelöhner angehörten. → Solon schuf dieses Gremium um 594 und stellte es neben den → Areopag und die Volksversammlung. Welche genauen Befugnisse der Stadtrat hatte, wissen wir nicht.

Dareios I.

Dareios I. (auch Darios, Darius) war der bedeutendste Großkönig von Persien und verstand sich als »König aller Könige, König aller Länder, König aller Menschen, die sie bewohnen, König der Erde insgesamt«. Dareios (549–486) reformierte das Staatswesen, begründete die persische Hauptstadt Persepolis, ließ überall im Reich prachtvolle Bauten und »Königsstraßen« errichten und führte eine einheitliche Währung, den »Dareikos«, ein. Vor allem aber führte er Krieg gegen die Griechen, zerschlug den Ionischen Aufstand, ließ 494 Milet zerstören und erlitt 490 eine bittere Niederlage gegen Athen in der Schlacht von Marathon.

Delischer (Attischer) Seebund

Im Jahr 478 schlossen sich unter der Führung Athens 200 griechische Städte (ohne Sparta) zum Delischen Seebund zusammen und schworen, »dieselben Freunde und Feinde« zu haben. Der Delische Seebund war eine Streitmacht gegen die Perser, mit reichen Silberschätzen und 60 ständig patrouillierenden Schiffen. Sitz des Bündnisses war die Insel Delos, später Athen.

Delphi

Das Orakel von Delphi war dem Gott Apollon geweiht und das wichtigste Orakel der antiken Welt, insbesondere für die Spartaner, die vor jeder politischen Entscheidung Gesandte, sogenannte Pythier, nach Delphi schickten, um das Orakel zu befragen. Der Spruch des Orakels wurde von der Pythia verkündet. Diese saß auf einem Dreifuß über einem Erdspalt, neben einem konischen Stein, dem Omphalos oder »Nabel der Welt«. Interpretiert wurden die Weissagungen der Pythia von der Delphischen Priesterschaft.

Diadochen

Als → Alexander der Große im Jahr 323 vor unserer Zeit starb, soll er auf die Frage, wem er sein Amt übertrage, geantwortet haben: »Dem Stärksten!« Diadochen nannte man Alexanders Nachfolger, die das Reich unter sich aufteilten, einander bekämpften, sich an Gigantomanie übertrafen, große Feldzüge unternahmen und so letztlich den Zerfall des Weltreiches herbeiführten.

Drachmen und Obolen

Eine antike Währung. Eine Drachme zählte 6 Obolen, 2 Obolen deckten den Tagesbedarf einer vier- bis fünfköpfigen Familie, eine Drachme betrug der Tageslohn eines Facharbeiters. In Sparta bestand das Geld lange Zeit aus einer »Handvoll« Eisennägeln, woraus sich die Bezeichnung »Drachme« ableitet. In Athen führte → Peisistratos das silberne Münzgeld ein, mit der Göttin Athene auf der Vorderseite und ihrer Begleiterin, einer Eule, auf der Rückseite. Daher nannte man die athenischen Drachmen auch einfach »Eulen«.

Eupatriden

Die »hochwohlgeborenen Nachkommen edler Eltern«, der Adel in der Antike, dessen Mitglieder den Grundbesitz unter sich aufteilten und als → Archonten im → Areopag Einfluss auf die Politik nahmen. Eines der wichtigsten Eupatriden-Geschlechter waren die Alkmaioniden.

Heliaia

Der oberste Gerichtshof in Athen, das dritte Gremium neben → Areopag und → Boule. Der Gerichtshof beaufsichtigte die Amtsführung der städtischen Beamten und war auf allen Feldern der Gerichtsbarkeit tätig. Mitglied konnte jeder unbescholtene Bürger sein, der das 30. Lebensjahr vollendet hatte, theoretisch sogar ein Tagelöhner.

Heloten und Spartiaten

Heloten waren die Staatssklaven in Sparta, im Gegensatz zu den Spartiaten, wie man die freien männlichen, Bürger des Stadtstaates bezeichnete. Pausanias nannte die Heloten »Beutemenschen«, da sie dem Volk der Messenier entstammten, das von Sparta unterworfen und versklavt worden war. Nahezu 150 000 Heloten standen 9 000 Spartiaten gegenüber. Und auf einen Haushalt kamen in Sparta 16 Heloten, die Sklavendienste verrichteten.

Herodot

Herodot (um 484–424) stammte aus Halikarnassos im kleinasiatischen Ionien und kam um 447 vor unserer Zeit nach Athen, wo er wohl engen Kontakt zu den großen Persönlichkeiten der Stadt pflegte. Um 450 verfasste er eine Historie in neun Büchern. Ausgehend von den Auseinandersetzungen zwischen Griechen und Persern entfaltete er darin eine Weltgeschichte seiner Zeit, die uns vollständig erhalten ist und zu den wichtigsten antiken Quellen gehört.

Homer

Homer ist der berühmteste Dichter der Antike, der um 700 vor unserer Zeit im kleinasiatischen Ionien lebte. Griechenland ist eine Erfindung Homers, ohne Homer hätte es kein »griechisches Wunder« gegeben. Seine *Ilias* und *Odyssee* gelten als die ältesten Schriftzeugnisse der griechischen Geschichte und als Beginn der abendländischen Literatur.

Korinthischer Bund

Philipp II. von Makedonien eroberte Thrakien und Thessalien und zwang alle griechischen Stadtstaaten mit Ausnahme von Sparta im Jahr 337 in den Korinthischen Bund. Der Bund sicherte die Hegemonie Makedoniens über Griechenland, ein Feldzug gegen die Perser unter der Führung Philipps II. wurde beschlossen. Den Krieg des Korinthischen Bundes gegen die Perser führte nach Philipps Ermordung 336 sein Sohn, → Alexander der Große.

Lykurg

Lykurg nennt man den legendären Gesetzgeber Spartas. Neben → Solon gilt er als einer der Verfassungsväter Griechenlands. Ob er wirklich gelebt hat, ist jedoch ungewiss. Lykurg soll den Spartanern im 6. Jahrhundert eine »Mischverfassung« (Große Rhetra) gegeben haben, in der die monarchische Königsherrschaft und, als Gegengewicht, der aristokratische Ältestenrat und die demokratische Volksversammlung zusammenwirkten. → Herodot sagte über Lykurg: »Früher hatten die Spartaner die schlechtesten Gesetze von allen Griechen. Durch Lykurg aber haben sie später gute, neue Gesetze erhalten.«

Olymp

Der Berg, die Wohnstätte der griechischen Götter, ein spiritueller lichterfüllter Platz. Die Götterwelt der Griechen war vielfältig. Zeus stand an oberster Stelle als Herrscher des Himmels und der Erde, Hades regierte die Unterwelt und Poseidon die Meere. Mit Hera zeugte Zeus Hephaistos, den Gott der Schmiedekunst. Ares war der Kriegsgott. Apollon, dem Gott der Poesie und des Lichts, war das Orakel von → Delphi geweiht. Athene war die Göttin der Weisheit, Aphrodite diente der Schönheit und der Liebe, Hermes beschützte den Handel und die Reisenden und Herakles, der Halbgott, galt als Schutzherr der Sportstätten und Paläste.

Olympia

In Olympia fanden 776/775 die ersten Olympischen Spiele statt. Die Wettkämpfe waren hochreligiöse Inszenierungen zu Ehren des Zeus. Während ihrer Dauer brannten die Altäre und es herrschte der »heilige Friede«. Wagenrennen, Boxen, Ringen, Laufen, Diskuswerfen, Bogenschießen und Speerwurf zählten zu den Disziplinen. Das Reglement kannte keine Preise für den Zweit- oder Drittplatzierten, mit einem Kranz aus Ölbaumzweigen wurde nur der Sieger belohnt. Teilnehmen durften nur Männer, als Besucher waren auch Frauen zugelassen. Sie mussten jedoch unverheiratet sein. Als »Olympiade« bezeichnete man den Zeitraum von vier Jahren zwischen den Olympischen Spielen.

Peisistratos

Der erste Tyrann Athens, 560 vor unserer Zeit. Seine Alleinherrschaft währte über 30 Jahre, seine Söhne Hippias und Hipparchos herrschten noch weitere

17 Jahre. Peisistratos war zugleich ein Wohltäter. Er führte das Münzwesen in der Stadt ein und förderte die Künste. Mit → Solon gilt er als Erfinder des Sozialstaats, der sich für das Wohl aller Bürger verantwortlich zeigt. Peisistratos verringerte die Kluft zwischen Arm und Reich, sorgte für Gleichberechtigung und reformierte das Rechtswesen für ganz Attika. Unter seiner Herrschaft wurde Athen zu einer blühenden Stadt.

Peloponnesischer Krieg

Die große Auseinandersetzung zwischen Athen und Sparta und ihren jeweiligen Verbündeten dauerte mit einigen Waffenstillständen von 431 bis 404 vor unserer Zeit. Am Ende kapitulierte Athen, nachdem Sparta am Hellespont mit einem Schlag die gesamte Flotte von 160 → Trieren gekapert und die Besatzungen niedergemetzelt hatte. Athens Lange Mauern wurden abgerissen, die Bürgerschaft wurde entwaffnet. Sparta installierte die Übergangsregierung der sogenannten »Dreißig«, die in einer blutigen Säuberungsaktion zahllose Athener Bürger ermorden ließen.

Perikles

Unter Perikles (495–429) wurde Athen zur blühenden Stadt der Künste und Kulturen mit der neu erbauten → Akropolis als strahlendem Mittelpunkt. Und zu einem Sozialstaat, in dem gleiche Rechte für alle herrschten. Gemeinsam mit Ephialtes vervollkommnete Perikles die demokratische Verfassung Athens, brach die Macht des → Areopags und erhob die Volksversammlung zur maßgeblichen Instanz. Aspasia, seine zweite Frau, stand ihm zur Seite. Sie war eine Ausnahmeerscheinung, reich an Intellekt, rhetorischem Talent und politischem Einfluss.

Phalanx

Eine Kampftechnik aus dem Orient, von den Spartanern zur Perfektion entwickelt. Schwer bewaffnet mit Lanzen in der Rechten und dem Schild in der Linken bildeteten die Soldaten eine mehrere Reihen tiefe Formation, wie ein eisenstarrender Igel. So rückten sie als »Phalanx« im Gleichschritt vor, bis sie mit den Gegnern zusammenkrachten. Aus der Phalanx heraus versuchten die Vorkämpfer den feindlichen Schildwall mit ihren Lanzen zu durchbrechen. Löste sich die Formation auf, war alles verloren. So waren die Soldaten auf Gedeih und Verderb aufeinander angewiesen.

Platon

Der Lehrer des → Aristoteles war selbst ein Schüler des → Sokrates und neben beiden einer der bedeutendsten antiken Gelehrten. Seine Philosophie vom Wahren, Guten und Schönen fasste Platon (424–348) in Dialoge, in denen Sokrates als Hauptakteur auftritt. Nach seinen philosophischen Wanderjahren bei den Pythagoräern in Italien und den Orakelpriestern in Ägypten kehrte Platon nach Athen zurück und gründete seine »Akademie«, die erste Athener Philosophenschule.

Pnyx

Der Ort der Volksversammlung, seitdem Kleisthenes um 508 die demokratischen Rechte der Athener erneuert und erweitert hatte. Die Pnyx lag auf dem gleichnamigen Hügel und konnte an Tagen wichtiger Entscheidungen bis zu 10 000 oder 15 000 Bürger fassen.

Schierlingsbecher

Im antiken Athen war neben der Kreuzigung das Vergiften mit Schierling eine gebräuchliche Art der Todesstrafe. Zum Tode Verurteilte erhielten den sogenannten Schierlingsbecher. Dem Trank wurde unter anderem das Gift der gefleckten Schierlingspflanze beigemischt, das zur Lähmung und zur Erstickung führt.

Sokrates

Niemand ist weiser als Sokrates! So befand es das Orakel von → Delphi. Sokrates (470–399), dessen Lehre uns nur durch → Platons Schriften überliefert ist, war ein Naturwissenschaftler, Philosoph und ein Moralist. Mit seiner spitzzüngigen Dialektik attackierte er öffentlich die Demokratie der Athener, und sein Daimonion, seine innere Stimme, stellte er über deren Gesetze. Im Jahr 399 wurde der Anklage gegen Sokrates stattgegeben, der Philosoph wurde dazu verurteilt, den → Schierlingsbecher zu trinken.

Solon

Der Vater der Athener Verfassung, ursprünglich ein griechischer Dichter, der zu den legendären »Sieben Weisen« zählte. Um 600 ging Solon in die Politik und brachte umfassende demokratische Reformen sowie eine Boden- und Wirtschaftsreform auf den Weg. Eine seiner wichtigsten Neuerungen war das »Zwei-Kammer-Parlament«: Seitdem sah die Athener Verfassung einen

Stadtrat (→ Boule) für Bauern, Händler und Tagelöhner sowie den → Areopag als Vertretung des Adels vor. Beide sollten sich gegenseitig kontrollieren. Wie → Lykurg in Sparta gilt Solon in Athen als Wegbereiter unserer heutigen Demokratie.

Sophisten

Die ersten griechischen Intellektuellen. Im engeren Sinne die vorsokratischen Philosophen wie Protagoras, Gorgias oder Antiphon. Im weiteren Sinne alle »Wissensexperten«, die als Wanderlehrer von Stadt zu Stadt zogen und für ein Honorar Philosophie und Rhetorik unterrichteten. Athens Bühnenautoren, Philosophen und Politiker sind bei den Sophisten in die Lehre gegangen.

Thukydides

Der Chronist des Peloponnesischen Krieges und zugleich der Begründer der modernen Geschichtsschreibung. Thukydides (455–400) stammte aus Thrakien und kämpfte als General für die Athener. Als Augenzeuge schildert er die Kämpfe ebenso wie die große Epidemie von Athen, wo Tausende vermutlich an der Pest elend zugrunde gingen. Weil er einen unerwarteten Sieg der Spartaner nicht verhindern konnte (Thukydides kam mit seiner Flotte wenige Stunden zu spät), fiel er in Ungnade und musste sein Werk im Exil beenden.

Triere

Die Triere, der »Dreiruderer«, war zwischen dem 6. und 3. Jahrhundert das wichtigste Kampfschiff der Griechen. Das Schiff maß 35 Meter in der Länge, 5 Meter in der Breite und hatte am Bug einen Rammsporn. Von den 200 Mann Besatzung waren 170 Ruderer, die in drei übereinander versetzten Ruderreihen (daher der Name »Dreiruderer«) gleichförmig die Ruder schlugen. Der Ruderschlag wurde an Land geübt, denn gerieten die Ruder aus dem Takt, war die Triere manövrierunfähig.

Arnulf Zitelmann

Arnulf Zitelmann, geboren 1929, studierte Philosophie und Theologie und lebt als freischaffender Autor in der Nähe von Darmstadt. Für sein literarisches Gesamtwerk wurde er mit dem Friedrich-Bödecker-Preis und dem Großen Preis der Deutschen Akademie für Kinder- und Jugendliteratur ausgezeichnet.

Bei Beltz & Gelberg erschienen von ihm u.a. die Romane: »Kleiner-Weg«, *Zwölf Steine für Judäa, Unter Gauklern, Der Turmbau zu Kullab, Hypatia, Vor den Toren von Byzanz, Unterwegs nach Bigorra, Paule Pizolka oder Eine Flucht durch Deutschland* sowie die Biographien *Nur dass ich ein Mensch sei. Die Lebensgeschichte des Immanuel Kant, »Ich weiß, dass ich nichts weiß«. Die vier großen Philosophen der Antike Sokrates, Platon, Aristoteles, Diogenes, »Widerrufen kann ich nicht«. Die Lebensgeschichte des Martin Luther* und »*Keiner dreht mich um«. Die Lebensgeschichte des Martin Luther King.*

Arnulf Zitelmann
Die Weltreligionen

Mit farbigen Fotos, 232 Seiten (ab 14). Großformat.
Gulliver TB 75531

Religion – eine unübersehbare Vielzahl von
Lehren, Geboten und Lebenseinstellungen?
Arnulf Zitelmann stellt die fünf großen
Glaubensrichtungen dieser Welt vor, spürt
den Gedanken und Ideen bedeutender
Religionsstifter wie Laotse, Buddha, Moses,
Jesus und Mohammed nach und erzählt aus
deren Lebensgeschichten. Ein spannendes
Sachbuch, das einen differenzierten Überblick
über Religion bietet.

Arnulf Zitelmann
Die Geschichte der Christen

Mit farbigen Fotos, 256 Seiten (ab 14). Großformat.
Gulliver TB 75532

Das Christentum hat die Kultur Europas
entscheidend geprägt. Arnulf Zitelmann
entfaltet einen lebendigen Bilderbogen über
die Geschichte der Glaubensrichtung. Im
Mittelpunkt stehen dabei Menschen mit ihren
Träumen, Hoffnungen und Visionen. Eine
faszinierende Zeitreise durch 2000 Jahre
Christentum.

www.gulliver-welten.de
Beltz & Gelberg, Postfach 10 01 54, 69441 Weinheim